भारतीय महिलाओं के संवैधानिक अधिकार

भारतीय महिलाओं के संवैधानिक अधिकार

प्रो. चन्द्रिका उकानी

रावत प्रकाशन
नई दिल्ली-110 002

रावत प्रकाशन
4264/3, अंसारी रोड, दरियागंज, नई दिल्ली - 110 002
दूरभाष : 011-23244078, 43559448, फैक्स : 011-23280028
ई-मेल : rawatprakashan@yahoo.com

भारतीय महिलाओं के संवैधानिक अधिकार

पेज : 216

ISBN : 978-93-85925-96-2

मूल्य : 1000 रुपये

प्रथम संस्करण : 2017

गौतम सिंह रावत द्वारा 'रावत प्रकाशन' के लिए प्रकाशित एवं एशियन ऑफसेट प्रिन्टर्स, दिल्ली से मुद्रित।

प्रस्तावना

आजादी के बाद सन 1950 से लागू भारत के संविधान के भाग तीन मे नागरिकों के मौलिक अधिकारों का उल्लेख किया गया है। मौलिक अधिकारों का एक खास अर्थ है- जिसका विवरण देश के मौलिक कानून मे हो, जो जनता कि मूलभूत आवश्यकताओं के विषय मे हो और जिन्हे देश के मौलिक कानून अर्थात संविधान का बल या संरक्षण प्राप्त हो। ध्यातव्य है की भारतीय संविधान समस्त भारतीय जनता के लिए भारतीय जनता द्वारा निर्मित है, इसलिए "संवैधानिक बल प्राप्त" का अर्थ होता है भारतीय जनमत का बल प्राप्त होना।

भारत में वैदिक काल से ही स्त्रियों के लिए शिक्षा का व्यापक प्रचार था। भारत में ऐसा समय भी आया जबकी स्त्री और शूद्र जाति के लिये वेदों को पढ़ना निषिद कर दिया गया था। परन्तु यह धारणा बहुत दिनो तक स्थिर न रह सकी। मुगल काल में भी अनेक महिला विदुषियों का उल्लेख मिलता है।

पुनर्जागरण के दौर में भारत में स्त्री शिक्षा को नए सिरे से महत्व मिलने लगा। ईस्ट इंडिया कंपनी के द्वार सन 1854 में स्त्री शिक्षा को स्वीकार किया गया था। विभिन्न सरकारी और गैर सरकारी प्रयासों के कारण साक्षरत के दर 0.2ः से बदकर 6ः तक पहुँच गया था। कलकत्ता के विश्वविद्यालय महिलाओं को शिक्षा के लिए स्वीकार करने वाला पहला विश्वविद्यालय था। 1986 में शिक्षा संबंधी राष्ट्रीय नीति प्रत्येक राज्य को सामाजिक रूपरेखा के साथ शिक्षा का पुनर्गठन करने का निर्णय लिया था। शिक्षा लोकतंत्र के लिए जरूरी हो गया था और महिलाओं के हालात में बदलाव लाने के लिये जरूरी था।

प्रस्तुत पुस्तक की रचना में कुछ लिखित व अलिखित स्रोतों से मदद ली गई है जिनके लेखकों व प्रकाशकों के प्रति मैं विनम्र आभार प्रकट करता हूँ। आशा है, पुस्तक पाठकों के लिए उपयोगी सिद्ध होगी।

—लेखक

अनुक्रम

1

भारतीय संविधान

भारत अथवा 'इण्डिया' राज्यों का एक संघ है। यह संसदीय प्रणाली की सरकार वाला एक स्वतंत्र प्रभुसत्ता सम्पन्न समाजवादी लोकतंत्रात्मक गणराज्य है। यह गणराज्य भारत के संविधान के अनुसार शासित है जिसे संविधान सभा द्वारा 26 नवम्बर 1949 को ग्रहण किया गया तथा जो 26 जनवरी 1950 को प्रवृत्त हुआ। संविधान में सरकार के संसदीय स्वरूप की व्यवस्था की गई है जिसकी संरचना कतिपय एकात्मक विशिष्टताओं सहित संघीय हो। केन्द्रीय कार्यपालिका का सांविधानिक प्रमुख राष्ट्रपति है। भारत के संविधान की धारा 79 के अनुसार, केन्द्रीय संसद की परिषद में राष्ट्रपति तथा दो सदन है जिन्हें राज्यों की परिषद (राज्य सभा) तथा लोगों का सदन (लोक सभा) के नाम से जाना जाता है। संविधान की धारा 74 (1) में यह व्यवस्था की गई है कि राष्ट्रपति की सहायता करने तथा उसे सलाह देने के लिए एक मंत्री परिषद होगी जिसका प्रमुख प्रधानमंत्री होगा, राष्ट्रपति सलाह के अनुसार अपने कार्यों का निष्पादन करेगा। इस प्रकार वास्तविक कार्यकारी शक्ति मंत्रिपरिषद में निहित है जिसका प्रमुख प्रधानमंत्री है।

मंत्रिपरिषद सामूहिक रूप से लोगों के सदन (लोक सभा) के प्रति उत्तरदायी है। प्रत्येक राज्य में एक विधान सभा है। कुछ राज्यों में एक ऊपरी सदन है जिसे राज्य विधान परिषद कहा जाता है। राज्यपाल राज्य का प्रमुख है। प्रत्येक राज्य का एक राज्यपाल होगा तथा राज्य की कार्यकारी शक्ति उसमें विहित होगी। मंत्रिपरिषद, जिसका प्रमुख मुख्य मंत्री है, राज्यपाल को उसके कार्यकारी कार्यों के निष्पादन में सलाह देती है। राज्य की मंत्रिपरिषद सामूहिक रूप से राज्य की विधान सभा के प्रति उत्तरदायी है।

संविधान में संविधान की सातवीं अनुसूची में प्रविष्टियों की सूचियों के अनुसार संसद तथा राज्य विधायिकाओं के बीच विधायी शक्तियों का वितरण किया गया है।

अवशिष्ट शक्तियाँ संसद में विहित हैं। केन्द्रीय प्रशासित भू-भागों को संघराज्य क्षेत्र कहा जाता है।

द्वितीय विश्वयुद्ध की समाप्ति के बाद जुलाई 1945 में ब्रिटेन ने भारत संबन्धी अपनी नई नीति की घोषणा की तथा भारत की संविधान सभा के निर्माण के लिए एक कैबिनेट मिशन भारत भेजा जिसमें 3 मंत्री थे। 15 अगस्त 1947 को भारत के आजाद हो जाने के बाद संविधान सभा की घोषणा हुई और इसने अपना कार्य 9 दिसम्बर 1946 से आरम्भ कर दिया। संविधान सभा के सदस्य भारत के राज्यों की सभाओं के निर्वाचित सदस्यों के द्वारा चुने गए थे। जवाहरलाल नेहरू, डॉ भीमराव अम्बेडकर, डॉ.राजेन्द्र प्रसाद, सरदार वल्लभ भाई पटेल, मौलाना अबुल कलाम आजाद आदि इस सभा के प्रमुख सदस्य थे। इस संविधान सभा ने 2 वर्ष, 11 माह, 18 दिन मे कुल 114 दिन बैठक की। इसकी बैठकों में प्रेस और जनता को भाग लेने की स्वतन्त्रता थी। भारत के संविधान के निर्माण में डॉ. भीमराव अम्बेडकर ने महत्वपूर्ण भूमिका निभाई, इसलिए उन्हें 'संविधान का निर्माता' कहा जाता है।

प्रस्तावना

हम भारत के लोग, भारत को एक संपूर्ण प्रभुत्त्व-संपन्न समाजवादी, धर्मनिरपेक्ष, लोकतंत्रात्मक गणराज्य बनाने के लिए तथा उसके समस्त नागरिकों को सामाजिक, आर्थिक और राजनैतिक न्याय, विचार, अभिव्यक्ति, विश्वास, धर्म और उपासना की स्वतंत्रता, प्रतिष्ठा और अवसर की समता प्राप्त कराने के लिए तथा उन सब में व्यक्ति की गरिमा और राष्ट्र की एकता और अखंडता सुनिश्चित करने वाली बंधुता बढ़ाने के लिए दृढ़संकल्प होकर अपनी इस संविधान सभा में तारीख 26 नवंबर, 1949 ई. (मिति मार्गशीर्ष शुक्ल सप्तमी, संवत् दो हजार छह विक्रमी) को एतद् द्वारा इस संविधान को अंगीकृत, अधिनियमित और आत्मार्पित करते हैं।

भाग 1

संघ और उसका राज्यक्षेत्र–

अनुच्छेद 1. संघ का नाम और राज्यक्षेत्र

अनुच्छेद 2. नए राज्यों का प्रवेश या स्थापना

अनुच्छेद 2.क. [निरसित [Deleted)]

अनुच्छेद 3. नए राज्यों का निर्माण और वर्तमान राज्यों के क्षेत्रों, सीमाओं या नामों में परिवर्तन

अनुच्छेद 4. पहली अनुसूची और चौथी अनुसूची में संशोधन तथा अनुपूरक आनुषंगिक और पारिणामिक विषयों का उपबंध करने के लिए अनुच्छेद 2 और अनुच्छेद 3 के अधीन बनाई गई विधियां

भाग 2

नागरिकता–

अनुच्छेद 5. संविधान के प्रारम्भ पर नागरिकता

अनुच्छेद 6. पाकिस्तान से भारत को प्रवजन करने वाले कुछ व्यक्तियों के नागरिकता के अधिकार

अनुच्छेद 7. पाकिस्तान को प्रवजन करने वाले कुछ व्यक्तियों के नागरिकता के अधिकार

अनुच्छेद 8. भारत के बाहर रहने वाले भारतीय उद्भव के कुछ व्यक्तियों के नागरिकता के अधिकार

अनुच्छेद 9. विदेशी राज्य की नागरिकता स्वेच्छा से ग्रहण करने वाले व्यक्तियों का नागरिक न होना

अनुच्छेद 10. नागरिकता के अधिकारों का बना रहना

अनुच्छेद 11. संसद द्वारा नागरिकता के अधिकार का विधि द्वारा विनियमन किया जाना

भाग 3

मूल अधिकार–

साधारण

अनुच्छेद 12. परिभाषा (राज्य शब्द की)

अनुच्छेद 13. मूल अधिकारों से असंगत या उनका अल्पीकरण करने वाली विधियां

समानता का अधिकार समानता से सम्बन्धित प्रमुख अधिकारों से सम्बन्धित अनुच्छेद निम्नवत हैं–

अनुच्छेद 14. विधि के समक्ष समता

अनुच्छेद 15. धर्म, मूलवंश, जाति, लिंग या जन्मस्थान के आधार पर विभेद का प्रतिषेध।

अनुच्छेद 16. लोक नियोजन के विषय में अवसर की समता

अनुच्छेद 17. अस्पृश्यता का अंत

अनुच्छेद 18. उपाधियों का अंत

स्वतंत्रता का अधिकार–स्वतंत्रता के अधिकार से सम्बन्धित अनुच्छेद व उनके विषय निम्नवत हैं–

अनुच्छेद 19. वाक्-स्वातंत्र्य आदि विषयक कुछ अधिकारों का संरक्षण

अनुच्छेद 20. अपराधों के लिए दोषसिद्धि के संबंध में संरक्षण

अनुच्छेद 21. प्राण और दैहिक स्वतंत्रता का संरक्षण

अनुच्छेद 22. कुछ दशाओं में गिरफ्तारी और निरोध से संरक्षण

शोषण के विरुद्ध अधिकार–

अनुच्छेद 23. मानव के दुर्व्यापार और बलातृश्रम का प्रतिषेध

अनुच्छेद 24. कारखानों आदि में बालकों के नियोजन का प्रतिरोध

धर्म की स्वतंत्रता का अधिकार–

अनुच्छेद 25. अंतःकरण की और धर्म के अबाध रूप से मानने, आचरण और प्रचार करने की स्वतंत्रता

अनुच्छेद 26. धार्मिक कार्यों के प्रबंध की स्वतंत्रता

अनुच्छेद 27. किसी विशिष्ट धर्म की अभिवृद्धि के लिए करों के संदाय के बारे में स्वतंत्रता

अनुच्छेद 28. कुछ शिक्षा संस्थाओं में धार्मिक शिक्षा या धार्मिक उपासना में उपस्थित होने के बारे में स्वतंत्रता

संस्कृति और शिक्षा संबंधी अधिकार–

अनुच्छेद 29. अल्पसंख्यक-वर्गों के हितों का संरक्षण

अनुच्छेद 30. शिक्षा संस्थाओं की स्थापना और प्रशासन करने का अल्पसंख्यक-वर्गों का अधिकार

अनुच्छेद 31. [निरसित]

कुछ विधियों की व्यावृत्ति–

अनुच्छेद 31–क. संपदाओं आदि के अर्जन के लिए उपबंध करने वाली विधियों की व्यावृत्ति

अनुच्छेद 31–ख. कुछ अधिनियमों और विनियमों का विधिमान्यकरण

अनुच्छेद 31–ग. कुछ निदेशक तत्त्वों को प्रभावी करने वाली विधियों की व्यावृत्ति

अनुच्छेद 31–घ. [निरसित]

सांविधानिक उपचारों का अधिकार–

अनुच्छेद 32. इस भाग द्वारा प्रदत्त अधिकारों को प्रवर्तित कराने के लिए उपचार

अनुच्छेद 32–क. [निरसित]

अनुच्छेद 33. इस भाग द्वारा प्रदत्त अधिकारों का बलों आदि को लागू होने में उपांतरण करने की संसद की शक्ति

अनुच्छेद 34. जब किसी क्षेत्र में सेना विधि प्रवृत्त है तब इस भाग द्वारा प्रदत्त अधिकारों पर निर्बन्धन

अनुच्छेद 35. इस भाग के उपबंधों को प्रभावी करने के लिए विधान

भाग 4

राज्य की नीति के निर्देशक तत्त्व–

अनुच्छेद 36. परिभाषा

अनुच्छेद 37. इस भाग में अंतर्विष्ट तत्त्वों का लागू होना

अनुच्छेद 38. राज्य लोक कल्याण की अभिवृद्धि के लिए सामाजिक व्यवस्था बनाएगा।

अनुच्छेद 39. राज्य द्वारा अनुसरणीय कुछ नीति तत्त्व

अनुच्छेद 39–क. राज्य लोग कल्याण की अभिवृद्धि के लिए सामाजिक व्यवस्था बनाएगा।

अनुच्छेद 40. ग्राम पंचायतों का संगठन

अनुच्छेद 41. कुछ दशाओं में काम, शिक्षा और लोक सहायता पाने का अधिकार

अनुच्छेद 42. काम की न्यायसंगत और मानवीचित दशाओं का तथा प्रसूति सहायता का उपबंध

अनुच्छेद 43. कर्मकारों के लिए निर्वाह मजदूरी आदि।

अनुच्छेद 43–क. उद्योगों के प्रबंध में कर्मकारों का भाग लेना।

अनुच्छेद 44. नागरिकों के लिए एक समान सिविल संहिता।

अनुच्छेद 45. बालकों के लिए निःशुल्क और अनिवार्य शिक्षा का उपबंध।

अनुच्छेद 46. अनुसूचित जातियों, अनुसूचित जनजातियों और अन्य दुर्बल वर्गों के शिक्षा और अर्थ संबंधी हितों की अभिवृद्धि।

अनुच्छेद 47. पोषाहार स्तर और जीवन स्तर को ऊंचा करने तथा लोग स्वास्थ्य का सुधार करने का राज्य का कर्त्तव्य।

अनुच्छेद 48. कृषि और पशु पालन का संगठन।

अनुच्छेद 48–क. पर्यावरण का संरक्षण तथा संवर्धन और वन तथा वन्य जीवों की रक्षा।

अनुच्छेद 49. राष्ट्रीय महत्त्व के सस्मारकों, स्थानों और वस्तुओं का संरक्षण।

अनुच्छेद 50. कार्यपालिका से न्यायपालिकाओं का पृथक्करण।

अनुच्छेद 51. अंतर्राष्ट्रीय शांति और सुरक्षा की अभिवृद्धि।

भाग 4–क

मूल कर्त्तव्य

अनुच्छेद 51–क. मूल कर्त्तव्य

भाग 5

संघ

अध्याय1–कार्यपालिका

राष्ट्रपति और उप-राष्ट्रपति–

अनुच्छेद 52. भारत का राष्ट्रपति

अनुच्छेद 53. संघ की कार्यपालिका शक्ति

अनुच्छेद 54. राष्ट्रपति का निर्वाचन

अनुच्छेद 55. राष्ट्रपति के निर्वाचन की रीति

अनुच्छेद 56. राष्ट्रपति की पदावधि

अनुच्छेद 57. पुनर्निवार्चन के लिए पात्रता

अनुच्छेद 58. राष्ट्रपति निर्वाचित होने के लिए अर्हताएं

अनुच्छेद 59. राष्ट्रपति के पद के लिए शर्तें

अनुच्छेद 60. राष्ट्रपति द्वारा शपथ या प्रतिज्ञान

अनुच्छेद 61. राष्ट्रपति पर महाभियोग चलाने की प्रक्रिया

अनुच्छेद 62. राष्ट्रपति के पद में रिक्ति को भरने के लिए निर्वाचित व्यक्ति की पदावधि।

अनुच्छेद 63. भारत का उप-राष्ट्रपति

अनुच्छेद 64. उप-राष्ट्रपति का राज्य सभा का पदेन सभापति होना

अनुच्छेद 65. राष्ट्रपति के पद में आकस्मिक रिक्ति के दौरान या उसकी अनुपस्थिति में उप-राष्ट्रपति का राष्ट्रपति के रूप में कार्य करना या उसके कृत्यों का निर्वहन।

अनुच्छेद 66. उप-राष्ट्रपति का निर्वाचन

अनुच्छेद 67. उप-राष्ट्रपति की पदावधि

अनुच्छेद 68. उप-राष्ट्रपति के पद में रिक्ति को भरने के लिए निर्वाचन करने का समय और आकस्मिक रिक्ति को भरने के लिए निर्वाचित व्यक्ति की पदावधि

अनुच्छेद 69. उप-राष्ट्रपति द्वारा शपथ या प्रतिज्ञान

अनुच्छेद 70. अन्य आकस्मिकताओं में राष्ट्रपति के कृत्यों का निर्वहन

अनुच्छेद 71. राष्ट्रपति या उप-राष्ट्रपति के निर्वाचन से संबंधित या संसक्त विषय

अनुच्छेद 72. क्षमा आदि की कुछ मामलों में दंडादेश के निलंबन, परिहार या लघुकरण की राष्ट्रपति की शक्ति

अनुच्छेद 73. संघ की कार्यपालिका शक्ति का विस्तार

मंत्रि-परिषद–

अनुच्छेद 74. राष्ट्रपति को सहायता और सलाह देने के लिए मंत्रि-परिषद

अनुच्छेद 75. मंत्रियों के बारे में अन्य उपबंध

भारत का महान्यायवादी

अनुच्छेद 76. भारत का महान्यायवादी

सरकारी कार्य का संचालन

अनुच्छेद 77. भारत सरकार के कार्य का संचालन

अनुच्छेद 78. राष्ट्रपति को जानकारी देने आदि के संबंध में प्रधानमंत्री के कर्त्तव्य

अध्याय 2–संसद

साधारण–

अनुच्छेद 79. संसद का गठन।

अनुच्छेद 80. राज्य सभा की संरचना।

अनुच्छेद 81. लोक सभा की संरचना।

अनुच्छेद 82. प्रत्येक जनगणना के पश्चात् पुनःसमायोजन।

अनुच्छेद 83. संसद के संदनों की अवधि।

अनुच्छेद 84. संसद की सदस्यता के लिए अर्हता।

अनुच्छेद 85. संसद के सत्र, सत्राबसान और विघटन।

अनुच्छेद 86. सदनों में अभिभाषण का और उनको संदेश भेजने का राष्ट्रपति का अधिकार।

अनुच्देद 87. राष्ट्रपति का विशेष अभिभाषण।

अनुच्छेद 88. सदनों के बारे में मंत्रियों और महान्यायवादी के अधिकार।

संसद के अधिकारी–

अनुच्छेद 89. राज्य सभा का सभापति और उपसभापति।

अनुच्छेद 90. उपसभापति का पद रिक्त होना, पदत्याग और पद से हटाया जाना।

अनुच्छेद 91. सभापति के पद के कर्त्तव्यों का पालन करने या सभापति के रूप में कार्य करने की उपसभापति या अन्य व्यक्ति की शक्ति।

अनुच्छेद 92. जब सभापति या उपसभापति को पद से हटाने का कोई संकल्प विचाराधीन है तब उसका पीठासीन न होना।

अनुच्छेद 93. लोकसभा का अध्यक्ष और उपाध्यक्ष।

अनुच्छेद 94. अध्यक्ष और उपाध्यक्ष का पद रिक्त होना, पदत्याग और पद से हटाया जाना।

अनुच्छेद 95. अध्यक्ष के पद के कर्त्तव्यों का पालन कार्य का अध्यक्ष के रूप में कार्य करने की उपाध्यक्ष या अन्य व्यक्ति की शक्ति।

अनुच्छेद 96. जब अध्यक्ष या उपाध्यक्ष को पद से हटाने का कोई संकल्प विचारधीन है तब उसका पीठासीन न होना।

अनुच्छेद 97. सभापति और उपसभापति तथा अध्यक्ष और उपाध्यक्ष के वेतन और भत्ते।

अनुच्छेद 98. संसद का सचिवालय।

कार्य संचालन–

अनुच्छेद 99. सदस्यों द्वारा शपथ या प्रतिज्ञान।

अनुच्छेद 100. सदनों में मतदान, रिक्तियों के होते हुए भी सदनों की कार्य करने की शक्ति और गणपूर्ति।

सदस्यों की निरर्हताएं–

अनुच्छेद 101. स्थानों का रिक्त होना।

अनुच्छेद 102. सदस्यों के लिए निरर्हताएं।

अनुच्छेद 103. सदस्यों की निरर्हताओं से संबंधित प्रश्नों पर विनिश्चय।

अनुच्छेद 104. अनुच्छेद 99 के अधीन शपथ लेने या प्रतिज्ञान करने से पहले या अर्हित न होते हुए या निरर्हित किए जाने पर बैठने और मत देने के लिए शक्ति।

संसद और उसके सदस्यों की शक्तियाँ, विशेषाधिकार और उन्मुक्तियां–

अनुच्छेद 105. संसद के सदनों की तथा उनके सदस्यों और समितियों की शक्तियाँ, विशेषाधिकार आदि।

अनुच्छेद 106. सदस्यों के वेतन और भत्ते।

विधायी प्रक्रिया

अनुच्छेद 107. विधेयकों के पुनःस्थापन और पारित किए जाने के संबंध में उपबंध।

अनुच्छेद 108. कुछ दशाओं में दोनों सदनों की संयुक्त बैठक।

अनुच्छेद 109. धन विधेयकों के संबंध में विशेष प्रक्रिया।

अनुच्छेद 110. "धन विधयेक" की परिभाषा।

अनुच्छेद 111. विधेयकों पर अनुमति।

वित्तीय विषयों के संबंध में प्रक्रिया–

अनुच्छेद 112. वार्षिक वित्तीय विवरण।

अनुच्छेद 113. संसद में प्राक्कलनों के संबंध में प्रक्रिया।

अनुच्छेद 114. विनियोग विधेयक।

अनुच्छेद 115. अनुपूरक, अतिरिक्त या अधिक अनुदान।

अनुच्छेद 116. लेखानुदान, प्रत्यानुदान और अपवादानुदान।

अनुच्छेद 117. वित्त विधेयकों के बारे में विशेष उपबंध।

साधारणतया प्रक्रिया–

अनुच्छेद 118. प्रक्रिया के नियम।

अनुच्छेद 119. संसद में वित्तीय कार्य संबंधी प्रक्रिया का विधि द्वारा विनियमन।

अनुच्छेद 120. संसद में प्रयोग की जाने वाली भाषा।

अनुच्छेद 121. संसद में चर्चा पर निर्बन्धन।

अनुच्छेद 122. न्यायालयों द्वारा संसद की कार्यवाहियों की जांच न किया जाना।

अध्याय 3–राष्ट्रपति की विधायी शक्तियाँ–

अनुच्छेद 123. संसद के विश्रांतिकाल में अध्यादेश प्रख्यापित करने का राष्ट्रपति की शक्ति।

अध्याय 4–संघ की न्यायपालिका–

अनुच्छेद 124. उच्चतम न्यायालय की स्थापना और गठन।

अनुच्छेद 125. न्यायाधीशों के वेतन आदि।

अनुच्छेद 126. कार्यकारी मुख्य न्यायमूर्ति की नियुक्ति।

अनुच्छेद 127. तदर्थ न्यायमूर्तियों की नियुक्ति।

अनुच्छेद 128. उच्चतम न्यायालय की बैठकों में सेवानिवृत न्यायाधीशों की उपस्थिति।

अनुच्छेद 129. उच्चतम न्यायालय का अभिलेख न्यायालय होना।

अनुच्छेद 130. उच्चतम न्यायालय का स्थान।

अनुच्छेद 131. उच्चतम न्यायालय की आरंभिक अधिकारिता।

अनुच्छेद 131.–क. [निरसित] ।

अनुच्छेद 132. कुछ मामलों में उच्च न्यायालयों से अपीलों में उच्चतम न्यायालय की अपीली अधिकारिता।

अनुच्छेद 133. उच्च न्यायालयों से सिविल विषयों से संबंधित अपीलों में उच्चतम न्यायालय की अपीली अधिकारिता।

अनुच्छेद 134–क. उच्चतम न्यायालय में अपील के लिए प्रमाणपत्र।

अनुच्छेद 135. विद्यमान विधि के अधीन फेडरल न्यायालय की अधिकारिता और शक्तियों का उच्चतम न्यायालय द्वारा प्रयोक्तव्य होना।

अनुच्छेद 136. अपील के लिए उच्चतम न्यायालय की विशेष इजाजत।

अनुच्छेद 137. निर्णयों या आदेशों का उच्चतम न्यायालय द्वारा पुनर्विलोकन।

अनुच्छेद 138. उच्चतम न्यायालय की अधिकारिता की वृद्धि।

अनुच्छेद 139. कुछ रिट निकालने की शक्तियों का उच्चतम न्यायालय को प्रदत्त किया जाना।

अनुच्छेद 139–क. कुछ मामलों का अंतरण।

अनुच्छेद 140. उच्चतम न्यायालय की आनुषंगिक शक्तियाँ।

अनुच्छेद 141. उच्चतम न्यायालय द्वारा घोषित विधि का सभी न्यायालयों पर आबद्धकर होना।

अनुच्छेद 142. उच्चतम न्यायलय की डिक्रियों और आदेशों का प्रवर्तन और प्रकटीकरण आदि के बारे में आदेश।

अनुच्छेद 143. उच्चतम न्यायालय से परामर्श करने की राष्ट्रपति की शक्ति।

अनुच्छेद 144. सिविल और न्यायिक प्राधिकारियों द्वारा उच्चतम न्यायालय की सहायता में कार्य किया जाना।

अनुच्छेद 144–क [निरसित]

अनुच्छेद 145. न्यायालय के नियम आदि।

अनुच्छेद 146. उच्चतम न्यायालय के अधिकारी और सेवक तथा व्यय।

अनुच्छेद 147. निर्वचन।

अध्याय 5–भारत का नियंत्रक-महालेखापरीक्षक–

अनुच्छेद 148. भारत का नियंत्रक-महालेखापरीक्षक।

अनुच्छेद 149. नियंत्रक-महालेखापरीक्षक के कर्त्तव्य और शक्तियाँ।

अनुच्छेद 150. संघ के राज्यों के लेखाओं का प्रारूप।

अनुच्छेद 151. संपरीक्षा प्रतिवेदन।

भाग 6

राज्य

अध्याय 1–साधारण

अनुच्छेद 152. परिभाषा

अध्याय 2–कार्यपालिका

राज्यपाल

अनुच्छेद 153. राज्यों के राज्यपाल।

अनुच्छेद 154. राज्य की कार्यपालिका शक्ति।

अनुच्छेद 155. राज्यपाल की नियुक्ति।

अनुच्छेद 156. राज्यपाल की पदावधि।

अनुच्छेद 157. राज्यपाल नियुक्त होने के लिए अर्हताएं।

अनुच्छेद 158. राज्यपाल के पद के लिए शर्तें।

अनुच्छेद 159. राज्यपाल द्वारा शपथ या प्रतिज्ञान।

अनुच्छेद 160. कुछ आकस्मिकताओं में राज्यपाल के कृत्यों का निर्वहन।

अनुच्छेद 161. क्षमा आदि की और कुछ मामलों में दंडादेश के निलंबन, परिहार या लघुकरण की राज्यपाल की शक्ति।

अनुच्छेद 162. राज्य की कार्यपालिका शक्ति का विस्तार।

मंत्रि-परिषद–

अनुच्छेद 163. राज्यपाल को सहायता और सलाह देने के लिए मंत्रि-परिषद।

अनुच्छेद 164. मंत्रियों के बारे में अन्य उपबंध।

राज्य का महाधिवक्ता–

अनुच्छेद 165. राज्य का महाधिवक्ता।

सरकारी कार्य का संचालन–

अनुच्छेद 166. राज्य सरकार के कार्य का संचालन।

अनुच्छेद 167. राज्यपाल को जानकारी देने आदि के संबंध में मुख्यमंत्री के कर्त्तव्य।

अध्याय 3–राज्य का विधान-मंडल

साधारण–

अनुच्छेद 168. राज्यों के विधान-मंडलों का गठन।

अनुच्छेद 169. राज्यों में विधान परिषदों का उत्सादन या सृजन।

अनुच्छेद 170. विधान सभाओं की संरचना।

अनुच्छेद 171. विधान परिषदों की संरचना।

अनुच्छेद 172. राज्यों के विधान मंडलों की अवधि।

अनुच्छेद 173. राज्य के विधान-मंडलों की सदस्यता के लिए अर्हता।

अनुच्छेद 174. राज्य के विधान-मंडल के सत्र, सत्रावसान और विघटन।

अनुच्छेद 175. सदन या सदनों में अभिभाषण का और उनको संदेश भेजने का राज्यपाल का अधिकार।

अनुच्छेद 176. राज्यपाल का विशेष अभिभाषण।

अनुच्छेद 177. सदनों के बारे में मंत्रियों और महाधिवक्ता के अधिकार।

राज्य के विधान-मंडल के अधिकारी–

अनुच्छेद 178. विधान सभा का अध्यक्ष और उपाध्यक्ष।

अनुच्छेद 179. अध्यक्ष और उपाध्यक्ष का पद रिक्त होना, पदत्याग और पद से हटाया जाना।

अनुच्छेद 180. अध्यक्ष के पद के कर्त्तव्यों का पालन करने या अध्यक्ष के रूप में कार्य करने की उपाध्यक्ष या अन्य व्यक्ति को शक्ति।

अनुच्छेद 181. जब अध्यक्ष या उपाध्यक्ष को पद से हटाने का कोई संकल्प विचारधीन है तब उसका पीठासीन न होना।

अनुच्छेद 182. विधान परिषद् का सभापति और उपसभापति।

अनुच्छेद 183. सभापति और उपसभापति का पद रिक्त होना, पदत्याग और पद से हटाया जाना।

अनुच्छेद 184. सभापति के पद के कर्त्तव्यों का पालन करने या सभापति के रूप में कार्य करने की उपसभापति या किसी अन्य को शक्ति।

अनुच्छेद 185. जब सभापति या उपसभापति को पद से हटाने का कोई संकल्प विचारधीन है तब उसका पीठासीन न होना।

अनुच्छेद 186. अध्यक्ष और उपाध्यक्ष तथा सभापति और उपसभापति के वेतन और भत्ते।

अनुच्छेद 187. राज्य के विधान-मंडलों का सचिवालय।

कार्य संचालन–

अनुच्छेद 188. सदस्यों द्वारा शपथ या प्रतिज्ञान।

अनुच्छेद 189. सदनों में मतदान, रिक्तियों के होते हुए भी सदनों की कार्य करने की शक्ति और गणपूर्ति।

सदस्यों की निरर्हताएं–

अनुच्छेद 190. स्थानों का रिक्त होना।

अनुच्छेद 191. सदस्यता के लिए निरर्हताएं।

अनुच्छेद 192. सदस्यों की निरर्हताओं से संबंधित प्रश्नों पर विनिश्चय।

अनुच्छेद 193. अनुच्छेद 188 के अधीन शपथ लेने या प्रतिज्ञा करने से पहले या अर्हित न होते हुए यह निरर्हित किए जाने पर बैठने और मत देने के लिए शास्ति।

राज्यों के विधान-मंडलों और उनके सदस्यों की शक्तियाँ, विशेषाधिकार और उन्मुक्तियां–

अनुच्छेद 194. विधान-मंडलों के सदनों की तथा उनके सदस्यों और समितियों की शक्तियाँ, विशेषाधिकार आदि।

अनुच्छेद 195. सदस्यों के वेतन और भत्ते।

विधायी प्रक्रिया–

अनुच्छेद 196. विधेयकों के पुनःस्थापन और पारित किए जाने के संबंध में उपबंध।

अनुच्छेद 197. धन विधेयकों से भिन्न विधेयकों के बारे में विधान परिषद् की शक्तियों पर निर्बंधन।

अनुच्छेद 198. धन विधेयकों के संबंध में विशेष प्रक्रिया।

अनुच्छेद 199. ''धन विधेयक'' की परिभाषा।

अनुच्छेद 200. विधेयकों पर अनुमति।

अनुच्छेद 201. विचार के लिए आरक्षित विधेयक।

वित्तीय विषयों के संबंध में प्रक्रिया–

अनुच्छेद 202. वार्षिक वित्तीय विवरण।

अनुच्छेद 203. विधान-मंडल के प्राक्कलनों के संबंध में प्रक्रिया।

अनुच्छेद 204. विनियोग विधेयक।

अनुच्छेद 205. अनुपूरक, अतिरिक्त या अधिक अनुदान।

अनुच्छेद 206. लेखानुदान, प्रत्ययानुदान और अपवादानुदान।

अनुच्छेद 207 वित्त विधेयकों के बारे में विशेष उपबंध।

साधारणयता प्रक्रिया–

अनुच्छेद 208. प्रक्रिया के नियम।

अनुच्छेद 209. राज्य के विधान-मंडल में वित्तीय कार्य संबंधी प्रक्रिया का विधि द्वारा विनियमन।

अनुच्छेद 210. विधान-मंडल में प्रयोग की जाने वाली भाषा।

अनुच्छेद 211. विधान-मंडलों में चर्चा पर निर्बंधन।

अनुच्छेद 212. न्यायालयों द्वारा विधान-मंडल की कार्यवाहियों की जांच न किया जाना।

अध्याय 4–राज्यपाल की विधायी शक्ति

अनुच्छेद 213. विधान-मंडल के विश्रांतिकाल में अध्यादेश प्रख्यापित करने की राज्यपाल की शक्ति।

अध्याय 5–राज्यों के उच्च न्यायालय–

अनुच्छेद 214. राज्यों के लिए उच्च न्यायालय।

अनुच्छेद 215. उच्च न्यायालयों का अभिलेख न्यायालय होना।

अनुच्छेद 216. उच्च न्यायालयों का गठन।

अनुच्छेद 217. उच्च न्यायालयों के न्यायाधीश की नियुक्ति और उसके पद की शर्तें।

अनुच्छेद 218. उच्चतम न्यायालय से संबंधित कुछ उपबंधों का उच्च न्यायालयों को लागू होना।

अनुच्छेद 219. उच्च न्यायालयों के न्यायाधीशों द्वारा शपथ या प्रतिज्ञान।

अनुच्छेद 220. स्थायी न्यायाधीश रहने के पश्चात् विधि-व्यवसाय पर निर्बंधन।

अनुच्छेद 221. न्यायाधीशों के वेतन आदि।

अनुच्छेद 222. किसी न्यायाधीश का एक उच्च न्यायालय से दूसरे उच्च न्यायालय को अंतरण।

अनुच्छेद 223. कार्यकारी मुख्य न्यायमुर्ति की नियुक्ति।

अनुच्छेद 224. अपर और कार्यकारी न्यायाधीशों की नियुक्ति।

अनुच्छेद 224–क. उच्च न्यायालयों की बैठकों में सेवा-निवृत्त न्यायाधीशों की नियुक्ति।

अनुच्छेद 225. विद्यमान उच्च न्यायालयों की अधिकारिता।

अनुच्छेद 226.क. [निरसित]

अनुच्छेद 227. सभी न्यायालयों के अधीक्षण की उच्च न्यायालय की शक्ति।

अनुच्छेद 228. कुछ मामलों का उच्च न्यायालय को अंतरण।

अनुच्छेद 228.क. [निरसित]

अनुच्छेद 229. उच्च न्यायालयों के अधिकारों और सेवक तथा व्यय।

अनुच्छेद 230. उच्च न्यायालयों की अधिकारिता का संघ राज्यक्षेत्रों पर विस्तार

अनुच्छेद 231. दो या अधिक राज्यों के लिए एक ही उच्च न्यायालय की स्थापना

अध्याय 6–अधीनस्थ न्यायालय

अनुच्छेद 233. जिला न्यायाधीशों की नियुक्ति।

अनुच्छेद 233.क. कुछ जिला न्यायाधीशों की नियुक्तियों का और उनके द्वारा दिए गए निर्णयों आदि का विधिमान्यकरण।

अनुच्छेद 234. न्यायिक सेवा में जिला न्यायाधीशों से भिन्न व्यक्तियों की भर्ती।

अनुच्छेद 235. अधीनस्थ न्यायालयों पर नियंत्रण।

अनुच्छेद 236. निर्वचन।

अनुच्छेद 237. कुछ वर्ग या वर्गों के मजिस्ट्रेटों पर इस अध्याय के उपबन्धों का लागू होना।

भाग 7

पहली अनुसूची के भाग ख के राज्य–

अनुच्छेद 238. संघ राज्य क्षेत्रों का प्रशासन।

अनुच्छेद 239.–क. कुछ संघ राज्यक्षेत्रों के लिए स्थानीय विधान-मंडलों या मंत्रि-परिषदों का या दोनों का सृजन।

अनुच्छेद 239–ख. विधान-मंडलों के विश्रांतिकाल में अध्यादेश प्रख्यापित करने की प्रशासक की शक्ति।

अनुच्छेद 240. कुछ संघ राज्यक्षेत्रों के लिए विनियम बनाने की राष्ट्रपति की शक्ति।

अनुच्छेद 241. संघ राज्यक्षेत्रों के लिए उच्च न्यायालय।

अनुच्छेद 242. [निरसित]

भाग 9

पंचायतें–

243. परिभाषायें।

243 क. ग्राम सभा।

243 ख. पंचायतों का गठन।

243 ग. पंचायतों की संरचना।

243 घ. स्थानों का आरक्षण।

243 ङ पंचायतों आदि की अवधि।

243 च. सदस्यता के लिए अर्हता।

243 छ. पंचायतों की शक्तियाँ, प्राधिकार तथा उत्तदायित्व।

243 ज. पंचायतों द्वारा करारोपण की शक्तियाँ और उनकी निधियां।

243 झ. वित्तीय स्थिति के पुनर्विलोकन के लिए वित्तीय आयोग की स्थापना।

243 ञ. पंचायतों का लेखा परीक्षण।

243 ट. पंचायतों के निर्वाचन।

243 ठ. संघ राज्यक्षेत्रों पर प्रवर्तन।

243 ड. कतिपय क्षेत्रों को इस भाग का लागू न होना।

243 ढ. विद्यमान विधियों और पंचायतों की निरन्तरता।

243 ण. निर्वाचकीय मामलों में न्यायालय के हस्तक्षेप का वर्णन।

भाग 9-क[2]

नगरपालिकायें–

243 त. परिभाषायें।

243 थ. नगरपालिकाओं का गठन।

243 द. नगरपालिकाओं की संरचना।

243 ध. वार्डों, समितियों आदि का गठन और उनकी संरचना।

243 न. स्थानों का आरक्षण।

243 प. नगरपालिकाओं आदि की अवधि।

243 फ. सदस्यता के लिए अनर्हता।

243 ब. नगरपालिकाओं आदि की शक्तियाँ, प्राधिकार तथा उत्तरदायित्व।

243 भ. नगरपालिकाओं द्वारा करारोपण की शक्तियाँ और उनकी निधियां।

243 म. वित्त आयोग।

243 य. नगरपालिकाओं के लेखा का परीक्षण।

243 यक. नगरपालिकाओं के निर्वाचन।

243 यख. संघ राज्यों पर प्रवर्तन।

243 यग. कतिपय क्षेत्रों को इस भाग का लागू न होना।

243 यघ. जिला योजना के लिए समिति।

243 यङ. महानगरीय योजना के लिए समिति।

243 यछ. निर्वाचकीय मामलों में न्यायालय के हस्तक्षेप का वर्णन।

भाग 10

अनुसूचित और जनजाति क्षेत्र–

अनुच्छेद 244. अनुसूचित क्षेत्रों और जनजाति क्षेत्रों का प्रशासन।

अनुच्छेद 244–क. असम के कुछ जनजाति क्षेत्रों को समाविष्ट करने वाला एक स्वशासी राज्य बनाना और उसके लिए स्थानीय विधान-मंडल या मंत्रि-परिषद का या दोनों का सृजन।

भाग 11

संघ और राज्यों के बीच संबंध–

अध्याय 1–विधायी संबंध

विधियी शक्तियों का वितरण–

अनुच्छेद 245. संसद द्वारा और राज्यों के विधान-मंडलों द्वारा बनाई गई विधियों का विस्तार।

अनुच्छेद 246. संसद द्वारा और राज्यों के विधान-मंडलों द्वारा बनाई गई विधियों की विषय-वस्तु।

अनुच्छेद 247. कुछ अतिरिक्त न्यायालयों की स्थापना का उपबंध करने की संसद की शक्ति।

अनुच्छेद 248. अवशिष्ट विधायी शक्तियाँ।

अनुच्छेद 249. राज्य सूची में के विषय के संबंध में राष्ट्रीय हित में विधि बनाने की संसद की शक्ति।

अनुच्छेद 250. यदि आपात की उद्घोषणा प्रवर्तन में हो तो राज्य सूची में के विषय के संबंध में विधि बनाने की संसद की शक्ति।

अनुच्छेद 251. संसद द्वारा अनुच्छेद 249 और अनुच्छेद 250 के अधीन बनाई गई विधियों और राज्यों के विधान-मंडलों द्वारा बनाई गई विधियों में असंगति।

अनुच्छेद 252. दो या अधिक राज्यों के लिए उनकी सहमति से विधि बनाने की संसद की शक्ति और ऐसी विधि का किसी अन्य राज्य द्वारा अंगीकार किया जाना।

अनुच्छेद 253. अंतर्राष्ट्रीय करारों को प्रभावी करने के लिए विधान।

अनुच्छेद 254. संसद द्वारा बनाई गई विधियों और राज्यों के विधान-मंडलों द्वारा बनाई गई विधियों में असंगति।

अनुच्छेद 255. सिफारिशों और पूर्व मंजूरी के बारे में अपेक्षाओं को केवल प्रक्रिया के विषय मानना।

अध्याय 2–प्रशासनिक संबंध

साधारण

अनुच्छेद 256. राज्यों की और संघ की बाध्यता।

अनुच्छेद 257. कुछ दशाओं में राज्यों पर संघ का नियंत्रण।

अनुच्छेद 257–क. [निरसित]

अनुच्छेद 258. कुछ दशाओं में राज्यों को शक्ति प्रदान करने आदि की संघ की शक्ति।

अनुच्छेद 259. [निरसित]

अनुच्छेद 260. भारत के बाहर के राज्यक्षेत्रों के संबंध में संघ की अधिकारिता।

अनुच्छेद 261. सार्वजनिक कार्य अभिलेख और न्यायिक कार्यवाहियां।

जल संबंधी विवाद–

अनुच्छेद 262. अंतर्राज्यिक नदियों या नदी-दूनों के जल संबंधी विवादों का न्यायनिर्णयन।

राज्यों के बीच समन्वय–

अनुच्छेद 263. अंतर्राज्यीय परिषद् के संबंध में उपबंध।

भाग 12

वित्त, संपत्ति, संविदाएं और वाद–

अध्याय 1– वित्त

अनुच्छेद 264. निर्वचन।

अनुच्छेद 265. विधि के प्राधिकार के बिना करों का अधिरोपण न किया जाना।

अनुच्छेद 266. भारत और राज्यों की संचित निधियां और लोक लेखे।

अनुच्छेद 2 67. आकस्मिकता निधि।

संघ और राज्यों के बीच राजस्वों का वितरण–

अनुच्छेद 268. संघ द्वारा उद्गृहीत किए जाने वाले किंतु राज्यों द्वारा संगृहीत और विनियोजित किए जाने वाले शुल्क।

अनुच्छेद 269. संघ द्वारा उद्गृहीत और संगृहीत किंतु राज्यों को सौंपे जाने वाले कर।

अनुच्छेद 270. संघ द्वारा उद्‌गृहीत और संगृहीत तथा संघ और राज्यों के बीच वितरित किए जाने वाले कर।

अनुच्छेद 271. कुछ शुल्कों और करों पर संघ के प्रयोजनों के लिए अधिभार।

अनुच्छेद 272. कर जो संघ द्वारा उद्‌गृहीत किए जाते हैं तथा जो संघ और राज्यों के बीच वितरित किए जा सकेंगे।

अनुच्छेद 273. जूट पर और जूट उत्पादों पर निर्यात शुल्क के स्थान पर अनुदान।

अनुच्छेद 274. ऐसे कराधान पर, जिसमें राज्य हितबद्ध है, प्रभाव डालने वाले विधेयकों के लिए राष्ट्रपति की पूर्व सिफारिश की अपेक्षा।

अनुच्छेद 275. कुछ राज्यों को संघ से अनुदान।

अनुच्छेद 276. वृत्तियों, व्यापारों, आजीविकाओं और नियोजनों पर कर।

अनुच्छेद 277. व्यावृत्ति।

अनुच्छेद 278. [निरसित]

अनुच्छेद 279. ''शुद्ध आगम'' आदि की गणना।

अनुच्छेद 280. वित्त आयोग।

अनुच्छेद 281. वित्त आयोग की सिफारिशें।

प्रकीर्ण वित्तीय उपबंध–

अनुच्छेद 282. संघ या राज्य द्वारा अपने राजस्व से किए जाने वाले व्यय।

अनुच्छेद 283. संचित निधियों, आकस्मिकता निधियों और लोक लेखाओं में जमा धनराशियों की अभिरक्षा आदि।

अनुच्छेद 284. लोक सेवकों और न्यायालयों द्वारा प्राप्त वादकर्ताओं की जमा राशियों और अन्य धनराशियों की अभिरक्षा।

अनुच्छेद 285. संघ की संपत्ति को राज्य के करों से छूट।

अनुच्छेद 286. माल के क्रय या विक्रय पर कर के अधिरोपण के बारे में निर्बंधन।

अनुच्छेद 287. विद्युत पर करों से छूट।

अनुच्छेद 288. जल या विद्युत के संबंध में राज्यों द्वारा कराधान से कुछ दशाओं में छूट।

अनुच्छेद 289. राज्यों की संपत्ति और आय को संघ के कराधान से छूट।

अनुच्छेद 290. कुछ व्ययों और पेंशनों के संबंध में समायोजन।

अनुच्छेद 290–क. कुछ देवस्यम् निधियों को वार्षिक संदाय।

अनुच्छेद 291. [निरसित]

अध्याय 2–उधार लेना

अनुच्छेद 293. राज्यों द्वारा उधार लेना।

अध्याय 3–संपत्ति, संविदाएं, अधिकार, दायित्व, बाध्यताएं और वाद

अनुच्छेद 294. कुछ दशाओं में संपत्ति, आस्तियों, अधिकारों, दायित्वों और बाध्यताओं का उत्तराधिकार।

अनुच्छेद 295. अन्य दशाओं में संपत्ति, आस्तियों, अधिकारों, दायित्वों और बाध्यताओं का उत्तराधिकार।

अनुच्छेद 296. राजगामी या व्यपगत या स्वामीविहीन होने से प्रोद्भूत संपत्ति।

अनुच्छेद 297. राज्यक्षेत्रीय सागर-खंड या महाद्वीपीय मग्नतट भूमि में स्थिति मूल्यवान चीजों और अनन्य आर्थिक क्षेत्र के संपत्ति स्रोतों का संघ में निहित होना।

अनुच्छेद 298. व्यापार करने आदि की शक्ति।

अनुच्छेद 299. संविदाएं।

अनुच्छेद 300. वाद और कार्यवाहियां

अभ्याय 4–संपत्ति का अधिकार–

अनुच्छेद 300–क. विधि के प्राधिकार के बिना व्यक्तियों को संपत्ति से वंचित न किया जाना।

भाग 13

भारत के राज्यक्षेत्र के भीतर व्यापार, वाणिज्य और समागम–

अनुच्छेद 301. व्यापार, वाणिज्य और समागम की स्वतंत्रता।

अनुच्छेद 302. व्यापार, वाणिज्य और समागम पर निर्बंधन अधिरोपित करने की संसद की शक्ति।

अनुच्छेद 303. व्यापार और वाणिज्य के संबंध में संघ और राज्यों की विधायी शक्तियों पर निर्बंधन।

अनुच्छेद 304. राज्यों के बीच व्यापार, वाणिज्य और समागम पर निर्बंधन।

अनुच्छेद 305. विद्यमान विधियों और राज्य के एकाधिकार का उपबंध करने वाली विधियों की व्यावृत्ति।

अनुच्छेद 306. [निरसित]

अनुच्छेद 307. अनुच्छेद 301 से अनुच्छेद 304 के प्रयोजनों को कार्यान्वित करने के लिए प्राधिकारी की नियुक्ति।

भाग 14

संघ और राज्यों के अधीन सेवाएं–

अनुच्छेद 308. निर्वचन।

अनुच्छेद 309. संघ या राज्य की सेवा करने वाले व्यक्तियों की भर्ती और सेवा की शर्तें।

अनुच्छेद 310. संघ या राज्य की सेवा करने वाले व्यक्तियों की पदावधि।

अनुच्छेद 311. संघ या राज्य के अधीन सिविल हैसियत में नियोजित व्यक्तियों का पदच्युत किया जाना पद से हटाया जाना या पंक्ति में अवनत किया जाना।

अनुच्छेद 312. अखिल भारतीय सेवाएं।

अनुच्छेद 312–क. कुछ सेवाओं के अधिकारियों की सेवा की शर्तों में परिवर्तन करने या उन्हें प्रतिसंहृत करने की संसद की शक्ति।

अनुच्छेद 313. संक्रमणकालीन उपबंध।

अनुच्छेद 314. [निरसित]

अध्याय 2–लोक सेवा आयोग

अनुच्छेद 315. संघ और राज्यों के लिए लोक सेवा आयोग।

अनुच्छेद 316. सदस्यों की नियुक्ति और पदावधि।

अनुच्छेद 317. लोक सेवा आयोग के किसी सदस्य का हटाया जाना और निलंबित किया जाना।

अनुच्छेद 318. आयोग के सदस्यों और कर्मचारिवृंद की सेवा की शर्तों के बारे में विनियम बनाने की शक्ति।

अनुच्छेद 319. आयोग के सदस्यों द्वारा ऐसे सदस्य न रहने पर पद धारण करने के संबंध में प्रतिवेध।

अनुच्छेद 320. लोक सेवा आयोगों के कृत्य।

अनुच्छेद 321. लोक सेवा आयोगों पर कृत्यों का विस्तार करने की शक्ति।

अनुच्छेद 322. लोक सेवा आयोगों के व्यय।

अनुच्छेद 322. लोक सेवा आयोगों के प्रतिवेदन।

भाग 14–क

अधिकरण–

अनुच्छेद 323–क. प्रशासनिक अधिकरण।

अनुच्छेद 323–ख. अन्य विषयों के लिए अधिकरण।

भाग 15

निर्वाचन–

अनुच्छेद 324. निर्वाचनों के अधीक्षण, निदेशन और नियंत्रण का निर्वाचन आयोग में निहित होना।

अनुच्छेद 325. धर्म, मूलवंश जाति या लिंग के आधार पर किसी व्यक्ति का निर्वाचक-नामावली में सम्मिलित किए जाने के लिए अपात्र न होना और उसके द्वारा किसी विशेष निर्वाचक-नामावली में सम्मिलित किए जाने का दाबा न किया जाना।

अनुच्छेद 326. लोक सभा और राज्यों की विधान सभाओं के लिए निर्वाचनों का वयस्क मताधिकार के आधार पर होना।

अनुच्छेद 327. विधान-मंडलों के लिए निर्वाचनों के संबंध में उपबंध करने की संसद की शक्ति।

अनुच्छेद 328. किसी राज्य के विधान-मंडल के लिए निर्वाचनों के संबंध में उपबंध करने की उस विधान-मंडल की शक्ति।

अनुच्छेद 329. निर्वाचन संबंधी मामलों में न्यायालयों के हस्तक्षेप का वर्जन।

अनुच्छेद 329–क. [निरसित]

भाग 16

कुछ वर्गों के संबंध में विशेष उपबंध–

अनुच्छेद 330. लोक सभा में अनुसूचित जातियों और अनुसूचित जनजातियों के लिए स्थानों का आरक्षण।

अनुच्छेद 331. लोक सभा में आंग्ल-भारतीय समुदाय का प्रतिनिधित्व।

अनुच्छेद 332. राज्यों की विधान सभाओं में अनुसूचित जातियों और अनुसूचित जनजातियों के लिए स्थानों का आरक्षण।

अनुच्छेद 333. राज्यों की विधान सभाओं में आंग्ल-भारतीय समुदाय का प्रतिनिधित्व।

अनुच्छेद 334. स्थानों के आरक्षण और विशेष प्रतिनिधित्व का पचास वर्ष के पश्चात् न रहना।

अनुच्छेद 335. सेवाओं और पदों के लिए अनुसूचित जातियों और अनुसूचित जनजातियों के दावे।

अनुच्छेद 336. कुछ सेवाओं में आंग्ल-भारतीय समुदाय के लिए विशेष उपबंध।

अनुच्छेद 337. आंग्ल-भारतीय समुदाय के फायदे के लिए शैक्षिक अनुदान के लिए विशेष उपबंध।

अनुच्छेद 338. अनुसूचित जातियों, अनुसूचित जनजातियों आदि के लिए विशेष जानकारी।

अनुच्छेद 339. अनुसूचित क्षेत्रों के प्रशासन और अनुसूचित जनजातियों के कल्याण के बारे में संघ का नियंत्रण।

अनुच्छेद 340. पिछड़े वर्गों की दशाओं के अन्वेषण के लिए आयोग की नियुक्ति

अनुच्छेद 341. अनुसूचित जातियां।

अनुच्छेद 342. अनुसूचित जनजातियां।

भाग 17

राजभाषा–

अध्याय 1–संघ की भाषा

अनुच्छेद 343. संघ की राजभाषा।

अनुच्छेद 344. राजभाषा के संबंध में आयोग और संसद की समिति।

अध्याय 2–प्रादेशिक भाषाएं

अनुच्छेद 345. राज्य की राजभाषा या राजभाषाएं।

अनुच्छेद 346. एक राज्य और दूसरे राज्य के बीच या किसी राज्य और संघ के बीच पत्रादि की राजभाषा।

अनुच्छेद 347. किसी राज्य की जनसंख्या के किसी अनुभाग द्वारा बोली जाने वाली भाषा के संबंध में विशेष उपबंध।

अध्याय 3 –उच्चतम न्यायालय, उच्च न्यायालयों आदि की भाषा

अनुच्छेद 348. उच्चतम न्यायालय और उच्च न्यायालयों में और अधिनियमों, विधयेकों आदि के लिए प्रयोग की जाने वाली भाषा।

अनुच्छेद 349. भाषा से संबंधित कुछ विधियां अधिनियमित करने के लिए विशेष प्रक्रिया।

अध्याय 4–विशेष निदेश

अनुच्छेद 350. व्यथा के निवारण के लिए अभ्यावेदन में प्रयोग की जाने वाली भाषा।

अनुच्छेद 350–क. प्राथमिक स्तर पर मातृभाषा में शिक्षा की सुविधाएं।

अनुच्छेद 350–ख. भाषाई अल्पसंख्यक-वर्गों के लिए विशेष अधिकारी।

अनुच्छेद 351. हिन्दी भाषा के विकास के लिए निदेश।

भाग 18

आपात उपबंध–

अनुच्छेद 352. आपात की उद्‌घोषणा।

अनुच्छेद 353. आपात की उद्‌घोषणा का प्रभाव।

अनुच्छेद 354. जब आपात की उद्‌घोषणा प्रवर्तन में है तब राजस्वों के वितरण संबंधी उपबंधों का लागू होना।

अनुच्छेद 355. बाह्य आक्रमण और आंतरिक अशांति से राज्य की संरक्षा करने का संघ का कर्त्तव्य।

अनुच्छेद 356. राज्यों में सांविधानिक तंत्र के विफल हो जाने की दशा में उपबंध।

अनुच्छेद 357. अनुच्छेद 356 के अधीन की गई उद्‌घोषणा के अधीन विधायी शक्तियों का प्रयोग।

अनुच्छेद 358. आपात के दौरान अनुच्छेद 19 के उपबंधों का निलबंन।

अनुच्छेद 359. आपात के दौरान भाग 3 द्वारा प्रदत्त अधिकारों के प्रवर्तन के निलबंन।

अनुच्छेद 359–क. [निरसित]

अनुच्छेद 360. वित्तीय आपात के बारे में उपबंध।

भाग 19

प्रकीर्ण–

अनुच्छेद 361. राष्ट्रीय और राज्यपालों और राजप्रमुखों का संरक्षण।

अनुच्छेद 361–क. संसद् और राज्यों के विधान-मंडलों की कार्यवाहियों के प्रकाशन का संरक्षण।

अनुच्छेद 362. [निरसित]

अनुच्छेद 363. कुछ संधियों, करारों आदि से उत्पन्न विवादों में न्यायालयों के हस्तक्षेप का वर्जन।

अनुच्छेद 363–क. देशी राज्यों के शासकों को दी गई मान्यता की समाप्ति और निजी थैलियों का अंत।

अनुच्छेद 364. महापत्तनों और विमानक्षेत्रों के बारे में विशेष उपबंध।

अनुच्छेद 365. संघ द्वारा दिए गए निर्देशों का अनुपालन करने में या उनको प्रभावी करने में असफलता का प्रभाव।

अनुच्छेद 366. परिभाषाएं।

अनुच्छेद 367. निर्वचन।

भाग 20

संविधान का संशोधन–

अनुच्छेद 368. संविधान का संशोधन करने की संसद् की शक्ति और उसके लिए प्रक्रिया।

भाग 21

अस्थायी, संक्रमणकालीन और विशेष उपबंध–

अनुच्छेद 369. राज्य सूची के कुछ विषयों के संबंध में विधि बनाने की संसद् की इस प्रकार अस्थायी शक्ति मानों वे समवर्ती सूची के विषय हो।

अनुच्छेद 370. जम्मू-कश्मीर राज्य के संबंध में अस्थायी उपबंध।

अनुच्छेद 371. महाराष्ट्र और गुजरात राज्यों के संबंध में विशेष उपबंध।

अनुच्छेद 371–क. नागालैंड राज्य के संबंध में विशेष उपबंध।

अनुच्छेद 371–ख. असम राज्य के संबंध में विशेष उपबंध।

अनुच्छेद 371–ग. मणिपुर राज्य के संबंध में विशेष उपबंध।

अनुच्छेद 371–घ. आंध्र प्रदेश राज्य के संबंध में विशेष उपबंध।

अनुच्छेद 371–ङ आंध्र प्रदेश में केंद्रीय विश्वविद्यालय की स्थापना।

अनुच्छेद 371–च. सिक्किम राज्य के संबंध में विशेष उपबंध।

अनुच्छेद 371–छ. मिजोरम राज्य के संबंध में विशेष उपबंध।

अनुच्छेद 371–ज. अरुणाचल प्रदेश राज्य के संबंध में विशेष उपबंध।

अनुच्छेद 371–झ. गोवा राज्य के संबंध में विशेष उपबंध।

अनुच्छेद 372. विद्यमान विधियों का प्रवृत्त बने रहना और उनका अनुकूलन।

अनुच्छेद 372–क. विधियों का अनुकुलन करने की राष्ट्रपति की शक्ति।

अनुच्छेद 373. निवारक निरोध में रखे गए व्यक्तियों के संबंध में कुछ दशाओं में आदेश करने की राष्ट्रपति की शक्ति।

अनुच्छेद 374. फेडरल न्यायालय के न्यायाधीशों के और फेडरल न्यायालय में या सपरिषद हिज मेजेस्टी के समक्ष लंबित कार्यवाहियों के बारे में उपबंध।

अनुच्छेद 375. संविधान के उपबंधों के अधीन रहते हुए न्यायालयों पदाधिकारियों और अधिकारियों का कृत्य करते रहना।

अनुच्छेद 376. उच्च न्यायालयों के न्यायाधीशों के बारे में उपबंध।

अनुच्छेद 377. भारत के नियंत्रक-महालेखापरीक्षक के बारे में उपबंध।

अनुच्छेद 378. लोक सेवा आयोगों के बारे में उपबंध।

अनुच्छेद 378–क. आंध्र प्रदेश विधान सभा की अवधि के बारे में विशेष उपबंध।

अनुच्छेद 379-391. [निरसित]

अनुच्छेद 392. कठिनाइयों को दूर करने की राष्ट्रपति की शक्ति।

भाग 22

संक्षिप्त नाम, प्रारंभ, हिंदी में प्राधिकृत पाठ और निरसन–

अनुच्छेद 393. संक्षिप्त नाम।

अनुच्छेद 394. प्रारंभ।

अनुच्छेद 394–क. हिंदी भाषा में प्राधिकृत पाठ।

अनुच्छेद 395. [निरसित]

अनुसूचियां–

पहली अनुसूची–1. राज्य 2. संघ राज्यक्षेत्र।

दूसरी अनुसूची–भाग क–राष्ट्रपति और राज्यों के बारे में उपबंध,

भाग ख–[निरसित]

भाग, ग–लोक सभा के अध्यक्ष और उपाध्यक्ष के तथा राज्य सभा के सभापति और उपसभापति के तथा राज्य की विधान सभा के अध्यक्ष और उपाध्यक्ष के तथा विधान परिषद् के सभापति और उपसभापति के बारे में उपबंध,

भाग घ–उच्चतम न्यायालय तथा उच्च न्यायालयों न्यायाधीशों के बारे में उपबंध

भाग, ङ–भारत के नियंत्रक महालेखापरीक्षक के बारे में उपबंध।

तीसरी अनुसूची–शपथ या प्रतिज्ञान के प्रारूप

चौथी अनुसूची–राज्य सभा में स्थानों का आवंटन

पांचवी अनुसूची–अनुसूचित क्षेत्रों और अनुसूचित जनजातियों के प्रशासन और नियंत्रण के बारे में उपबंध

भाग क–साधरण, भाग ख–अनुसूचित क्षेत्रों और अनुसूचित जनजातियों का प्रशासन और नियंत्रण, भाग ग–अनुसूचित क्षेत्र, भाग घ–अनुसूची का संशोधन

छठी अनुसूची–असम, मेघालय, त्रिपुरा और मिजोरम राज्यों के जनजाति क्षेत्रों के प्रशासन के बारे में उपबंध

सातवीं अनुसूची-सूची 1–संघ सूची, सूची 2 –राज्य सूची , सूची 3 –समवर्ती सूची

आठवीं अनुसूची–भाषाएं

नवीं अनुसूची–कुछ अधिनियमों और विनियमों का विधिमान्यकरण

दसवीं अनुसूची–दल परिवर्तन के आधार पर निरर्हता के बारे में उपबंध

ग्यारहवीं अनुसूची–पंचायतों की शक्तियाँ, प्राधिकार तथा उत्तरदायित्व

बारहवीं अनुसूची–नगरपालिकाओं की शक्तियाँ, प्राधिकार तथा उत्तरदायित्व

भारतीय संविधान की विशेषतायें

एकात्मकता तथा संघात्मकता होने के साथ-साथ भारतीय संविधान के अन्य भी विशेषताएँ हैं जिन पर आगे प्रकाश निक्षेप किया जा रहा है–

1. निर्मित, लिखित एवं सर्वाधिक व्यापक संविधान–भारतीय संविधान की प्रमुख विशेषता इसका लिपिबद्ध होना है। संविधान सभा ने इसे 2 वर्ष 11 माह तथा 18 दिन में बनाया था। इस संविधान में लिखित रूप में प्रशासन तथा संविधानिक अधिकारियों के कार्यों का वर्णन, न्यायालयों के गठन तथा उनकी अधिकारिता, केन्द्र-राज्य सम्बन्ध, अल्पसंख्यकों, अनुसूचित जातियों एवं जनजातियों के संरक्षण, मूलाधिकार तथा उनके संरक्षण एवं राज्य की नीति के निर्देशक तत्त्वों के सम्बन्ध में व्यापक रूप से लिखित व्यवस्था की गयी है। भारतीय संविधान लागू करते समय इसमें **395 अनुच्छेद** एवं **8 अनुसूचियां** थीं, जबकि सं.रा. अमेरिका के संविधान में केवल 7, कनाडा के संविधान में 147, अफ्रीका के संविधान में 253 तथा आस्ट्रेलिया के संविधान 128 अनुच्छेद ही हैं। भारत के संविधान की व्यापकता में दिन प्रतिदिन वृद्धि होती जा रही है। भारत में 1950 से 2002 तक के 52 वर्षों में संविधान में 84 संशोधन किये जा चुके हैं, जिसके परिणामस्वरूप संविधान में अनुच्छेदों की संख्या गणना की दृष्टि से 444 (संवैधानिक दृष्टि से अनुच्छेदों की संख्या आज भी 395 ही है) तथा अनुसूचियों की संख्या 12 हो गयी है। संशोधन के द्वारा भारतीय संविधान में अब तक 79 अनुच्छेद जोड़े गये हैं जबकि 25 अनुच्छेद निरसित किये गये हैं।

1950-2002 की अवधि में संविधान में जोड़े गये तथा निरसित अनुच्छेद को नीचे दिया गया है–

जोड़े गये अनुच्छेद–31–क, 31–ख, 31–ग, 39–क, 43–क, 48–क, 51–क,

निरसित अनुच्छेद–31,238, 242, 243, 259, 278, 291, 306, 314, 329–क, 362, 379, 380, 381, 382, 383, 384, 385, 386, 387, 388, 389, 390, 391 तथा 395

2. मूल अधिकारों का समावेश—नागरिक अधिकारों की व्यवस्था करना भारतीय संविधान की प्रमुख विशेषता है। इसमें 6 मूल अधिकारों की व्यवस्था की गई है। भारत के संविधान में अन्तर्विष्ट मूल अधिकार सं.रा. अमेरिका के संविधान से लिये गये हैं। ऐसे अधिकारों का तात्पर्य उन अधिकारों से है, जो मनुष्यों के लिए नैसर्गिक हों तथा मनुष्यों को जन्म से ही प्राप्त हों। इन अधिकारों को मानव अधिकार भी कहा जाता है। संविधान के प्रारम्भ के समय व्यक्तियों को 7 प्रकार के मूलाधिकार प्रदान किये गये थे, लेकिन 44वें संविधान संशोधन द्वारा संपत्ति के अधिकार को निरस्त कर मूलाधिकारों की संख्या घटाकर 6 कर दी गयी। संविधान में नागरिकों के लिए मूलाधिकारों की व्यवस्था के साथ-साथ इसके प्रवर्तन की भी व्यवस्था की गयी है।

3. विधि के शासन की स्थापना—भारतीय संविधान भारत में विधि के शासन की स्थापना करता है। इसके लिए संविधान के अनुच्छेद 13, 20, 21, 22, 32, 226 तथा 256 में व्यापक प्रावधान किया गया है। भारत में संविधान सर्वोच्च है और इस कारण कोई भी व्यक्ति या अधिकारी संविधान के प्रावधानों का उल्लंघन नहीं कर सकता। भारत में विधि के शासन को नैसर्गिक न्याय का भाग माना जाता है तथा राज्य के प्रत्येक अंग विधि के शासन से नियमित तथा नियंत्रित होते हैं।

4. प्रभुत्व सम्पन्न, लोकतन्त्रात्मक, पंथ निरपेक्ष तथा समाजवादी संविधान—भारत का संविधान प्रभुत्व सम्पन्न, लोकतन्त्रात्मक, धर्म निरपेक्ष तथा समाजवादी है। इसके माध्यम से भारत में प्रभुत्व सम्पन्न, लोकतन्त्रात्मक, धर्म निरपेक्ष और समाजवादी राज्य की स्थापना की गयी है। प्रभुत्व सम्पन्न राज्य का तात्पर्य ऐसे राज्य से है, जो किसी बाह्य नियन्त्रण से मुक्त हो और जिस पर किसी अन्य देश की प्रभुता न हो, जो अपनी आन्तरिक एवं विदेश नीतियों का निर्धारण स्वयं करता हो तथा वह किसी अन्तर्राष्ट्रीय सन्धि या समझौता मानने के लिए बाध्य न हो। भारत लोकतान्त्रिक राज्य है, वस्तुतः लोकतंत्र का आशय ही होता है- शासन के लिए चयनित सरकार का अधिकार जनता में निहित होना। ऐसी शासन व्यवस्था के अन्तर्गत सरकार की स्थापना जनता द्वारा तथा जनता के लिए की जाती है। भारत का शासन सीधे जनता द्वारा चुने गये प्रतिनिधियों द्वारा संचालित किया जाता है। पंथ निरपेक्ष का तात्पर्य ऐसी शासन व्यवस्था से है, जिसमें सरकार का कोई धर्म नहीं होता और वह किसी धर्म को न तो संरक्षण प्रदान करती है और न ही किसी धर्म या धार्मिक क्रियाकलापों का विरोध करती है। भारत में सभी धर्मों को समान आदर

दिया जाता है और धर्म के आधार पर किसी मामले में भेद नहीं किया जाता। भारतीय संविधान में पंथ निरपेक्षता को संविधान के प्रारम्भ से ही मान्यता दी गयी थी, लेकिन 1976 में 42वें संविधान द्वारा **'पंथ निरपेक्ष'** शब्द को संविधान की उद्देशिका में शामिल करके धर्मनिरपेक्षता की और अधिक पुष्टि की गयी है। राष्ट्र में सामाजिक समन्वय स्थापित करने के लिए संविधान में समाजवादी विचारधारा को महत्व दिया गया। समाजवादी राज्य की स्थापना संविधान का मुख्य उद्देश्य है और इसकी अभिपुष्टि संविधान की उद्देशिका में समाजवादी शब्द को अन्तःस्थापित करके और कई अनुच्छेदों में संशोधन करके एवं नए अनुच्छेदों को अन्तः स्थापित करके की गयी है।

5. संसदीय पद्धति की सरकार की स्थापना—संसदीय प्रणाली की प्रमुख विशेषता यह होती है कि इस प्रणाली में सरकार का उत्तरदायित्व विधायिका के प्रति होता है। इस प्रकार सरकार की दूसरी विशेषता यह है कि कार्यपालिका का वास्तविक प्रधान जनता का प्रतिनिधि होता है और जनता द्वारा निर्वाचित प्रतिनिधियों द्वारा चुना जाता है। भारत का संविधान संसदीय पद्धति की स्थापना करता है, क्योंकि केन्द्र की सरकार लोकसभा के प्रति और राज्यों की सरकारें विधान सभाओं के प्रति उत्तरदायी होती हैं और प्रधानमंत्री तथा राज्यों के मुख्यमंत्री क्रमशः लोकसभा के सदस्यों तथा विधान सभा के सदस्यों द्वारा निर्वाचित किये जाते हैं।

6. स्वतन्त्र न्यायपालिका की स्थापना—भारतीय संविधान द्वारा स्वतन्त्र न्यायपालिका की स्थापना की गयी है। न्यायाधीशों की नियुक्ति, वेतन, भत्ता तथा पद से हटाये जाने के सम्बन्ध में संविधान में स्पष्ट प्रावधान किया गया है, जिस कारण सरकार उन पर दवाब नहीं डाल सकती।

7. एकात्मक तथा संघात्मक संविधान—वैसे तो सामान्यतः भारत का संविधान संघात्मक है, लेकिन विशेष परिस्थितियों में, जैसे आपातकाल की स्थिति में, भारत का संविधान एकात्मक हो जाता है और केन्द्राभिमुख हो जाता है।

8. वयस्क मताधिकार की व्यवस्था—भारतीय संविधान संसदीय शासन की व्यवस्था करता है। संसदीय व्यवस्था के अन्तर्गत सरकार का गठन जनता द्वारा प्रत्यक्षतः निर्वाचित प्रतिनिधियों द्वारा किया जाता है। प्रतिनिधियों का चुनाव वयस्क मताधिकार के आधार पर किया जाता है। संविधान के प्रवर्तन के समय मतदान का अधिकार केवल उन्हें था, जो 21 वर्ष की आयु पूरी कर लेते थे, लेकिन संविधान के 61वें संशोधन के द्वारा मतदान का अधिकार उन व्यक्तियों को भी प्रदान कर दिया गया है, जो 18 वर्ष की आयु पूरी कर लिये हैं।

9. राज्य के नीति निर्देशक तत्वों को समावेश—संविधान के भाग 4 में प्रशासन के कुशल संचालन के लिए तथा नागरिकों के हितों की रक्षा के लिए नीति निर्देशक तत्त्वों की व्यवस्था की गयी है तथा जिनका पालन करना राज्य का पवित्र कर्त्तव्य है। इन निर्देशक तत्वों के माध्यम से देश में कल्याणकारी राज्य की स्थापना का प्रावधान किया गया है। उच्चतम न्यायालय ने अपने कई निर्णयों में यह अवधारित किया है कि कुछ निर्देशक तत्त्व राज्य के लिए मूलभूत हैं और राज्यों द्वारा उनका अनुपालन किया जाना चाहिएं

10. कठोर एवं लचीला संविधान—भारत के संविधान में नम्यता तथा अनम्यता के लक्षण एक साथ विद्यमान हैं। यह संविधान नम्य इसलिए है कि इसके अधिकतर प्रावधानों को संसद द्वारा साधारण बहुमत से संशोधित किया जा सकता है जबकि कुछ प्रावधानों को संशोधित करना अत्यन्त कठिन है और उसके लिए विशेष प्रक्रिया अंगीकार की जाती है।

11. मूल कर्त्तव्यों का विवरण—भारतीय संविधान इस अर्थ में विशिष्ट हैं कि इसमें नागरिकों के मूल्य कर्त्तव्य को अन्तर्विष्ट किया गया है। संविधान के प्रवर्तन के समय संविधान में इस कर्त्तव्यों को नहीं शामिल किया गया था, लेकिन मूल कर्त्तव्यों को 42वें संविधान संशोधन द्वारा जोड़ा गया है।

12. कई विदेशी संविधानों के तत्त्वों का समावेश—भारतीय संविधान का निर्माण इस प्रयोजन के लिए गठित विशेष संविधान सभा द्वारा किया गया था। संविधान सभा के सदस्यों ने कई देशों के संविधान का अध्ययन किये थे और विभिन्न देशों की शासन प्रणालियों की विशेषता तथा गुण एवं दोषों से परिचित थे। भारतीय संविधान के निर्माण के समय लगभग 60 देशों के संविधान के मुख्य तत्वों को संविधान में शामिल कर लिया गया।

13. एकल नागरिकता का प्रावधान—सामान्यतः संघीय संविधान में दोहरी नागरिकता का प्रावधान होता है—एक संघ की तथा दूसरी राज्य की। लेकिन भारतीय संविधान इसका अपवाद है। भारतीय संविधान, संघीय संविधान होते हुए भी एकल नागरिकता का प्रावधान करता है।

भारतीय संविधान के विदेशी स्रोत

भारतीय संविधान को कैंची, कागज तथा गोद का खेल, उधार का थैला तथा भानुमती का कुनबां मात्र इसीलिए कहा जाता है कि इसमें लगभग सब कुछ विदेशों के संविधान से लिए गए हैं, जिन्हें नीचे स्पष्ट किया जा रहा है—

1. ब्रिटेन के संविधान से– संसदीय शासन पद्धति, कानून का शासन, एकीकृत न्यायिक प्रणाली, एकीकृत नौकरशाही, विधि निर्माण की प्रक्रिया, लोक सभा तथा विधान सभा के प्रति मंत्रिमण्डल का सामूहिक उत्तरदायित्व, राष्ट्र के प्रधान के रूप में राष्ट्रपति की औपचारिक स्थिति, संसद एवं विधानमण्डलों की प्रक्रिया तथा संसद एवं विधानमण्डलों के सदस्यों के विशेषाधिकार एवं उन्मुक्तियाँ, इकहरी नागरिकता।

2. सं.रा. अमेरिका के संविधान (1789) से– संघात्मक शासन प्रणाली, मूल अधिकार, स्वतन्त्र एवं निष्पक्ष न्यायपालिका तथा न्यायिक पुनर्विलोकन का सिद्धान्त, उप-राष्ट्रपति का पद, संविधान की सर्वोच्चता और राष्ट्रपति पर महाभियोग।

3. फ्रांस के संविधान (1946) (चौथा गणतंत्र) से – गणतन्त्रात्मक शासन व्यवस्था।

4. कनाडा के संविधान (1946) से– संघीय शासन व्यवस्था।

5. आयरलैण्ड के संविधान (1937) से– राज्य की नीति के निर्देशक तत्त्व, राष्ट्रपति निर्वाचन के लिए निर्वाचन मंडल की व्यवस्था, राष्ट्रपति द्वारा राज्यसभा में साहित्य, कला, विज्ञान तथा समाज सेवा आदि के क्षेत्र में ख्यातिलब्ध व्यक्तियों का मनोनयन और आपातकालीन उपबंध।

6. जर्मनी के संविधान (बीमर संविधान 1933) से– आपात-उपबन्ध

7. सोवियत संघ (पूर्व) (1936) के संविधान से– मूल कर्तव्य

8. आस्ट्रेलिया के संविधान (1901) से– प्रस्तावना की भाषा, समवर्ती सूची, केन्द्र राज्य संधि तथा शक्तियों का विभाजन

9. दक्षिणी अफ्रीका के संविधान (पूर्व की गोरी सरकार) से– संविधान संशोधन की प्रक्रिया

10. जापान (मेइजी संविधान, (1889) के संविधान से– विधि द्वारा स्थापित क्रियाविधि सिद्धान्तों का प्रावधान, जिसके आधार पर सर्वोच्च न्यायालय कार्य करता है।

11. 1935 का भारत शासन अधिनियम– लगभग 75% अंश

भारतीय संविधान की प्रकृति

भारतीय संविधान की प्रकृति पर वैचारिक मतभेद है। कुछ विद्वान इसे संघात्मक संविधान की संज्ञा देते हैं, जबकि कुछ विद्वान इसे एकात्मक संविधान मानते हैं। लेकिन ये दोनों ही मत अतिवादी हैं। वास्तविक स्थिति यह है कि भारत

का संविधान न तो पूर्णतया एकात्मक है और न ही संघात्मक, बल्कि इसमें एकात्मक और संघात्मक दोनों संविधान के तत्व विद्यमान हैं अतः इसे अर्द्धसंघीय संविधान कहना अधिक श्रेष्ठकर है।

भारतीय संविधान में संघात्मकता के लक्षण—भारतीय संविधान में संघात्मक संविधान के निम्नलिखित लक्षण पाये जाते हैं—

(i) संविधान की सर्वोच्चता

(ii) लिखित संविधान

(iii) स्वतन्त्र न्यायपालिका तथा न्यायपालिका का कार्यपालिका तथा विधान पालिका पर अधिकार

(iv) संघ तथा राज्यों के बीच शक्तियों का स्पष्ट विभाजन

(v) संविधान संशोधन प्रक्रिया की जटिलता

(vi) केन्द्र तथा राज्यों में पृथक सरकारें।

भारतीय संविधान में एकात्मकता के लक्षण—भारतीय संविधान में एकात्मक के निम्नवत लक्षण हैं—

(i) राष्ट्रपति केन्द्र सरकार की सलाह पर राज्य सरकार को भंग करके तथा राज्य सभा का विघटन करके या उसे स्थगित करके राज्य में आपातूकाल (राष्ट्रपति शासन) की उद्घोषणा कर सकता है तथा राज्य का प्रशासन अपने हाथ में ले सकता है। वह संसद को राज्य विधानमण्डल या विधान सभा, यथास्थिति, की शक्तियों का प्रयोग करने के लिए सशक्त कर सकता है।

(ii) राज्य सभा दो तिहाई सदस्यों के बहुमत से राज्य सरकारों के अधिकारों का अतिक्रमण करके राज्य सूची में वर्णित विषयों पर कानून बना सकती है, जो एक वर्ष तक प्रवृत्त रह सकता है। राज्यसभा दो तिहाई बहुमत से कानून के प्रवर्तन की अवधि में एक वर्ष की वृद्धि कर सकती है।

(iii) राष्ट्रीय आपात काल के दौरान संसद—(क) राज्य सूची में वर्णित विषयों के सम्बन्ध में कानून बना सकती है। (ख) राज्यों को यह निर्देश दे सकती है कि कैसे वे अपनी शक्तियों का प्रयोग करें और (ग) संघ के अधिकारियों को राज्य सूची के मामलों के सम्बन्ध में प्रशासन करने के लिए सशक्त कर सकती है।

(iv) केन्द्र सरकार को राज्य सरकारों को निर्देश देने की शक्ति दी गयी है और केन्द्र सरकार द्वारा राज्य सरकारों को दिया गया निर्देश उन पर आबद्धकर है।

(v) राष्ट्रपति केन्द्र सरकार की सलाह पर राज्य में वित्तीय आपात की घोषणा करके राज्य की वित्तीय शक्तियों को नियंत्रित कर सकता है।

(vi) राज्यों के राज्यपालों की नियुक्ति राष्ट्रपति द्वारा की जाती है तथा वह अपने कार्यों के लिए राष्ट्रपति के प्रति उत्तरदायी है।

(vii) संसद राज्यों की सीमा, नाम तथा क्षेत्र में परिवर्तन कर सकती है।

(viii) केन्द्र अखिल भारतीय सेवाओं के माध्यम से राज्य प्रशासन पर नियंत्रण रखता है।

(ix) राज्यपाल विधान मण्डल या विधान सभा, यथास्थिति, द्वारा पारित कुछ विधेयकों को राष्ट्रपति की अनुमति के लिए आरक्षित कर सकता है।

निष्कर्ष स्वरूप यह कहा जा सकता है कि भारतीय संविधान में एकात्मक तथा संघात्मक दोनों लक्षण पाये जाते हैं। इस प्रकार इसे अर्द्ध संघात्मक संविधान कहा जा सकता है। भीमराव अम्बेडकर का संविधान की प्रकृति के सम्बन्ध में अभिमत था कि यह समय और परिस्थितियों की माँग के अनुसार एकात्मक और संघात्मक हो सकता है। ह्वीयर के अनुसार भारत का संविधान अर्द्धसंघीय है, जबकि आस्टिन के अनुसार भारत का संविधान सहकारी परिसंघीय संविधान है। उच्चतम न्यायालय ने भी अपने निर्णय में स्पष्ट किया है कि भारत का संविधान संघीय नहीं है, यद्यपि इसमें कई संघीय लक्षण पाये जाते हैं।

भारतीय संविधान की उद्देशिका–भारतीय संविधान की उद्देशिका इस प्रकार है–

''हम भारत के लोगा, भारत को एक **सम्पूर्ण प्रभुत्व सम्पन्न, समाजवादी, पंथ निरपेक्ष, लोकतन्त्रात्मक गणराज्य** बनाने के लिए उसके समस्त नागरिकों को सामाजिक आर्थिक और राजनैतिक **न्याय,** विचार, अभिव्यक्ति, विश्वास, धर्म और उपासना की **स्वतन्त्रता,** प्रतिष्ठा और अवसर की समता प्राप्त करने के लिए तथा उन सबमें व्यक्ति की गरिमा और राष्ट्र की एकता और अखण्डता सुनिश्चित करने वाली बन्धुता बढ़ाने के लिए, दृढ़ सकल्प होकर **अपनी इस संविधान सभा में** आज दिनाँक 26 नवम्बर, 1949 ई. (मिति मार्गशीर्ष शुक्ल सप्तमी, संवत दो हजार छः विक्रमी) को **एतद् द्वारा इस संविधान को अंगीकृत, अधिनियमित और आत्मार्पित करते हैं।''**

भारतीय संविधान की उद्देश्यिका का आधार पं. जवाहरलाल नेहरू द्वारा 13 दिसम्बर, 1946 को संविधान निर्मात्री सभा में प्रस्तुत **उद्देश्य प्रस्ताव** है। उद्देश्यिका में समाविष्ट संविधान के बुनियादी तत्त्वों या उसकी विशेषताओं को अनुच्छेद 368 के अधीन संशोधन द्वारा उल्टा नहीं जा सकता है।

उद्देशिका के तत्त्व–संविधान की उद्देशिका के प्रमुख शब्दों की व्याख्या निम्नवत है–

1. हम भारत के लोग–ये शब्द भातीय संविधान के स्रोत को दर्शित करते हैं तथा इन शब्दों के तीन अर्थ निकाले जाते हैं–(i) अन्तिम प्रभुत्व सम्पन्नता जनता के पास है, (ii) संविधान के निर्माता जनता के वास्तविक प्रतिनिधि थे, और (iii) भारतीय संविधान का निर्माण भारतीय जनता की स्वीकृति तथा सहमति से हुआ है।

यद्यपि भातीय संविधान का निर्माण कैबिनेट मिशन योजना के अधीन गठित संविधान सभा द्वारा किया गया था, लेकिन इस संविधान सभा द्वारा निर्मित संविधान को भारतीय जनता द्वारा स्वीकार कर लिया गया, इसलिए इसे भारतीय जनता द्वारा अंगीकृत किया गया माना जाता है।

2. सम्पूर्ण प्रभुत्व सम्पन्न–सम्पूर्ण प्रभुत्व सम्पन्न का आशय है भारतीय संविधान के निर्माण का उद्देश्य भारतीय जनमानस को अधिकार सम्पन्न करना है। संविधान के प्रवर्तन के बाद भारत किसी बाह्य शक्ति द्वारा नियंत्रित नहीं होगा। कुछ लोग भारत की राष्ट्रमण्डल की सदस्यता को भारत की प्रभुत्व सम्पन्नता के रास्ते में बाधक मानते हैं, लेकिन यह बाधक नहीं है, क्योंकि राष्ट्रमण्डल की सदस्यता भारत की स्वेच्छा पर निर्भर है, जिसे कभी भी किसी भी समय छोड़ा जा सकता है।

3. समाजवादी–समाजवादी शब्द को जोड़ने का उद्देश्य नागरिकों में सहयोग तथा समानता को बढ़ावा देना था। उद्देशिका में प्रयुक्त समाजवादी शब्द का तात्पर्य है समाजवाद हैं, जिसका तात्पर्य सामाजिक संगठन के ऐसे सिद्धान्त या नीति से है, जो उत्पादन के साधनों, पूँजी, जमीन, सम्पत्ति आदि का सम्पूर्ण समुदाय द्वारा नियन्त्रण तथा स्वामित्व का समर्थन करता है तथा सभी के हित के लिए वितरण और प्रशासन की व्यवस्था करता है। समाजवादी शब्द मूलतः उद्देशिका में अन्तर्विष्ट नहीं था बल्कि इसे 42वें संविधान संशोधन, 1976 द्वारा 3-1-1977 से संविधान की उद्देशिका में अन्तःस्थापित किया गया है।

4. धर्म निरपेक्ष–'धर्म निरपेक्ष' शब्द को भी उद्देशिका में 42वें संविधान संशोधन, 1976 द्वारा 3 जनवरी, 1977 से संविधान में जोड़ा गया है। इन दोनों शब्दों से यह निर्दिष्ट होता है कि ऐसे राज्य की स्थापना की जाएगी, जो प्रचलित सभी धर्मों के साथ समानता के आधार पर व्यवहार करेगा तथा किसी धर्म को न तो संरक्षण प्रदान करेगा और न तो राज धर्म की मान्यता देगा। संविधान के अनुच्छेद 15, 16, 28, 29 तथा 30 में पंथ निरपेक्षता के सम्बन्ध में व्यापक प्रावधान किये गये हैं।

5. लोकतन्त्रात्मक गणराज्य की स्थापना–लोकतंत्र की स्थापना की परिकल्पना को मजबूत आधार प्रदान करने के लिए लोकतांत्रिक गणराज्य की स्थापना की गयी। लोकतन्त्रात्मक राज्य का तात्पर्य ऐसे राज्य से है, जिसकी सरकार की स्थापना जनता

द्वारा की जाती है और जनता द्वारा निर्वाचित प्रतिनिधि जनता के हित के लिए सरकार को संचालित करते हैं। गणराज्य से तात्पर्य ऐसे राज्य से है, जिसका प्रमुख निर्वाचित होता है, न कि वंशानुक्रम के आधार पर नियुक्त किया गया। भारत में संसदीय सरकार की स्थापना करके तथा निर्वाचित राष्ट्रपति को राज्य का प्रमुख बनाकर उद्देशिका के "लोकतन्त्रात्मक गणराज्य" को सार्थक बनाया गया है।

6. न्याय—उद्देशिका में स्पष्ट किया गया है कि भारत के लोगों को उनके विकास के लिए आर्थिक, राजनीतिक एवं सामाजिक न्याय प्रदान किया जाएगा। सामाजिक न्याय कल्याणकारी राज्य का मूल तत्व है तथा यह कृत्रिम आधार पर विभेदीकरण को प्रतिषिद्ध करता है। यह उन शक्तियों को भी प्रतिबन्धित करता है, जिनसे अस्पृश्यता जैसी कृत्रिम समस्याएं उत्पन्न होती हैं। आर्थिक न्याय का तात्पर्य है नागरिकों के मध्य आर्थिक स्थिति के आधार पर विभेद न किया जाय। संविधान के अनुच्छेद 15-18, 38 तथा 39 में आर्थिक तथा सामाजिक न्याय को सुनिश्चित करने का प्रावधान किया गया है। राजनीतिक न्याय का तात्पर्य है कि नागरिकों को राजनीतिक जीवन में स्वतन्त्रता प्रदान की जाय। राजनीतिक न्याय को सुनिश्चित करने के लिए बिना किसी साम्प्रदायिक विभेद के सभी वयस्क नागरिकों को मताधिकार प्रदान किया गया।

7. स्वतन्त्रता—उद्देशिका में स्पष्ट किया गया है कि भारत के नागरिकों को विचार, अभिव्यक्ति, विश्वास, धर्म और उपासना की स्वतन्त्रता प्रदान की जाएगी। इन स्वतन्त्रताओं को प्रदान करने के लिए संविधान के भाग 3 में व्यापक प्रावधान किये गये हैं तथा इन स्वतन्त्रताओं के संरक्षण के लिए स्वतन्त्र न्यायपालिका की स्थापना की गयी है।

8. समता—स्वतंत्रता तथा समानता एक दूसरे के पूरक हैं, इसलिए संविधान की उद्देशिका में स्पष्टतः कहा गया है कि भारत के सभी नागरिकों को अवसर तथा प्रतिष्ठा की समता प्रदान की जाएगी। संविधान के भाग 3 के अनुच्छेद 14 से 18 तक में समता के सम्बन्ध में व्यापक प्रावधान किया गया है।

9. व्यक्ति की गरिमा तथा राष्ट्रीय एकता और अखण्डता—व्यक्ति के सम्मान की सुरक्षा के लिए भी संविधान में विभिन्न प्रकार के प्रावधान किए गए हैं तथा राष्ट्र की एकता तथा अखण्डता को सुनिश्चित करने के लिए दृढ़ संकल्प व्यक्त किया गया है। उद्देशिका में "अखण्डता" शब्द को 1976 के 42वें संशोधन द्वारा जोड़ा गया है। संविधान के अनुच्छेद–19 में भारत की एकता तथा अखण्डता के हित में युक्तियुक्त निर्बन्धन लगाने से सम्बन्धित प्रावधान शामिल किये गये हैं।

10. संविधान को अंगीकृत तथा अधिनियमित करने की शक्ति—उद्देशिका के अन्तिम भाग में संविधान को अंगीकृत करने तथा अधनियमित करने की तिथि का वर्णन किया गया हैं, जिसके अनुसार संविधान सभा ने संविधान को 26 नवम्बर, 1949 को अंगीकृत तथा अधिनियमित करके राष्ट्र को समर्पित किया था।

उद्देशिका का महत्त्व—किसी संविधि या अधिनियम के प्रारम्भ में उद्देशिका को शामिल किया जाता है। इसके द्वारा यह स्पष्ट किया जाता है कि संविधि या अधिनियम के निर्माण का उद्देश्य क्या है। संविधान की उद्देशिका से स्पष्ट होता है कि भारत का संविधान किस प्रकार की सरकार की स्थापना करता है तथा नागरिकों को किस प्रकार की स्वतन्त्रता और अधिकार प्रदान करता है। भारतीय संविधान की उद्देशिका संविधान के स्त्रोत (भारत की जनता), संविधान के उद्देश्यों का वर्णन तथा संविधान को अंगीकार करने की तिथि का उल्लेख करता है।

भारतीय संविधान की उद्देशिका के सम्बन्ध में यह जाना जाता है कि यह संविधान निर्माताओं के विचार को जानने की कुन्जी है। जब संविधान के निर्वचन में गतिरोध उत्पन्न होता है तब संविधान की उद्देशिका के आधार पर निर्वचन किया जाता है। केशवानन्द भारती बनाम केरल राज्यवाद में उच्चतम न्यायालय ने कहा था कि उद्देशिका में वर्णित महान आदर्शों के अनुसरण में संविधान का निर्वचन।

संविधान का मूलभूत स्वरूप

केशवानन्द भारती बनाम भारत संघ के मामले में न्यायाधीश सीकरी के अनुसार—संविधान की सर्वोच्चता, सरकार का प्रजातान्त्रिक तथा गणतन्त्रात्मक स्वरूप, संविधान का धर्मनिरपेक्ष स्वरूप, विधायिका, कार्य पालिका तथा न्यायपालिका के मध्य शक्तियों का विभाजन और संविधान की संघात्मक प्रकृति मूल संवैधानिक स्वरूप है।

न्यायाधीश शेलट और ग्रोवर के अनुसार—संविधान की सर्वोच्चता, देश की प्रभुत्व सम्पन्नता तथा सरकार का लोकतन्त्रात्मक तथा गणतन्त्रात्मक स्वरूप, संविधान की धर्मनिरपेक्ष प्रकृति तथा संघात्मक प्रकृति, विधायिका, कार्यपालिका तथा न्यायपालिका के मध्य शक्ति का पृथक्करण, विभिन्न स्वतन्त्रताओं तथा मूल अधिकारों द्वारा सुनिश्चित व्यक्ति की गरिमा, कल्याणकारी राज्य की स्थापना के लिए राज्य की नीति के निर्देशक तत्व और देश की एकता तथा अखण्डता के संगठन से संविधान का स्वरूप बना है।

न्यायाधीश हेगड़े तथा मुखर्जी के अनुसार—भारत की प्रभुत्व सम्पन्नता, देश की प्रजातांत्रिक व्यवस्था, देश की एकता, व्यक्तिगत स्वतन्त्रता, कल्याणकारी राज्य की स्थापना का निर्देशक तत्त्व का संगठन संविधान का आधारभूत ढाँचा है।

इन्दिरा नेहरू गाँधी बनाम राजनारायण के मामले में दिए गए निर्णय के अनुसार—विधि का शासन न्यायालयों के न्यायिक पुनर्विलोकन की शक्ति तथा स्वतन्त्र एवं निष्पक्ष चुनाव पर आधारित लोकतांत्रिक व्यवस्था।

मिनर्वा मिल बनाम भारत संघों के मामले में दिए गए निर्णय के अनुसार— संसद की संविधान संशोधन की सीमित शक्ति, मूल अधिकारों तथा राज्य की नीति निर्देशक तत्त्वों में सामन्जस्य, कुछ मामलों में मूल अधिकार तथा न्यायालय द्वारा न्यायिक पुनर्विलोकन की शक्ति प्रदान की जानी चाहिए। इसी वाद में न्यायालय द्वारा यह निर्णय भी किया गया था कि उद्देशिका संविधान का भाग है।

संसद द्वारा प्रस्तावना में संशोधन—केशवानन्द भारतीय बनाम केरल राज्य के मामले में यह निर्णय दिया गया है कि संसद द्वारा संविधान के अनुच्छेद 368 के अधीन उद्देशिका में संशोधन किया जा सकता है, लेकिन उद्देशिका का जो भाग संविधान में मूल ढांचे के अधीन आता है, उसका संशोधन संसद द्वारा नहीं किया जा सकता।

अभी तक संसद द्वारा उद्देशिका में कुछ शब्दों को अन्तःस्थापित करने के लिए इसका संशोधन किया गया है। 42वें संविधान संशोधन द्वारा प्रस्तावना में, ''समाजवादी'', ''धर्म निरपेक्ष'' तथा ''अखण्डता'' शब्दों को जोड़ा गया है।

भारत के मूल अधिकार, निदेशक तत्त्व और मूल कर्तव्य

मूल अधिकार, राज्य की नीति के निदेशक तत्त्व और मूल कर्तव्य भारत के संविधान के अनुच्छेद हैं जिनमें अपने नागरिकों के प्रति राज्य के दायित्वों और राज्य के प्रति नागरिकों के कर्तव्यों का वर्णन किया गया है। इन अनुच्छेदों में सरकार के द्वारा नीति-निर्माण तथा नागरिकों के आचार एवं व्यवहार के संबंध में एक संवैधानिक अधिकार विधेयक शामिल है। ये अनुच्छेद संविधान के आवश्यक तत्व माने जाते हैं, जिसे भारतीय संविधान सभा द्वारा 1947 से 1949 के बीच विकसित किया गया था।

मूल अधिकारों को सभी नागरिकों के बुनियादी मानव अधिकार के रूप में परिभाषित किया गया है। संविधान के भाग ппп में परिभाषित ये अधिकार नस्ल,

जन्म स्थान, जाति, पंथ या लिंग के भेद के बिना सभी पर लागू होते हैं। ये विशिष्ट प्रतिबंधों के अधीन अदालतों द्वारा प्रवर्तनीय हैं।

राज्य के नीति निदेशक सिद्धांत सरकार द्वारा कानून बनाने के लिए दिशानिदेश हैं। संविधान के भाग IV में वर्णित ये प्रावधान अदालतों द्वारा प्रवर्तनीय नहीं हैं, लेकिन जिन सिद्धांतों पर ये आधारित हैं, वे शासन के लिए मौलिक दिशानिदेश हैं जिनको राज्य द्वारा कानून तैयार करने और पारित करने में लागू करने की आशा की जाती है।

मौलिक कर्तव्यों को देशभक्ति की भावना को बढ़ावा देने तथा भारत की एकता को बनाए रखने के लिए भारत के सभी नागरिकों के नैतिक दायित्वों के रूप में परिभाषित किया गया है। संविधान के चतुर्थ भाग में वर्णित ये कर्तव्य व्यक्तियों और राष्ट्र से संबंधित हैं। निदेशक सिद्धांतों की तरह, इन्हें कानूनी रूप से लागू नहीं किया जा सकता।

इतिहास

मूल अधिकारों और निदेशक सिद्धांतों का मूल भारतीय स्वतंत्रता आंदोलन में था, जिसने स्वतंत्र भारत के लक्ष्य के रूप में समाज कल्याण और स्वतंत्रता के मूल्यों को प्राप्त करने के लिए संघर्ष किया। भारत में संवैधानिक अधिकारों का विकास इंग्लैंड के अधिकार विधेयक, अमेरिका के अधिकार विधेयक तथा फ्रांस द्वारा मनुष्य के अधिकारों की घोषणा से प्रेरित हुआ। ब्रिटिश शासकों और उनकी भारतीय प्रजा के बीच भेदभाव का अंत करने के भारतीय राष्ट्रीय कांग्रेस (आईएनसी) के एक उद्देश्य के साथ-साथ नागरिक अधिकारों की मांग भारतीय स्वतंत्रता आंदोलन का एक महत्वपूर्ण हिस्सा थी। आईएनसी द्वारा 1917 से 1919 के बीच अपनाए गए संकल्पों में इस मांग का स्पष्ट उल्लेख किया गया था। इन संकल्पों में व्यक्त की गई मांगों में भारतीयों को कानूनी रूप से बराबरी का अधिकार, बोलने का अधिकार, मुकदमों की सुनवाई करने वाली जूरी में कम से कम आधे भारतीय रखने, रीजनीतिक शक्ति तथा ब्रिटिश नागरिकों के समान हथियार रखने का अधिकार देना शामिल था।

प्रथम विश्व युद्ध के अनुभवों, 1919 के असंतोषजनक मोंटेग-चेम्सफोर्ड सुधारों सुधार और भारतीय स्वतंत्रता आंदोलन में एम। के। गांधी उभरते प्रभाव के कारण नागरिक अधिकारों के लिए मांगें तय करने के संबंध में उनके नेताओं के दृष्टिकोण में उल्लेखनीय परिवर्तन आया। उनका ध्यान भारतीयों और अंग्रेजों के बीच

समानता का अधिपकार मांगने से हट कर सभी भारतीयों के लिए स्वतंत्रता सुनिश्चित करने पर केंद्रित हो गया। 1925 में एनी बीसेंट द्वारा तैयार किए गए भारत के राष्ट्रमंडल विधेयक में सात मूल अधिकारों की विशेष रूप से मांग की गई थी - व्यक्तिगत स्वतंत्रता, विवेक की स्वतंत्रता, अभिव्यक्ति की स्वतंत्रता, एकत्र होने की स्वतंत्रता, लिंग के आधार पर भेद-भाव न करने, अनिवार्य प्राथमिक शिक्षा और सार्वजनिक स्थलों के उपयोग की स्वतंत्रता। 1927 में, कांग्रेस ने उत्पीड़न के खिलाफ निगरानी प्रदान करने वाले अधिकारों की घोषणा के आधार पर, भारत के लिए स्वराज संविधान का मसौदा तैयार करने के लिए एक समिति के गठन का संकल्प लिया। 1928 में मोतीलाल नेहरू के नेतृत्व में एक 11 सदस्यीय समिति का गठन किया गया। अपनी रिपोर्ट में समिति ने सभी भारतीयों के लिए की मूल अधिकारों की गारंटी सहित अनेक सिफारिशें की थीं। ये अधिकार अमेरिकी संविधान और युद्ध के बाद यूरोपीय देशों द्वारा अपनाए गए अधिकारों से मिलते थे तथा उन में से कई 1925 के विधेयक से अपनाए गए थे। इन प्रावधानों के अनेकों को बाद में मूल अधिकारों एवं निदेशक सिद्धांतों सहित भारत के संविधान के विभिन्न भागों में ज्यों का त्यों शामिल कर लिया गया था।

1931 में भारतीय राष्ट्रीय कांग्रेस ने अपने कराची अधिवेशन में शोषण का अंत करने, सामाजिक सुरक्षा प्रदान करने और भूमि सुधार लागू करने के घोषित उद्देश्यों के साथ स्वयं को नागरिक अधिकारों तथा आर्थिक स्वतंत्रता की रक्षा करने के प्रति समर्पित करने का एक संकल्प पारित किया। इस संकल्प में प्रस्तावित अन्य नए अधिकारों में राज्य के स्वामित्व का निषेध, सार्वभौमिक वयस्क मताधिकार, मृत्युदंड का उन्मूलन तथा तथा आवागमन की स्वतंत्रता शामिल थे। जवाहरलाल नेहरू द्वारा तैयार किए गए संकल्प के मसौदे, जो बाद में कई निदेशक सिद्धांतों का आधार बना, में सामाजिक सुधार लागू करने की प्राथमिक जिम्मेदारी राज्य पर डाली गई और इसी के साथ स्वतंत्रता आंदोलन पर समाजवाद तथा गांधी दर्शन के बढ़ते प्रभाव के चिह्न दिखाई देने लगे थे। स्वतंत्रता आंदोलन के अंतिम चरण में 1930 के दशक के समाजवादी सिद्धांतों की पुनरावृत्ति दिखाई देने के साथ ही मुख्य ध्यान का केंद्र अल्पसंख्यक अधिकार - जो उस समय तक एक बड़ा राजनीतिक मुद्दा बन चुका था - बन गए जिन्हें 1945 में सप्रू रिपोर्ट में प्रकाशित किया गया था। रिपोर्ट में अल्पसंख्यकों के अधिकारों की रक्षा करने पर जोर देने के अलावा षविधायिकाओं, सरकार और अदालतों के लिए ऐचरण के मानकष निर्धारित करने की भी मांग की गई थी।

अंग्रेजी राज के अंतिम चरण के दौरान, भारत के लिए 1946 के कैबिनेट मिशन ने सत्ता हस्तांतरण की प्रक्रिया के भाग के रूप में भारत के भारत के लिए संविधान का मसौदा तैयार करने के लिए संविधान सभा का एक मसौदा तैयार किया। ब्रिटिश प्रांतों तथा राजसी रियासतों से परोक्ष रूप से चुने हुए प्रतिनिधियों से बनी भारत की संविधान सभा ने दिसंबर 1946 में अपनी कार्यवाही आरंभ की और नवंबर 1949 में भारत के संविधान का मसौदा पूर्ण किया। कैबिनेट मिशन की योजना के मुताबिक, मूल अधिकारों की प्रकृति और सीमा, अल्पसंख्यकों की रक्षा तथा आदिवासी क्षेत्रों के प्रशासन के लिए सलाह देने हेतु सभा को सलाह देने के लिए एक सलाहकार समिति का गठन होना था। तदनुसार, जनवरी 1947 में एक 64 सदस्यीय सलाहकार समिति का गठन किया गया, इनमें से ही फरवरी 1947 में मूल अधिकारों पर जे. बी. पलानी की अध्यक्षता में एक 12 सदस्यीय उप-समिति का गठन किया गया। उप समिति ने मूल अधिकारों का मसौदा तैयार किया और समिति को अप्रैल 1947 तक अपनी रिपोर्ट प्रस्तुत करदी और बाद में उसी महीने समिति ने इसको सभा के सामने प्रस्तुत कर दिया, जिसमें अगले वर्ष तक बहस और चर्चाएं हुईं तथा दिसंबर 1948 मे अधिकांश मसौदे को स्वाकार कर लिया गया। मूल अधिकारों का आलेखन संयुक्त राष्ट्र महासंघ द्वारा मानव अधिकारों की सार्वभौमिक घोषणा को स्वीकार करने, संयुक्त राष्ट्र मानवाधिकार आयोग की गतिविधियों के साथ ही साथ अमेरिकी संविधान में अधिकार विधेयक की व्याख्या में अमेरिकी सर्वोच्च न्यायालय द्वारा दिए गए निर्णयों से प्रभावित हुआ था। निदेशक सिद्धांतों का मसौदे, जिसे भी मूल अधिकारों पर बनी उप समिति द्वारा ही तैयार किया गया था, में भारतीय स्वतंत्रता आंदोलन के समाजवादी उपदेशों का समावेश किया गया था और वह आयरिश संविधान में विद्यमान ऐसे ही सिद्धांतों से प्रेरित था। मौलिक कर्तव्य बाद में 1976 में संविधान के 42वें संशोधन द्वारा जोड़े गए थे।

मूल अधिकार

संविधान के भाग III में सन्निहित मूल अधिकार, सभी भारतीयों के लिए नागरिक अधिकार सुनिश्चित करते हैं और सरकार को व्यक्तिगत स्वतंत्रता का अतिक्रमण करने से रोकने के साथ नागरिकों के अधिकारों की समाज द्वारा अतिक्रमण से रक्षा करने का दायित्व भी राज्य पर डालते हैं। संविधान द्वारा मूल रूप से सात मूल अधिकार प्रदान किए गए थे- समानता का अधिकार, स्वतंत्रता का अधिकार, शोषण के विरुद्ध अधिकार, धर्म, संस्कृति एवं शिक्षा की स्वतंत्रता का

अधिकार, संपत्ति का अधिकार तथा संवैधानिक उपचारों का अधिकार। हालांकि, संपत्ति के अधिकार को 1978 में 44वें संशोधन द्वारा संविधान के तृतीय भाग से हटा दिया गया था।

मूल अधिकारों का उद्देश्य व्यक्तिगत स्वतंत्रता तथा समाज के सभी सदस्यों की समानता पर आधारित लोकतांत्रिक सिद्धांतों की रक्षा करना है। वे, अनुच्छेद 13 के अंतर्गत विधायिका और कार्यपालिका की शक्तियों की परिसीमा के रूप में कार्य करते हैंख्दवजम 3, और इन अधिकारों का उल्लंघन होने पर भारत के सर्वोच्च न्यायालय तथा राज्यों के उच्च न्यायालयों को यह अधिकार है कि ऐसे किसी विधायी या कार्यकारी कृत्य को असंवैधानिक और शून्य घोषित कर सकें। ये अधिकार राज्य, जिसमें अनुच्छेद 12 में दी गई व्यापक परिभाषा के अनुसार न केवल संघीय एवं राज्य सरकारों की विधायिका एवं कार्यपालिका स्कंधों बल्कि स्थानीय प्रशासनिक प्राधिकारियों तथा सार्वजनिक कार्य करने वाली या सरकारी प्रकृति की अन्य एजेंसियों व संस्थाओं के विरुद्ध बड़े पैमाने पर प्रवर्तनीय हैं। हालांकि, कुछ अधिकार - जैसे कि अनुच्छेद 15, 17, 18, 23, 24 में - निजी व्यक्तियों के विरुद्ध भी उपलब्ध हैं। इसके अलावा, कुछ मूल अधिकार - जो अनुच्छेद 14, 20, 21, 25 में उपलब्ध हैं, उन सहित - भारतीय भूमि पर किसी भी राष्ट्रीयता वाले व्यक्ति पर लागू होते हैं, जबकि अन्य - जैसे जो अनुच्छेद 15, 16, 19, 30 के अंतर्गत उपलब्ध है - केवल भारतीय नीगरिकों पर लागू होते हैं।

मूल अधिकार संपूर्ण नहीं होते तथा वे सार्वजनिक हितों की रक्षा के लिए आवश्यक उचित प्रतिबंधों के अधीन होते हैं। 1973 में केशवानंद भारती बनाम केरल सरकार के मामले मेंख्दवजम 4, सर्वोच्च न्यायालय ने अपने 1967 के पूर्व निर्णय को रद्द करते हुए निर्णय दिया कि मूल अधिकारों में संशोधन किया जा सकता है, यदि इस तरह के किसी संशोधन से संविघान के बुनियादी ढांचे का उल्लंघन होता हो, तो न्यायिक समीक्षा के अधीन। मूल अधिकारों को संसद के प्रत्येक सदन में दो तिहाई बहुमत से पारित संवैधानिक संशोधन के द्वारा बढ़ाया, हटाया जा सकता है या अन्यथा संशोधित किया जा सकता है। आपात स्थिति लागू होने की स्थिति में अनुच्छेद 20 और 21 को छोड़कर शेष मूल अधिकारों में से किसी को भी राष्ट्रपति के आदेश द्वारा अस्थाई रूप से निलंबित किया जा सकता है। आपातकाल की अवधि के दौरान राष्ट्रपति आदेश देकर संवैधानिक उपचारों के अधिकारों को भी निलंबित कर सकते हैं, जिसके परिणामस्वरूप सिवाय अनुच्छेद 20 व 21 के किसी भी मूल अधिकार के प्रवर्तन हेतु नागरिकों के सर्वोच्च न्यायालय

में जाने पर रोक लग जाती है। संसद भी अनुच्छेद 33 के अंतर्गत कानून बना कर, उनकी सेवाओं का समुचित निर्वहन सुनिश्चित करने तथा अनुशासन के रखरखाव के लिए भारतीय सशस्त्र सेनाओं और पुलिस बल के सदस्यों के मूल अधिकारों के अनुप्रयोग को प्रतिबंधित कर सकती है।

समानता का अधिकार

समानता का अधिकार संविधान की प्रमुख गारंटियों में से एक है। यह अनुच्छेद 14-16 में सन्निहित हैं जिसमें सामूहिक रूप से कानून के समक्ष समानता तथा गैर-भेदभाव के सामान्य सिद्धांत शामिल हैं, तथा अनुच्छेद 17-18 जो सामूहिक रूप से सामाजिक समानता के दर्शन को आगे बढ़ाते हैं। अनुच्छेद 14 कानून के समक्ष समानता की गारंटी देता है, इसके साथ ही भारत की सीमाओं के अंदर सभी व्यक्तियों को कानून का समान संरक्षण प्रदान करता है।ख्दवजम 5, इस में कानून के प्राधिकार की अधीनता सबके लिए समान है, साथ ही समान परिस्थितियों में सबके साथ समान व्यवहार। उत्तरवर्ती में राज्य वैध प्रयोजनों के लिए व्यक्तियों का वर्गीकरण कर सकता है, बशर्ते इसके लिए यथोचित आधार मौजूद हो, जिसका अर्थ है कि वर्गीकरण मनमाना न हो, वर्गीकरण किये जाने वाले लोगों में सुगम विभेदन की एक विधि पर आधारित हो, साथ ही वर्गीकरण के द्वारा प्राप्त किए जाने वाले प्रयोजन का तर्कसंगत संबंध होना आवश्यक है।

अनुच्छेद 15 केवल धर्म, मूलवंश, जाति, लिंग, जन्म स्थान, या इनमें से किसी के ही आधार पर भेदभाव पर रोक लगाता है। अंशतः या पूर्णतः राज्य के कोष से संचालित सार्वजनिक मनोरंजन स्थलों या सार्वजनिक रिसोर्ट में निशुल्क प्रवेश के संबंध में यह अधिकार राज्य के साथ-साथ निजी व्यक्तियों के खिलाफ भी प्रवर्तनीय है। हालांकि, राज्य को महिलाओं और बच्चों या अनुसूचित जाति व अनुसूचित जनजाति सहित सामाजिक और शैक्षिक रूप से पिछड़े वर्गों के नागरिकों के लिए विशेष प्रावधान बनाने से राज्य को रोका नहीं गया है। इस अपवाद का प्रावधान इसलिए किया गया है क्योंकि इसमें वर्णित वर्गो के लोग वंचित माने जाते हैं और उनको विशेष संरक्षण की आवस्यकता है। अनुच्छेद 16 सार्वजनिक रोजगार के संबंध में अवसर की समानता की गारंटी देता है और राज्य को किसी के भी खिलाफ केवल धर्म, नस्ल, जाति, लिंग, वंश, जन्म स्थान या इनमें से किसी एक के आधार पर भेदभाव करने से रोकता है। किसी भी पिछड़े वर्ग के नागरिकों का सार्वजनिक सेवाओं में पर्याप्त प्रतिनिधित्व सुनुश्चित करने के लिए उनके लाभार्थ सकारात्मक कार्रवाई

के उपायों के कार्यान्वयन हेतु अपवाद बनाए जाते हैं, साथ ही किसी धार्मिक संस्थान के एक पद को उस धर्म का अनुसरण करने वाले व्यक्ति के लिए आरक्षित किया जाता है।

अस्पृश्यता की प्रथा को अनुच्छेद 17 के अंतर्गत एक दंडनीय अपराध घोषित कर किया गया है, इस उद्देश्य को आगे बढ़ाते हुए नागरिक अधिकार संरक्षण अधिनियम 1955 संसद द्वारा अधिनियमित किया गया है। अनुच्छेद 18 राज्य को सैन्य या शैक्षणिक विशिष्टता को छोड़कर किसी को भी कोई पदवी दे्ने से रोकता है तथा कोई भी भारतीय नागरिक किसी विदेशी राज्य से कोई पदवी स्वीकार नहीं कर सकता। इस प्रकार, भारतीय कुलीन उपाधियों और अंग्रेजों द्वारा प्रदान की गई और अभिजात्य उपाधियों को समाप्त कर दिया गया है। हालांकि, भारत रत्न पुरस्कारों जैसे, भारतरत्न को सर्वोच्च न्यायालय द्वारा इस आधार पर मान्य घोषित किया गया है कि ये पुरस्कार मात्र अलंकरण हैं और प्रप्तकर्ता द्वारा पदवी के रूप में इस्तेमाल नहीं किया जा सकता।

स्वतंत्रता का अधिकार

संविधान के निर्माताओं द्वारा महत्वपूर्ण माने गए व्यक्तिगत अधिकारों की गारंटी देने की दृष्टि से स्वतंत्रता के अधिकार को अनुच्छेद 19-22 में शामिल किया गया है और इन अनुच्छेदों में कुछ प्रतिबंध भी शामिल हैं जिन्हें विशेष परिस्थितियों में राज्य द्वारा व्यक्तिगं स्वतंत्रता पर लागू किया जा सकता है। अनुच्छेद 19 नागरिक अधिकारों के रूप में छः प्रकार की स्वतंत्रताओं की गारंटी देता है जो केवल भारतीय नागरिकों को ही उपलब्ध हैं। इनमें शामिल हैं भाषण और अभिव्यक्ति की स्वतंत्रता, एकत्र होने की स्वतंत्रता, हथियार रखने की स्वतंत्रता, भारत के राज्यक्षेत्र में कहीं भी आने-जाने की स्वतंत्रतता, भारत के किसी भी भाग में बसने और निवास करने की स्वतंत्रता तथा कोई भी पेशा अपनाने की स्वतंत्रता। ये सभी स्वतंत्रताएं अनुच्छेद 19 में ही वर्णित कुछ उचित प्रतिबंधों के अधीन होती हैं, दिन्हें राज्य द्वारा उन पर लागू किया जा सकता है। किस स्वतंत्रता को प्रतिबंधित किया जाना प्रस्तावित है, इसके आधार पर प्रतिबंधों को लागू करने के आधार बदलते रहते हैं, इनमें शामिल हैं राष्ट्रीय सुरक्षा, सार्वजनिक व्यवस्था, शालीनता और नैतिकता, न्यायालय की अवमानना, अपराधों को भड़काना और मानहानि। आम जनता के हित में किसी व्यापार, उद्योग या सेवा का नागरिकों के अपवर्जन के लिए राष्ट्रीयकरण करने के लिए राज्य को भी सशक्त किया गया है।

अनुच्छेद 19 द्वारा गारंटीशुदा स्वतंत्रताओं की आगे अनुच्छेद 20-22 द्वारा रक्षा की जाती है। इन अनुच्छेदों के विस्तार, विशेष रूप से निर्धारित प्रक्रिया के सिद्धांत के संबंध में, पर संविधान सभा में भारी बहस हुई थी। विशेष रूप से बेनेगल नरसिंह राव ने यह तर्क दिया कि ऐसे प्रावधान को लागू होने से सामाजिक कानूनों में बाधा आएगी तथा व्यवस्था बनाए रखने में प्रक्रियात्मक कठिनाइयां उत्पन्न होंगी, इसलिए इसे पूरी तरह संविधान से बाहर ही रखा जाए। संविधान सभा ने 1948 में अंततः 'निर्धारित प्रक्रिया' शब्दों को हटा दिया और उनके स्थान पर "कानून द्वारा स्थापित प्रक्रिया" को शामिल कर लिया। परिणाम के रूप में एक, अनुच्छेद 21,यह जापान से लिया गया है। जो विधि द्वारा स्थापित प्रक्रिया के अनुसार होने वाली कार्यवाही को छोड़ कर, जीवन या व्यक्तिगत संवतंत्रता में राज्य के अतिक्रमण से बचाता है,ख्दवजम 6, के अर्थ को 1978 तक कार्यकारी कार्यवाही तक सीमित समझा गया था। हालांकि, 1978 में, मेनका गांधी बनाम भारत संघ के मामले में सर्वोच्च न्यायालय ने अनुच्छेद 21 के संरक्षण को विधाई कार्यवाही तक बढ़ाते हुए निर्णय दिया कि किसी प्रक्रिया को निर्धारित करने वाला कानून उचित, निष्पक्ष और तर्कसंगत होना चाहिए, और अनुच्छेद 21 में निर्धारित प्रक्रिया को प्रभावी ढंग से पढ़ा। इसी मामले में सुप्रीम कोर्ट ने यह भी कहा कि अनुच्छेद 21 के अंतर्गत ष्जीवनष का अर्थ मात्र एक ष्जीव के अस्तित्वष से कहीं अधिक हैय इसमें मानवीय गरिमा के साथ जीने का अधिकार तथा वे सब पहलू जो जीवन को ष्अर्थपूर्ण, पूर्ण तथा जीने योग्यष बनाते हैं, शामिल हैं। इस के बाद की न्यायिक व्याख्याओं ने अनुच्छेद 21 के अंदर अनेक अधिकारों को शामिल करते हुए इसकी सीमा का विस्तार किया है जिनमें शामिल हैं आजीविका, स्वच्छ पर्यावरण, अच्छा स्वास्थ्य, अदालतों में तेवरित सुनवाई तथा कैद में मानवीय व्यवहार से संबंधित अधिकार। प्राथमिक स्तर पर शिक्षा के अधिकार को 2002 के 86वें संवैधानिक संशोधन द्वारा अनुच्छेद 21ए में मूल अधिकार बनाया गया है।

अनुच्छेद 20 अपराधों के लिए दोषसिद्धि के संबंध में संरक्षण प्रदान करता है, जिनमें शामिल हैं पूर्वव्यापी कानून व दोहरे दंड के विरुद्ध अधिकार तथा आत्म-दोषारोपण से स्वतंत्रता प्रदान करता है। अनुच्छेद 22 गिरफ्तार हुए और हिरासत में लिए गए लोगों को विशेष अधिकार प्रदान करता है, विशेष रूप से गिरफ्तारी के आधार सूचित किए जाने, अपनी पसंद के एक वकील से सलाह करने, गिरफ्तारी के 24 घंटे के अंदर एक मजिस्ट्रेट के समक्ष पेश किए जाने और मजिस्ट्रेट के आदेश के बिना उस अवधि से अधिक हिरासत में न रखे जाने का अधिकार।

संविधान राज्य को भी अनुच्छेद 22 में उपलब्ध रक्षक उपायों के अधीन, निवारक निरोध के लिए कानून बनाने के लिए अधिकृत करता है। निवारक निरोध से संबंधित प्रावधानों पर संशयवाद तथा आशंकाओं के साथ चर्चा करने के बाद संविधान सभा ने कुछ संशोधनों के साथ 1949 में अनिच्छा के साथ अनुमोदन किया था। अनुच्छेद 22 में प्रावधान है कि जब एक व्यक्ति को निवारक निरोध के किसी भी कानून के तहत हिरासत में लिया गया है, ऐसे व्यक्ति को राज्य केवल तीन महीने के लिए परीक्षण के बिना गिरफ्तार कर सकता है, इससे लंबी अवधि के लिए किसी भी निरोध के लिए एक सलाहकार बोर्ड द्वारा अधिकृत किया जाना आवश्यक है। हिरासत में लिए गए व्यक्ति को भी अधिकार है कि उसे हिरासत के आधार के बारे में सूचित किया जाएगा और इसके विरुद्ध जितना जल्दी अवसर मिले अभ्यावेदन करने की अनुमति दी जाएगी।

शोषण के खिलाफ अधिकार

शोषण के विरुद्ध अधिकार, अनुच्छेद 23-24 में निहित हैं, इनमें राज्य या व्यक्तियों द्वारा समाज के कमजोर वर्गों का शोषण रोकने के लिए कुछ प्रावधान किए गए हैं। अनुच्छेद 23 के प्रावधान के अनुसार मानव तस्करी को प्रतिबन्धित है, इसे कानून द्वारा दंडनीय अपराध बनाया गया है, साथ ही बेगार या किसी व्यक्ति को पारिश्रमिक दिए बिना उसे काम करने के लिए मजबूर करना जहां कानूनन काम न करने के लिए या पारिश्रमिक प्राप्त करने के लिए हकदार है, भी प्रतिबंधित किया गया है। हालांकि, यह राज्य को सार्वजनिक प्रयोजन के लिए सेना में अनिवार्य भर्ती तथा सामुदायिक सेवा सहित, अनिवार्य सेवा लागू करने की अनुमति देता है। बंधुआ श्रम व्यवस्था (उन्मूलन) अधिनियम, 1976, को इस अनुच्छेद में प्रभावी करने के लिए संसद द्वारा अधिनियमित किया गया है। अनुच्छेद 24 कारखानों, खानों और अन्य खतरनाक नौकरियों में 14 वर्ष से कम उम्र के बच्चों के रोजगार पर प्रतिबंध लगाता है। संसद ने बाल श्रम (निषेध और विनियमन) अधिनियम, 1986 अधिनियमित किया है, जिसमें उन्मूलन के लिए नियम प्रदान करने और बाल श्रमिक को रोजगार देने पर दंड के तथा पूर्व बाल श्रमिकों के पुनर्वास के लिए भी प्रावधान दिए गए हैं।

धर्म की स्वतंत्रता का अधिकार

भारत एक धर्मनिरपेक्ष प्रजातंत्र है। धर्म की स्वतंत्रता का अधिकार अनुच्छेद 25-28 में निहित है, जो सभी नागरिकों को धार्मिक स्वतंत्रता प्रदान करता है और

भारत में धर्मनिरपेक्ष राज्य सुनिश्चित करता है। संविधान के अनुसार, यहां कोई आधिकारिक राज्य धर्म नहीं है और राज्य द्वारा सभी धर्मों के साथ निष्पक्षता और तटस्थता से व्यवहार किया जाना चाहिए। अनुच्छेद 25 सभी लोगों को विवेक की स्वतंत्रता तथा अपनी पसंद के धर्म के उपदेश, अभ्यास और प्रचार की स्वतंत्रता की गारंटी देता है। हालांकि, यह अधिकार सार्वजनिक व्यवस्था, नैतिकता और स्वास्थ्य तथा राज्य की सामाजिक कल्याण और सुधार के उपाय करने की शक्ति के अधीन होते हैं। हालांकि, प्रचार के अधिकार में किसी अन्य व्यक्ति के धर्मांतरण का अधिकार शामिल नहीं है, क्योंकि इससे उस व्यक्ति के विवेक के अधिकार का हनन होता है। अनुच्छेद 26 सभी धार्मिक संप्रदायों तथा पंथों को सार्वजनिक व्यवस्था, नैतिकता तथा स्वास्थ्य के अधीन अपने धार्मिक मामलों का स्वयं प्रबंधन करने, अपने स्तर पर धर्मार्थ या धार्मिक प्रयोजन से संस्थाएं स्थापित करने और कानून के अनुसार संपत्ति रखने, प्राप्त करने और उसका प्रबंधन करने के अधिकार की गारंटी देता है। ये प्रावधान राज्य की धार्मिक संप्रदायों से संबंधित संपत्ति का अधिग्रहण करने की शक्ति को कम नहीं करते। राज्य को धार्मिक अनुसरण से जुड़ी किसी भी आर्थिक, राजनीतिक या अन्य धर्मनिरपेक्ष गतिविधि का विनियमन करने की शक्ति दी गई है। अनुच्छेद 27 की गारंटी देता है कि किसी भी व्यक्ति को किसी विशेष धर्म या धार्मिक संस्था को बढ़ावा देने के लिए टैक्स देने के लिए मजबूर नहीं किया जा सकता। अनुच्छेद 28 पूर्णतः राज्य द्वारा वित्तपोषित शैक्षिक संस्थाओं में धार्मिक शिक्षा का निषेध करता है तथा राज्य से वित्तीय सहायता लेने वाली शैक्षिक संस्थाएं, अपने किसी सदस्य को उनकी (या उनके अभिभावकों की) स्वाकृति के बिना धार्मिक शिक्षा प्राप्त करने या धार्मिक पूजा में भाग लेने के लिए मजबूर नहीं कर सकतीं।

सांस्कृतिक और शैक्षिक अधिकार

अनुच्छेद 29 व 30 में दिए गए सांस्कृतिक और शैक्षिक अधिकार, उन्हें अपनी विरासत का संरक्षण करने और उसे भेदभाव से बचाने के लिए सक्षम बनाते हुए सांस्कृतिक, भाषाई और धार्मिक अल्पसंख्यकों के अधिकारों की रक्षा के उपाय हैं। अनुच्छेद 29 अपनी विशिष्ट भाषा, लिपि और संस्कृति रखने वाले नागरिकों के किसी भी वर्ग को उनका संरक्षण और विकास करने का अधिकार प्रदान करता है, इस प्रकार राज्य को उन पर किसी बाह्य संस्कृति को थोपने से रोकता है। यह राज्य द्वारा चलाई जा रही या वित्तपोषित शैक्षिक संस्थाओं को, प्रवेश देते समय किसी भी नागरिक के साथ केवल धर्म, मूलवंश, जाति, भाषा या इनमें से किसी के आधार पर भेदभाव करने

से भी रोकता है। हालांकि, यह सामाजिक और शैक्षिक रूप से पिछड़े वर्गों के लिए राज्य द्वारा उचित संख्या में सीटों के आरक्षण तथा साथ ही एक अल्पसंख्यक समुदाय द्वारा चलाई जा रही शैक्षिक संस्था में उस समुदाय से संबंधिक नागरिकों के लिए 50 प्रतिशत तक सीटों के आरक्षण के अधीन है।

अनुच्छेद 30 सभी धार्मिक और भाषाई अल्पसंख्यकों को अपनी स्वयं की संस्कृति को बनाए रखने और विकसित करने के लिए अपनी पसंद की शैक्षिक संस्थाएं स्थापित करने और चलाने का अधिकार प्रदान करता है और राज्य को, वित्तीय सहायता देते समय किसी भी संस्था के साथ इस आधार पर कि उसे एक धार्मिक या सांस्कृतिक अल्पसंख्यक द्वारा चलाया जा रहा है, भेदभाव करने से रोकता है। हालांकि शब्द 'अल्पसंख्यक' को संविधान में परिभाषित नहीं किया गया है, सर्वोच्च न्यायालय द्वारा की गई व्याख्या के अनुसार इसका अर्थ है कोई भी समुदाय जिसके सदस्यों की संख्या, जिस राज्य में अनुच्छेद 30 के अंतर्गत अधिकार चाहिए, उस राज्य की जनसंख्या के 50 प्रतिशत से कम हो। इस अधिकार का दावा करने के लिए, यह जरूरी है कि शैक्षिक संस्था को किसी धार्मिक या भाषाई अल्पसंख्यक द्वारा स्थापित और प्रशासित किया गया हो। इसके अलावा, अनुच्छेद 30 के तहत अधिकार का लाभ उठाया जा सकता है, भले ही स्थापित की गई शैक्षिक संस्था स्वयं को केवल संबंधित अल्पसंख्यक समुदाय के धर्म या भाषा के शिक्षण तक सीमित नहीं रखती, या उस संस्था के अधिसंख्य छात्र संबंधित अल्पसंख्यक समुदाय से संबंध नहीं रखते हों। यह अधिकार शैक्षिक मानकों, कर्मचारियों की सेवा की शर्तों, शुल्क संरचना और दी गई सहायता के उपयोग के संबंध में उचित विनियमन लागू करने की राज्य की शक्ति के अधीन है।

संवैधानिक उपचारों का अधिकार

संवैधानिक उपचारों का अधिकार नागरिकों को अपने मूल अधिकारों के प्रवर्तन या उल्लंघन के विरुद्ध सुरक्षा के लिए भारत के सर्वोच्च न्यायालय में जाने की शक्ति देता है। अनुच्छेद 32 स्वयं एक मूल अधिकार के रूप में, अन्य मूल अधिकारों के प्रवर्तन के लिए गारंटी प्रदान करता है, संविधान द्वारा सर्वोच्च न्यायालय को इन अधिकारों के रक्षक के रूप में नामित किया गया है। सर्वोच्च न्यायालय को मूल अधिकारों के प्रवर्तन के लिए बंदी प्रत्यक्षीकरण, परमादेश, निषेध, उत्प्रेषण और अधिकार पृच्छा प्रदेश जारी करने का अधिकार दिया गया है, जबकि उच्च न्यायालयों को अनुच्छेद 226 - जो एक मैलिक अधिकार नहीं है - मूल अधिकारों का उल्लंघन

न होने पर भी इन विशेषाधिकार प्रादेशों को जारी करने का अधिकार दिया गया है। निजी संस्थाओं के खिलाफ भी मूल अधिकार को लागू करना तथा उल्लंघन के मामले में प्रभावित व्यक्ति को समुचित मुआवजे का आदेश जारी करना भी सर्वोच्च न्यायालय के क्षेत्राधिकार में है। सर्वोच्च न्यायालय द्वारा स्वप्रेरणा से या जनहित याचिका के आधार पर अपने क्षेत्राधिकार का प्रयोग कर सकता है। अनुच्छेद 359 के प्रावधानों जबकि आपातकाल लागू हो, को छोड़कर यह अधिकार कभी भी निलंबित नहीं किया जा सकता।

राज्य के नीति निदेशक सिद्धांत

संविधान के चतुर्थ भाग में सन्निहित राज्य के नीति निदेशक सिद्धांतों, में संविधान की प्रस्तावना में प्रस्तावित आर्थिक और सामाजिक लोकतंत्र की स्थापना हेतु मार्गदर्शन के लिए राज्य को निदेश नदिए गए हैं। वे संविधान सभा द्वारा भारत में परिकल्पित सामाजिक क्रांति के लक्ष्य रहे मानवीय और समाजवादी निदेशों को बताते हैं। राज्य से यह अपेक्षा की गई है कि हालांकि ये प्रकृति में न्यायोचित नहीं हैं, कानून और नीतियां बनाते समय इन सिद्धांतों को ध्यान में रखा जाएगा। निदेशक सिद्धांतों को निम्नलिखित श्रेणियों के अंतर्गत वर्गीकृत किया जा सकता हैरू वे आदर्श जिन्हें प्राप्त करने के लिए राज्य को प्रयास करने चाहिएंय विधायी और कार्यकारी शक्तियों के प्रयोग के लिए निदेश और नागरिकों के अधिकार जिनकी सुरक्षा करना राज्य का लक्ष्य होना चाहिए।

न्यायोचित न होने के बावजूद निदेशक सिद्धांत राज्य पर एक रोक का काम करते हैंय इन्हें मतदाताओं एवं विपक्ष के हाथों में एक मानदंड के रूप में माना गया है जिससे वे चुनाव के समय सरकार के कार्यप्रदर्शन को माप सकें। अनुच्छेद 37, यह बताते हुए कि निदेशक सिद्धांत कानून की किसी भी अदालत में प्रवर्तनीय नहीं हैं, उन्हें ष्देश के शासन के लिए बुनियादीष घोषित करता है और विधान के मामलों में इन्हें लागू करने का दायित्व भी राज्य पर डालता है। इस प्रकार वे संविधान के कल्याणकारी राज्य के मॉडल पर जोर देने का काम करते हैं और सामाजिक, आर्थिक और राजनीतिक न्याय को स्वीकार करते हुए लोगों के कल्याण को प्रोत्साहन देने के लिए, साथ ही अनुच्छेद 38 के अनुसार आय असमानता से लड़ने और व्यक्तिगत गरिमा को सुनिश्चित करने के लिए राज्य के सकारात्मक कर्तव्यों पर जोर देते हैं।

अनुच्छेद 39 राज्य द्वारा अपनाई जाने वाली नीतियों के कुछ सिद्धांत तय करता है, जिनमें सभी नागरिकों के लिए आजीविका के पर्याप्त साधन प्रदान करना,

स्त्री और पुरुषों के लिए समान कार्य के लिए समान वेतन, उचित कार्य दशाएं, कुछ ही लोगों के पास धन तथा उत्पादन के साधनों के संकेंद्रन में कमी लाना और सामुदायिक संसाधनों का "सार्वजनिक हित में सहायक होने" के लिए वितरण करना शामिल हैं। ये धाराएं, राज्य की सहायता से सामाजिक क्रांति लाकर, एक समतावादी सामाजिक व्यवस्था बनाने तथा एक कल्याणकारी राज्य की स्थापना करने के संवैधानिक उद्देश्यों को चिह्नांकित करती हैं और इनका खनिज संसाधनों के साथ-साथ सार्वजनिक सुविधाओं के राष्ट्रीयकरण को समर्थन देने के लिए उपयोग किया गया है। इसके अलावा, भूसंसाधनों के न्यायसंगत वितरण के सुनिश्चित करने के लिए, संघीय एवं राज्य सरकारों द्वारा कृषि सुधारों और भूमि पट्टों के कई अधिनियम बनाए गए हैं।

अनुच्छेद 41-43 जनादेश राज्य को सभी नागरिकों के लिए काम का अधिकार, न्यूनतम मजदूरी, सामाजिक सुरक्षा, मातृत्व राहत और एक शालीन जीवन स्तर सुरक्षित करने के प्रयास करने के अधिकार देते हैं। इन प्रावधानों का उद्देश्य प्रस्तावना में परिकल्पित एक समाजवादी की राज्य की स्थापना करना है। अनुच्छेद 43 भी राज्य को कुटीर उद्योगों को प्रोत्साहन देने की जिम्मेदारी देता है और इसको आगे बढ़ाते हुए संघीय सरकार ने राज्य सरकारों के समन्वय से खादी, हैंडलूम आदि को प्रोत्साहन देने के लिए अनेक बोर्डों की स्थापना की है। अनुच्छेद 39ए के अनुसार राज्य को आर्थिक अथवा अन्य अयोग्यताओं पर ध्यान दिए बिना निशुल्क कानूनी सहायता उपलब्ध करवाकर यह सुनिश्चित करना है कि सभी नागरिकों को न्याय प्राप्त करने के अवसर मिलें। अनुच्छेद 43ए राज्य को उद्योगों के प्रबंधन में श्रमिकों की भागीदारी सुनिश्चित करने की दिशा में काम करने के लिए अधिकार देता है। अनुच्छेद 46 के तहत, राज्य को अनुसूचित जातियों व अनुसूचित जनजातियों के हितों को प्रोत्साहन देने और उनके आर्थिक स्तर को ऊपर उठाने के लिए काम करने और उन्हें भेद-भाव तथा शोषण से बचाने का अधिकार दिया गया है। इस प्रावधान को प्रभावी बनाने के लिए दो संविधान संशोधनों सहित कई अधिनियम बनाए गए हैं।

अनुच्छेद 44 देश में वर्तमान में लागू विभिन्न निजी कानूनों में विसंगतियों को दूर करके सभी नागरिकों के लिए समान नगगरिक संहिता बनाने के लिए राज्य को प्रोत्साहित करता है। हालांकि, सर्वोच्च न्यायालय द्वारा प्रावधानों को लागू करने के लिए अनेक अनुस्मारक दिए जाने के बावजूद यह एक अंधपत्र होकर रह गया है। अनुच्छेद 45 द्वारा मूल रूप में राज्य को 6 से 14 वर्ष की आयु के बच्चों को

निशुल्क तथा अनिवार्य शिक्षा प्रदान करने का अधिकार दिया गया थाय लेकिन बाद में 2002 में 86वें संविधान संशोधन के बाद इसे मूल अधिकार में परिवर्तित कर दिया गया है और छः वर्ष तक की आयु के बच्चों के बचपन की देखभाल सुनिश्चित करने का दायित्व राज्य पर डाला गया है। अनुच्छेद 47 जीवन स्तर ऊंचा उठाने, सार्वजनिक स्वास्थ्य में सुधार करने तथा स्वास्थ्य के लिए हानिकारक नशीले पेय और दवाओं के सेवन पर रोक लगाने की प्रतिबद्धता राज्य को सौंपी गई है। परिणाम के रूप में कई राज्यों में आंशिक या संपूर्ण निषेध लागू कर दिया गया है, लेकिन वित्तीय मजबूरियों ने इसको पूर्ण रूप से लागू करने से रोक रखा है। अनुच्छेद 48 के द्वारा भी राज्य को नस्ल सुधार कर तथा पशुवध पर रोक लगा कर आधुनिक एवं वैज्ञानिक तरीके से कृषि और पशुपालन को संगठित करने की जिम्मेदारी दी गई है। अनुच्छेद 48ए राज्य को पर्यावरण की रक्षा और वनों तथा वन्यजीवों के संरक्षण का आदेश देता है, जबकि अनुच्छेद 49 राष्ट्रीय महत्त्व के स्मारकों और वस्तुओं का संरक्षण सुनिश्चित करने का दायित्व राज्य को सौंपता है। अनुच्छेद 50 के अनुसार राज्य को न्यायिक स्वतंत्रता सुनिश्चित करने के लिए सार्वजनिक सेवाओं में न्यायपालिका का कार्यपालिका से अलगाव सुनिश्चित करना है और संघीय कानून बनाकर इस उद्देश्य को प्राप्त कर लिया गया है। अनुच्छेद 51 के अनुसार, राज्य को अंतरराष्ट्रीय शांति और सुरक्षा के संवर्धन हेतु प्रयास करने चाहिएं तथआ अनुच्छेद 253 के द्वारा संसद को अंतर्राष्ट्रीय संधियां लागू करने के लिए कानून बनाने का अधिकार दिया गया है।

मूल कर्तव्य

नागरिकों के मूल कर्तव्य 1976 में सरकार द्वारा गठित स्वर्णसिंह समिति की सिफारिशों पर, 42वें संशोधन द्वारा संविधान में जोड़े गए थे। मूल रूप से संख्या में दस, मूल कर्तव्यों की संख्या 2002 में 86वें संशोधन द्वारा ग्यारह तक बढ़ाई गई थी, जिसमें प्रत्येक माता-पिता या अभिभावक को यह सुनिश्चित करने का कर्तव्य सौंपा गया कि उनके छः से चौदह वर्ष तक के बच्चे या वार्ड को शिक्षा का अवसर प्रदान कर दिया गया है। अन्य मूल कर्तव्य नागरिकों को कर्तव्यबद्ध करते हैं कि संविधान सहित भारत के राष्ट्रीय प्रतीकों का समेमान करें, इसकी विरासत को संजोएं, इसकी मिश्रित संस्कृति का संरक्षण करें तथा इसकी सुरक्षा में सहायता दें। वे सभी भारतीयों को सामान्य भाईचारे की भावना को बढ़ावा देने, पर्यावरण और सार्वजनिक संपत्ति की रक्षा करने, वैज्ञानिक सोच का विकास करने, हिंसा को त्यागने और जीवन के

सभी क्षेत्रों में उत्कृष्टता की दिशा में प्रयास करने के कर्तव्य भी सौंपते हैं। नागरिक इन कर्तव्यों का पालन करने के लिए संविधान द्वारा नैतिक रूप से बाध्य हैं। हालांकि, निदेशक सिद्धांतों की तरह, ये भी न्यायोचित नहीं हैं, उल्लंघन या अनुपालना न होने पर कोई कानूनी कार्यवाही नहीं हो सकती। ऐसे कर्तव्यों का उल्लेख मानव अधिकारों की सार्वभौमिक घोषणा तथा नागरिक एवं राजनीतिक अधिकारों पर अंतरराष्ट्रीय प्रतिज्ञापत्र जैसे अंतर्राष्ट्रीय लेखपत्रों में है, अनुच्छेद 51ए भारतीय संविधान को इन संधियों के अनुरूप लाता है।

आलोचना और विश्लेषण

अब कम ही बच्चे खतरनाक वातावरण में कार्यरत हैं, लेकिन गैर खतरनाक नौकरियों में उनका रोजगार, घरेलू नौकर के रूप में प्रचलन, कई आलोचकों और मानव अधिकार अधिवक्ताओं की नजरों में संविधान की भावना का उल्लंघन करता है। एक करोड़ पैंसठ लाख से अधिक बच्चे रोजगार में हैं। सरकारी अधिकारियों और राजनीतिज्ञों में मौजूद भ्रष्टाचार के स्तर के अनुसार 2005 में भारत 159 देशों की सूची में 88वें स्थान पर था। वर्ष 1990-1991 को बीआर अम्बेडकर की स्मृति में ष्सामाजिक न्याय वर्षष घोषित किया गया था। सरकार चिकित्सा एवं अभियांत्रिकी पाठ्यक्रमों के अनुसूचित जाति एवं जनजाति के छात्रों को निशुल्क पाठ्यपुस्तकें प्रदान करती है। 2002-2003 के दौरान रुपये 4। 77 करोड़ (477 लाख) इस उद्देश्य के लिए जारी किए गए थे। अनुसूचित जातियों और जनजातियों को भेदभाव से बचाने के लिए, सरकार ने ऐसे कृत्यों के लिए कड़े दंडों का प्रावधान करते हुए 1995 में अत्याचार निवारण अधिनियम अधिनियमित किया था।

1948 का न्यूनतम मजदूरी अधिनियम सरकार को संपूर्ण आर्थिक क्षेत्र में काम कर रहे लोगों की न्यूनतम मजदूरी तय करने का अधिकार देता है।ख107, उपभोक्ता संरक्षण अधिनियम 1986 उपभोक्ताओं को बेहतर सुरक्षा प्रदान करता है। अधिनियम का उद्देश्य उपभोक्ताओं की शिकायतों का सरल, त्वरित और सस्ता समाधान प्रदान करना और जहां उपयुक्त पाया जाए राहत और मुआवजा दिलाना हैं।खकृपया उद्धरण जोड़ें, समान पारिश्रमिक अधिनियम 1976 महिलाओं और पुरुषों दोनों को समान कार्य के लिए समान वेतन प्रदान करता है। सम्पूर्ण ग्रामीण रोजगार योजना (यूनिवर्सल ग्रामीण रोजगार कार्यक्रम) 2001 में ग्रामीण गरीबों को लाभदायक रोजगार प्रदान करने के उद्देश्य से शुरू किया गया था। कार्यक्रम पंचायती राज संस्थाओं के माध्यम से कार्यान्वित किया गया था।

निर्वाचित ग्राम परिषदों का एक तंत्र पंचायती राज के नाम से जाना जाता है, यह लगभग भारत के सभी राज्यों और केंद्रशासित प्रदेशों में लागू है। पंचायती राज में प्रत्येक स्तर पर कुल सीटों की संख्या की एक तिहाई महिलाओं के लिए आरक्षित की गई हैं, बिहार के मामले में आधी सीटें महिलाओं के लिए आरक्षित हैं। जम्मू एवं काश्मीर तथा नागालैंड को छोड़ कर सभी राज्यों और प्रदेशों में न्यायपालिका को कार्यपालिका से अलग कर दिया गया है। भारत की विदेश नीति निदेशक सिद्धांतों से प्रभावित है। भारतीय सेना द्वारा संयुक्त राष्ट्र के शांति कायम करने के 37 अभियानों में भाग लेकर भारत ने संयुक्त राष्ट्र संघ के शांति प्रयासों में सहयोग दिया है।

सभी नागरिकों के लिए एक समान नागरिक संहिता का कार्यान्वयन राजनैतिक दलों और विभिन्न धार्मिक समूहों के बड़े पैमाने पर विरोध के कारण हासिल नहीं किया जा सका है। शाह बानो मामले (1985-1986) ने भारत में एक राजनीतिक तूफान भड़का दिया था जब सर्वोच्च न्यायालय ने कहा कि एक मुस्लिम महिला शाह बानो जिसे 1978 में उसके पति द्वारा तलाक दे दिया गया था, सभी महिलाओं के लिए लागू भारतीय विधि के अनुसार अपने पूर्व पति से गुजारा भत्ता प्राप्त करने की हकदार थी। इस फैसले ने मुस्लिम समुदाय में नाराजगी पैदा कर दी जिसने मुस्लिम पर्सनल लॉ लागू करने की मांग की और प्रतिक्रिया में संसद ने सर्वोच्च न्यायालय के फैसले को उलटते हुए मुस्लिम महिला (तलाक पर अधिकार संरक्षण) अधिनियम 1986 पारित कर दिया। इस अधिनियम ने आगे आक्रोश भड़काया, न्यायविदों, आलोचकों और नेताओं ने आरोप लगाया कि धर्म या लिंग के बावजूद सभी नागरिकों के लिए समानता के मूल अधिकार की विशिष्ट धार्मिक समुदाय के हितों की रक्षा करने के लिए अवहेलना की गई थी। फैसला और कानून आज भी गरम बहस के स्रोत बने हुए हैं, अनेक लोग इसे मूल अधिकारों के कमजोर कार्यान्वयन का एक प्रमुख उदाहरण बताते हैं।

मूल अधिकारों, निदेशक सिद्धांतों और मौलिक कर्तव्यों के बीच संबंध

निदेशक सिद्धांतों को मूल अधिकारों के साथ विवाद की स्थिति में कानून की संवैधानिक वैधता को बनाए रखने के लिए इस्तेमाल किया गया है। 1971 में 25वें संशोधन द्वारा जोड़े गए अनुच्छेद 31सी में प्रावधान है कि अनुच्छेद 39(बी)-(सी) में निदेशक सिद्धांतों को प्रभावी बनाने के लिए बनाया गया कोई भी कानून इस आधार पर अवैध नहीं होगा कि वे अनुच्छेद 14, 19 और 31 द्वारा प्रदत्त मूल अधिकारों से

अवमूल्यित हैं। 1976 में 42वें संशोधन द्वारा इस अनुच्छेद का सभी निदेशक सिद्धांतों पर विस्तार किया गया था लेकिन ने इस विस्तार को शून्य घोषित कर दिया क्योंकि इससे संविधान के बुनियादी ढांचे में परिवर्तन होता था। मूल अधिकार और निदेशक सिद्धांत दोनों का संयुक्त इस्तेमाल सामाजिक कल्याण के लिए कानूनों का आधार बनाने में किया गया है। केशवानंद भारती मामले में फैसले के बाद सर्वोच्च न्यायालय ने यह दृष्टिकोण अपना लिया है कि मूल अधिकार और निदेशक सिद्धांत एक दूसरे के पूरक हैं, दोनों एक कल्याणकारी राज्य बनाने के लिए सामाजिक क्रांति के एक ही लक्ष्य के लिए कार्य करते हैं। इसी प्रकार, सर्वोच्च न्यायालय ने मौलिक कर्तव्यों का प्रयोग मौलिक कर्तव्यों मे दिए गए उद्देश्यों को प्रोत्साहित करने वाले कानूनों की संवैधानिक वैधता बनाए रखने के लिए किया है। इन कर्तव्यों को सभी नागरिकों के लिए अनिवार्य ठहराया गया है, बशर्ते राज्य द्वारा उनका प्रवर्तन एक वैध कानून के द्वारा किया जाए। सर्वोच्च न्यायालय ने एक नागरिक को अपने कर्तव्य के उचित पालन के लिए प्रभावी और सक्षम बनाने हेतु प्रावधान करने की दृष्टि से राज्य को इस संबंध में निदेशक जारी किए हैं।

2

भारतीय संविधान और महिलाएँ

आजादी के बाद सन 1950 से लागू भारत के संविधान के भाग तीन मे नागरिकों के मौलिक अधिकारों का उल्लेख किया गया है। मौलिक अधिकारों का एक खास अर्थ है- जिसका विवरण देश के मौलिक कानून मे हो, जो जनता कि मूलभूत आवश्यकताओं के विषय मे हो और जिन्हे देश के मौलिक कानून अर्थात संविधान का बल या संरक्षण प्राप्त हो। ध्यातव्य है की भारतीय संविधान समस्त भारतीय जनता के लिए भारतीय जनता द्वारा निर्मित है, इसलिए "संवैधानिक बल प्राप्त" का अर्थ होता है भारतीय जनमत का बल प्राप्त होना।

संविधान कि नियमावली के पूर्व एक प्रस्तावना लिखी गयी है, जिसमे कहा गया है कि हम भारत के लोग निष्ठापूर्वक प्रण करते हैं कि हम भारत को एक सार्वभौम, जनतांत्रिक , समाजवादी गणतंत्र बनायेंगे और इसकी समस्त जनता को प्रदान करेंगे–

(क) समता

(ख) स्वतंत्रता

(ग) न्याय

अतएव, जनता परस्पर समानता, स्वतंत्रता और न्याय कि सुविधा प्रदान करने के लिए संविधान मे वचन देती है। भारतीय जनता पारस्परिक समानता का व्यवहार करने के लिए वचनवद्ध हैय जिसकी पुष्टि पुनरू संविधान के भाग तीन (जिसे मौलिक अधिकार की संज्ञा दी गयी है) उसमें की गयी है। इस भाग की धारा 14 से धारा 18 तक मे नागरिकों मे समानता और समान व्यवहार लाने की विविध परिस्थितियों का विवरण है।

धारा 14 मे वर्णित है कि भारत का प्रत्येक नागरिक कानून की नजर मे बराबर होगा। धारा 15 मे वर्णित है कि राज्य नागरिकों मे धर्म, जाति, लिंग, भाषा, रंग व

जन्म के आधार पर विभेद नही करेगा और न किसी संस्था को इस आधार पर विभेद करने देगा। लेकिन संविधान निर्माण की अवधि सन 1947 से 1950 के बीच ही यह महसूस किया गया कि प्रकृति ने दो दुर्लभ वर्ग भी बनाये हैं- बच्चे और नारी। अतएव उनके समुचित विकास के लिए विशेष सुविधा देने की आवश्यकता है। इसलिए धारा 15 मे यह प्रावधान किया गया है" राज्य महिला और बच्चों के लिए विशेष सुविधा की व्यवस्था करेगा।"

जाहिर है, उपर्युक्त धारा 15 के अनुसार केन्द्र तथा राज्य की सरकारें बच्चों एवं महिलाओं के सम्यक विकास के लिए विशेष सुविधा की व्यवस्था करने को बाध्य है। हमारे देश के मौलिक कानून के द्वारा देश की सभी सरकारे, संस्थाओं तथा नागरिकों को आदेश दिया गया है कि महिलाओं तथा बच्चों के विरूद्ध अत्याचार को रोके, शोषण करनेवालों को दंडित करें। उनके मानसिक, शारीरिक, आर्थिक और सामाजिक विकास के लिए पूरा-पूरा प्रबंध करे। जैसे–

(क) मुफ्त अस्पताल और दवा का प्रबंध।
(ख) निःशुल्क अध्ययन और प्रशिक्षण का प्रबंध।
(ग) महिलाओं के लिए नौकरी, पेशा तथा व्यवसाय मे सहायता क प्रबंध।
(घ) सामाजिक कुरीतियों पर प्रतिबंध।

महिला और बच्चे किसी देश की वास्तविक पूंजी है। उनके विकास से देश की प्रगति होती है। इस तथ्य से हमारे संविधान निर्माता अवगत थे। यही कारण है कि संविधान मे कई जगह वे ऐसी चर्चा करते हैं। धारा 23 एवं 24 मे इसलिए विशेष रूप उल्लेख किया गया कि वैसे नियम जिनसे महिलाओं औए बच्चों का शोषण होता है, उन पर प्रतिबन्ध लगाया गया है, जैसे देवदासी प्रथा, वैश्यावृति, सती-प्रथा, महिलाओं की खरीद-बिक्री, बच्चों से मजदूरी कराने जैसा कार्य।

संविधान के भाग चार नीति निर्देशक तत्त्व के रूप मे प्रतिष्ठित है। यह केन्द्र तथा राज्यों के लिए भविष्यत कार्यक्रमों को रेखांकित करता है। इसमें धारा 39 मे यह प्रावधान किया गया है कि महिलाओं को पुरूषों के समान ही जीविकोपार्जन के पर्याप्त अवसर सरकार द्वारा उपलब्ध कराये जायेंगेय समान कार्य के लिए महिलाओं की मजदूरी भी पुरूषों के समान रहेगी। संविधान लागू होने के दस वर्षों के भीतर चौदह वर्षो तक के बच्चों के लिए अनिवार्य औए निरूशुल्क शिक्षा उपलब्ध करवाने की वचनबद्धता भी दुहरायी गयी है। सरकारें इस प्रावधान को व्यवहार मे लाती तो भारत की आधी आबादी अब तक निरक्षर नही रहतीय सबके सब साक्षर होते। महिलायें पचास वर्षों की आजादी के बाद पुरूष वर्ग की बराबरी मे होती, शोषण औए

उत्पीडण नही झेलतीं, राष्ट्र के विकास मे, समाज के विकास मे प्रमुख स्तम्भ होतीय लेकिन संविधान मे दिये गये अधिकारों की प्राप्ती और उसे अमल मे लाने के लिए महिलाओं ने भी सक्रियता नही दिखलायी।

हाल के दिनो मे महिला आरक्षण बिल पर संसद मे हुए हंगामे ने कही न कही हमारे संविधान को ही चोट पहुंचाने का काम किया है। पर कहा गया है कि अध्ययन, विचार, मनन, विश्वास एवं आचरण द्वार जब एक मार्ग को मजबूती से पकड़ लिया जाता है, तो अभीष्ट उद्देश्य को प्राप्त करना बहुत सरल हो जाता है। अगर आज देश की महिलाए एकजुट हो कर अपने अधिकारों की मांग के मार्ग को मजबूती से पकड कर आगे बढे तो निश्चित तौर पर वो अपने अभीष्ट उद्देश्य को प्राप्त करने मे सफल हो सकती है। और बिना वजह महिला आरक्षण बिल पर हंगामा करने वालों से भी ये निवेदन है कि वो अपनी कमियों को पहचानें और इन्हें हटाने और उनके स्थान पर सत्प्रवृत्तियाँ स्थापित करने का उपाय सोचें इसी में अपना व मानव मात्र का कल्याण है।

संविधान में महिलाओं की भागीदारी

हमारा संविधान एक छोटी सी पुस्तक के रूप में बना, जिसे हम जहाँ चाहें आसानी से ले जा सकते हैं। लेकिन यह वास्तविकता थी, हम उस पुस्तक की ओर तुरंत ही दौड़ पड़ते हैं, अगर हमें किसी पुलिस स्टेशन पर अवैध रूप से रोक लिया जाता था। या हो सकता है कि किसी प्रकार से अनादर होने पर हम संविधान के अनुच्छेद को तेजी से बताने लगते हैं, जब कानूनी अधिकारी हमें सामान्य से कारणों के लिये डराने धमकाने की कोशिश करते हैं, अगर हम उन्हें पर्याप्त मात्रा में घूस नहीं देते हैं।

यद्यपि यह विचार बहुत अवास्तविक लगता है, लेकिन हम इस बात से मना नहीं कर सकते हैं कि यह पुस्तक हमारे अधिकारों के बारे में बहुत जल्दी न केवल बतलाती है बल्कि इन अधिकारों को प्रयोग करने में सुगमता भी देती है। यह वही था, जिसे संविधान की रूपरेखा रखे जाने के समय पर सामाजिक और राजनैतिक कार्यकर्ता अम्मू स्वामीनाथन ने बतलाया था। उन 15 में से एक महिला जिसने संविधान को बनाने में सहायता की थी, अम्मू ने भारतीय महिलाओं को समान अधिकार देने के लिये जोर दिया। और आशा व्यक्त किया कि यह दस्तावेज राज्य के प्रति उनके अधिकारों और उत्तरदायित्वों को लोगों को एहसास दिलाने में सहायता करेगा।

1950 में, भारतीय संविधान अस्तित्व में आया। इस दस्तावेज के बनाये जाने के छियासठ वर्ष बाद भी, भारत वर्षों पुरानी लैंगिक युद्ध के साथ अब तक चिपका हुआ है। संसद में महिलाओं के लिये आरक्षण चर्चा का एक गर्म मुद्दा है, और ऐसे ही कई अन्य लिंग सम्बंधी सामाजिक मुद्दे है जिनको भी सुलझाये जाने की सख्त आवश्यकता है।

यद्यपि, 1950 की इन पंद्रह महिलाओं को कल्पना से परे आजादी दी गयी थी, उस समय पर जब महिलाओं की भूमिका केवल उनकी रसोइयों तक सीमित थी। जब भारतीय महिलायें बच्चों को बड़ा कर रही थीं और अपने परिवार को खुश रखने की कोशिश कर रही थीं, ये महिलायें अपनी ओजस्वी आवाज से लहरों को पैदा करके संसद में अपने साथी पुरूष सांसदों का विचलित कर रही थीं।

वे उन मुद्दों को उठा रहीं थीं जो उस समय पर सही थेरू देवदासियों का व्यवहार में होना, एक ऐसी परम्परा जहाँ महिलाओं को भगवान के प्रति समर्पित कर दिया जाता था और खुलेआम पुजारियों के द्वारा वेश्यावृत्ति में उपयोग किया जाता थाय अवैधानिक रूप से पुलिस द्वारा रोका जाना, बाल विवाह। ये महिलायें, जो पढ़ी लिखी थी, इस बात को भलीभांति जानती थीं कि एक महिला के लिये अपने अधिकारों के बारे में जानना और शिक्षित होना कितना आवश्यक है। वे बाल विवाह के विरुद्ध और अल्पसंख्यक अधिकारों के लिये बोल रहीं थीं। यह पर्याप्त नहीं था कि सम्पन्न और शक्तिशाली लोगों के लिये निश्चित अधिकारों को हटाया जाय3..वे यह चाहती थीं कि सभी भारतीयों को सभी अधिकार मिलने चाहिये।

संसद को कुछ सांकेतिक राहत भी देनी चाहिये थी। इनमें से कुछ सदस्यों को राज्य सभा में निर्धारित समय से अधिक देर तक, अपने पुरूष साथियों की तुलना में, अपना भाषण देने के लिये अनुमति दी गयी थी, क्योंकि ये महिलायें थीं!

यद्यपि इतिहास नें सरोजिनी नायडू और विजयालक्ष्मी पंडित के नामों से हमें परिचित कराया, फिर भी उन 13 नामों के योगदान को समय बीतने के साथ भुला दिया गया।

बेगम अजीज रसूल ने पर्दा प्रथा को हटाने की आवश्यकता और समान नागरिक संहिता के बारे में बोला था, और हंसा मेहता, एक वकील और एक राजनीतिज्ञ, ने महिलाओं के आधिकारों के लिये वकालत की थी। भारतीय महिलाओं के लिये उनके अधिकारों के घोषणा पत्र के भाग को, जिसे 1927 में बनाया गया था, सन्युक्त राष्ट्र के मानव अधिकारों में बाद में स्वीकार किया गया था। वे सन्युक्त

राष्ट्र के मानव अधिकार परिषद में गयीं और भारत को विश्व के नक्शे पर स्थान दिलाया।

पूर्णिमा बैनर्जी अवैध कारावास के विरूद्ध लड़ीं और दक्ष्याणी वेलायुधन दलित अधिकारों के लिए लड़ीं। एन्नी मस्करेने ने इस बात को प्रमुखता दी कि केंद्रीयकरण आवश्यक था। दुर्गाबाई देशमुख ने प्रादेशिक उच्चन्यायालयों में न्यायाधीशों की नियुक्ति, न्यायालयों की स्वतंत्रता की आवश्यकता, राज्यपाल की नियुक्ति प्रक्रिया, और नये राज्यों में नये उच्च न्यायालयो की स्थापना के लिये सलाह दी। पूर्णिमा बैनर्जी ने एक अनुच्छेद पर भी काम किया था जो इस बात को सुनिश्चित करता था कि राज्य-सहायता प्राप्त विद्यालयों में जाति और धर्म के नाम पर अंतर नहीं करेगा। रेणुका रे ने शिक्षा के लिये समुचित बजट की व्यवस्था को लक्ष्य किया।

यह सभी महिलायें, वर्तमान भारत के तकरार करते सांसदों के समूह की तुलना में, अपने विचारों में बहुत विकसित थीं। संविधान सभा में बहस के दौरान, उन्होंने महिलाओं से आरक्षण को दूर रखने की आवश्यकता पर बहस किया था। सभी संदर्भों में समानता को सुनिश्चित कराना उनके युवा भारत का सपना था।

महिलाओं के विरुद्ध अपराध

पुलिस रिकॉर्ड में महिलाओं के खिलाफ भारत में अपराधों का उच्च स्तर दिखाई पड़ता है। राष्ट्रीय अपराध रिकार्ड ब्यूरो ने 1998 में यह जानकारी दी थी कि 2010 तक महिलाओं के विरुद्ध अपराधों की विकास दर जनसंख्या वृद्धि दर से कहीं ज्यादा हो जायेगी। पहले बलात्कार और छेड़छाड़ के मामलों को इनसे जुड़े सामाजिक कलंक की वजह से कई मामलों को पुलिस में दर्ज ही नहीं कराया जाता था। सरकारी आंकड़े बताते हैं कि महिलाओं के खिलाफ दर्ज किये गए अपराधों की संख्या में नाटकीय वृद्धि हुई है।

यौन उत्पीड़न

1990 में महिलाओं के विरुद्ध दर्ज की गयी अपराधों की कुल संख्या का आधा हिस्सा कार्यस्थल पर छेड़छाड़ और उत्पीड़न से संबंधित था। लड़कियों से छेड़छाड़ (एव टीजिंग) पुरुषों द्वारा महिलाओं के यौन उत्पीड़न या छेड़छाड़ के लिए इस्तेमाल की जाने वाली एक चालबाज तरकीब (युफेमिज्म) है। कई कार्यकर्ता (एक्टिविस्ट) महिलाओं के खिलाफ यौन उत्पीड़न की बढ़ती घटनाओं के लिए "पश्चिमी संस्कृति" के प्रभाव को दोषी ठहराते हैं। विज्ञापनों या प्रकाशनों, लेखनों, पेंटिंग्स, चित्रों या किसी एनी

तरीके से महिलाओं के अश्लील प्रतिनिधित्व को रोकने के लिए 1987 में महिलाओं का अश्लील प्रतिनिधित्व (निषेध) अधिनियम पारित किया गया था।

1997 में एक ऐतिहासिक फैसले में भारत के सर्वोच्च न्यायालय ने कार्यस्थल में महिलाओं के यौन उत्पीड़न के खिलाफ एक मजबूत पक्ष लिया.

न्यायालय ने शिकायतों से बचने और इनके निवारण के लिए विस्तृत दिशा-निर्देश भी जारी किया। बाद में राष्ट्रीय महिला आयोग ने इन दिशा-निर्देशों को नियोक्ताओं के लिए एक आचार संहिता के रूप में प्रस्तुत किया।

दहेज

1961 में भारत सरकार ने वैवाहिक व्यवस्थाओं में दहेज की मांग को अवैध करार देने वाला दहेज निषेध अधिनियम पारित किया। हालांकि दहेज-संबंधी घरेलू हिंसा, आत्महत्या और हत्या के कई मामले दर्ज किये गए हैं। 1980 के दशक में कई ऐसे मामलों की सूचना दी गयी थी।

1985 में दहेज निषेध (दूल्हा और दुल्हन को दिए गए उपहारों की सूचियों के रख-रखाव संबंधी) नियमों को तैयार किया गया था। इन नियमों के अनुसार दुल्हन और दूल्हे को शादी के समय दिए गए उपहारों की एक हस्ताक्षरित सूची बनाकर रखा जाना चाहिए। इस सूची में प्रत्येक उपहार, उसका अनुमानित मूल्य, जिसने भी यह उपहार दिया है उसका नाम और संबंधित व्यक्ति से उसके रिश्ते एक संक्षिप्त विवरण मौजूद होना चाहिए। हालांकि इस तरह के नियमों को शायद ही कभी लागू किया जाता है।

1997 की एक रिपोर्ट में यह दावा किया गया था कि दहेज के कारण प्रत्येक वर्ष कम से कम 5,000 महिलाओं की मौत हो जाती है और ऐसा माना जाता है कि हर दिन कम से कम एक दर्जन महिलाएं जान-बूझकर लगाई गयी "रसोईघर की आग" में जलाकर मार दी जाती हैं। इसके लिए उपयोग किया जाने वाला शब्द है "दुल्हन की आहुति" (ब्राइड बर्निंग) और स्वयं भारत में इसकी आलोचना की जाती है। शहरी शिक्षित समुदाय के बीच इस तरह के दहेज उत्पीड़न के मामलों में काफी कमी आई है।

बाल विवाह

भारत में बाल विवाह परंपरागत रूप से प्रचलित रही है और यह प्रथा आज भी जारी है। ऐतिहासिक रूप से कम उम्र की लड़कियों को यौवनावस्था तक

पहुँचने से पहले अपने माता-पिता के साथ रहना होता था। पुराने जमाने में बाल विधवाओं को एक बेहद यातनापूर्ण जिंदगी देने, सर को मुंडाने, अलग-थलग रहने और समाज से बहिष्कृत करने का दंड दिया जाता था। हालांकि 1860 में बाल विवाह को गैरकानूनी घोषित कर दिया गया था लेकिन आज भी यह एक आम प्रथा है।

यूनिसेफ की "स्टेट ऑफ द वर्ल्ड्स चिल्ड्रेन-2009" की रिपोर्ट के अनुसार 20-24 साल की उम्र की भारतीय महिलाओं के 47ः की शादी 18 साल की वैध उम्र से पहले कर दी गयी थी जिसमें 56ः महिलाएं ग्रामीण क्षेत्रों से थीं। रिपोर्ट में यह भी दिखाया गया कि दुनिया भर में होने वाले बाल विवाहों का 40ः अकेले भारत में ही होता है।

कन्या भ्रूण हत्या और लिंग के अनुसार गर्भपात

भारत में पुरुषों का लिंगानुपात बहुत अधिक है जिसका मुख्य कारण यह है कि कई लड़कियां वयस्क होने से पहली ही मर जाती हैं। भारत के जनजातीय समाज में अन्य सभी जातीय समूहों की तुलना में पुरुषों का लिंगानुपात कम है। ऐसा इस तथ्य के बावजूद है कि आदिवासी समुदायों के पास बहुत अधिक निम्न स्तरीय आमदनी, शिक्षा और स्वास्थ्य सुविधाएं मौजूद हैं। इसलिए कई विशेषज्ञों ने यह बताया है कि भारत में पुरुषों का उच्च स्तरीय लिंगानुपात कन्या शिशु हत्या और लिंग परीक्षण संबंधी गर्भपातों के लिए जिम्मेदार है।

जन्म से पहले अनचाही कन्या संतान से छुटकारा पाने के लिए इन परीक्षणों का उपयोग करने की घटनाओं के कारण बच्चे के लिंग निर्धारण में इस्तेमाल किये जा सकने वाले सभी चिकित्सकीय परीक्षणों पर भारत में प्रतिबंध लगा दिया गया है। कुछ ग्रामीण क्षेत्रों में कन्या शिशु हत्या (कन्या शिशु को मार डालना) आज भी प्रचलित है। भारत में दहेज परंपरा का दुरुपयोग लिंग-चयनात्मक गर्भपातों और कन्या शिशु हत्याओं के लिए मुख्य कारणों में से एक रहा है।

घरेलू हिंसा

घरेलू हिंसा की घटनाएं निम्न स्तरीय सामाजिक-आर्थिक वर्गों (एसईसी) में अपेक्षाकृत अधिक होती हैं। घरेलू हिंसा कानून, 2005 से महिलाओं का संरक्षण 26 अक्टूबर, 2006 को अस्तित्व में आया।

तस्करी

अनैतिक तस्करी (रोक) अधिनियम 1956 में पारित किया गया था। हालांकि युवा लड़कियों और महिलाओं की तस्करी के कई मामले दर्ज किये गए हैं। इन महिलाओं को वेश्यावृत्ति, घरेलू कार्य या बाल श्रम के लिए मजबूर किया जाता रहा है।

महिलाओं के संवैधानिक अधिकारों पर एक नजर

26 जनवरी, 1950 को देश का संविधान लागू हुआ और इस प्रकार सरकार के संसदीय रूप के साथ एक संप्रभुताशाली समाजवादी लोकतांत्रिक गणतंत्र के रूप में भारत देश सामने आया। भारत के संविधान में कई तरह के अधिकारों और नियमों की चर्चा की गई है। आइए अब जानते हैं कि हमारे संविधान में महिलाओं को कौन-कौन से आधिकार दिए गए हैं–

1. महिलाओं को पिता और पिता की पुश्तैनी संपति में पूरा अधिकार मिला हुआ है। अगर लड़की के पिता ने खुद बनाई संपति वसीयत नहीं की है, तब उनकी मौत के बाद प्रॉपर्टी में लड़की को भी उतना ही हिस्सा मिलेगा, जितना लड़के को और उनकी मां को। शादी के बाद भी महिला का यह अधिकार बना रहता है।
2. शादी के बाद पति की संपत्ति में महिला का मालिकाना हक नहीं होता, लेकिन पत्नी को गुजारा भत्ता देना पति का कर्तव्य है। महिला को अधिकार है कि पति उसका भरण-पोषण करे। कई कानूनी प्रावधान हैं, जिनके जरिए पत्नी गुजारा भत्ता मांग सकती है। कानूनी विशेषज्ञों के मुताबिक, सीआरपीसी, हिंदू मैरिज ऐक्ट, हिंदू अडॉप्शन ऐंड मेंटिनेंस ऐक्ट और घरेलू हिंसा कानून के तहत गुजारे भत्ते की मांग की जा सकती है। अगर पति ने वसीयत बनाई है तो उसके बाद पत्नी को संपत्ति में हिस्सा मिलता है। अगर वसीयत नहीं है तो पत्नी को पति की खुद अर्जित की गई संपत्ति में हिस्सा मिलेगा, पैतृक संपत्ति में नहीं।
3. संविधान में लिखा है कि तलाकशुदा महिला को पति की पैतृक व विरासत योग्य संपत्ति से भी मुआवजा या हिस्सेदारी मिलेगी। इस मामले में कानून बनाया जाना है और इसके बाद पत्नी का हक बढ़ने की बात कही जा रही है। अगर पत्नी को तलाक के बाद पति की पैतृक संपत्ति में भी हिस्सा दिए जाने का प्रावधान किया गया तो इससे महिलाओं का हक बढ़ेगा।

4. कोई भी महिला अपने हिस्से की पैतृक संपत्ति और खुद अर्जित संपत्ति को बेच सकती है। इसमें कोई दखल नहीं दे सकता। महिला इस संपत्ति का वसीयत कर सकती है। महिला उस संपति से बच्चों को बेदखल भी कर सकती है। महिलाओं को अपने पिता के घर या फिर अपने पति के घर सुरक्षित रखने के लिए डीवी ऐक्ट (डोमेस्टिक वॉयलेंस ऐक्ट) का प्रावधान किया गया है।
5. लिव-इन रिलेशन में रहने वाली महिला को घरेलू हिंसा कानून के तहत प्रोटेक्शन का हक मिला हुआ है। अगर उसे किसी भी तरह से प्रताड़ित किया जाता है तो वह उसके खिलाफ शिकायत कर सकती है। लिव-इन में रहते हुए उसे राइट-टू-शेल्टर भी मिलता है। यानी जब तक यह रिलेशनशिप कायम है, तब तक उसे जबरन घर से नहीं निकाला जा सकता। लेकिन संबंध खत्म होने के बाद यह अधिकार खत्म हो जाता है। लिव-इन में रहने वाली महिलाओं को गुजारा भत्ता पाने का भी अधिकार है, लेकिन पार्टनर की मौत के बाद उसकी संपत्ति में अधिकार नहीं मिल सकता। यदि लिव-इन में रहते हुए पार्टनर ने वसीयत के जरिये संपत्ति लिव-इन पार्टनर को लिख दी है तो मृत्यु के बाद संपत्ति पार्टनर को मिल जाती है।
6. यौन शोषण, छेड़छाड़ या फिर रेप जैसी वारदातों के लिए सख्त कानून बनाए गए हैं। महिलाओं के साथ इस तरह के घिनौने काम करने वालों को सख्त सजा दिए जाने का प्रावधान है। दिल्ली गैंगरेप के बाद सरकार ने एंटी-रेप लॉ बनाया है। इसके तहत जो कानूनी प्रावधान किए गए हैं, उसमें रेप की परिभाषा में बदलाव किया गया है। आईपीसी की धारा-375 के तहत रेप के दायरे में प्राइवेट पार्ट या फिर ओरल सेक्स दोनों को ही रेप माना गया है। साथ ही प्राइवेट पार्ट के पेनिट्रेशन के अलावा किसी चीज के पेनिट्रेशन को भी इस दायरे में रखा गया है।
7. बलात्कार के मामले जिसमें पीड़िता की मौत हो जाए या कोमा में चली जाए, तो फांसी की सजा का प्रावधान किया गया है। रेप में कम से कम 7 साल और ज्यादा से ज्यादा उम्रकैद की सजा का प्रावधान किया गया है। रेप के कारण लड़की कोमा में चली जाए या फिर कोई शख्स दोबारा रेप के लिए दोषी पाया जाता है तो मामले में फांसी की सजा का प्रावधान है।
8. वर्क प्लेस पर भी महिलाओं को कई तरह के अधिकार मिल हैं। यौन शोषण से बचाने के लिए सुप्रीम कोर्ट ने 1997 में गाइडलाइंस तय की थीं। इसके

तहत महिलाओं को प्रोटेक्ट किया गया है। सुप्रीम कोर्ट की यह गाइडलाइंस सरकारी व प्राइवेट दफ्तरों में लागू है। सुप्रीम कोर्ट ने 12 गाइडलाइंस बनाई हैं। एंप्लॉयर या अन्य जिम्मेदार अधिकारी की ड्यूटी है कि वह यौन शोषण को रोके। यौन शोषण के दायरे में छेड़छाड़, गलत नीयत से छूना, यौन शोषण की डिमांड या आग्रह करना, महिला सहकर्मी को पॉर्न दिखाना, अन्य तरह से आपत्तिजनक व्यवहार करना या फिर इशारा करना आता है। इन मामलों के अलावा, कोई ऐसा एक्ट जो आईपीसी के तहत ऑफेंस है, की शिकायत महिला कर्मी द्वारा की जाती है, तो एंप्लॉयर की ड्यूटी है कि वह इस मामले में कार्रवाई करते हुए संबंधित अथॉरिटी को शिकायत करे।

9. संविधान के अनुच्छेद-42 के तहत महिला सरकारी नौकरी में है या फिर किसी प्राइवेट संस्था में काम करती है, उसे मैटरनिटी लीव लेने का हक है। इसके तहत महिला को 12 हफ्ते की मैटरनिटी लीव मिलती है, जिसे वह अपनी जरूरत के हिसाब से ले सकती है। इस दौरान महिला को पूरी सैलरी और भत्ता दिया जाएगा। अगर महिला का अबॉर्शन हो जाता है तो भी उसे लाभ मिलेगा। इसके अलावा वह अपनी नौकरी के दौरान बच्चे के 18 साल के होने तक कभी भी दो साल की छुट्टी ले सकती है। मैटरनिटी लीव के दौरान महिला पर किसी तरह का आरोप लगाकर, उसे नौकरी से नहीं निकाला जा सकता। अगर महिला का एम्प्लॉयर इस बेनिफिट से उसे वंचित करने की कोशिश करता है तो महिला इसकी शिकायत कर सकती है। महिला कोर्ट जा सकती है और दोषी को एक साल तक कैद की सजा हो सकती है।

10. महिला की सहमति के बिना उसका अबॉर्शन नहीं कराया जा सकता। जबरन अबॉर्शन कराने पर सख्त कानून बनाए गए हैं। कानून के मुताबिक, अबॉर्शन तभी कराया जा सकता है, जब गर्भ की वजह से महिला की जिंदगी खतरे में हो। 1971 में इसके लिए एक अलग कानून बनाया गया- मेडिकल टर्मिनेशन ऑफ प्रेग्नेंसी एक्ट। इसके तहत अगर गर्भ के कारण महिला की जान खतरे में हो या फिर मानसिक और शारीरिक रूप से गंभीर परेशानी हो या गर्भ में पल रहा बच्चा विकलांगता का शिकार हो तो अबॉर्शन कराया जा सकता है। इसके अलावा, अगर महिला मानसिक या फिर शारीरिक तौर पर इसके लिए सक्षम न हो भी तो अबॉर्शन कराया जा सकता है। अगर महिला के साथ बलात्कार हुआ हो और वह गर्भवती हो गई हो या फिर महिला के साथ ऐसे रिश्तेदार ने संबंध बनाए जो वर्जित संबंध में हों और महिला गर्भवती हो गई

हो तो महिला का अबॉर्शन कराया जा सकता है। अगर किसी महिला की मर्जी के खिलाफ उसका अबॉर्शन कराया जाता है, तो ऐसे में दोषी पाए जाने पर उम्रकैद तक की सजा हो सकती है।

11. दहेज प्रताड़ना और ससुराल में महिलाओं पर अत्याचार के दूसरे मामलों से निबटने के लिए कानून में सख्त प्रावधान किए गए हैं। महिलाओं को उसके ससुराल में सुरक्षित वातावरण मिले, कानून में इसका पुख्ता प्रबंध है। दहेज प्रताड़ना से बचाने के लिए 1986 में आईपीसी की धारा 498-ए का प्रावधान किया गया है। इसे दहेज निरोधक कानून कहा गया है। अगर किसी महिला को दहेज के लिए मानसिक, शारीरिक या फिर अन्य तरह से प्रताड़ित किया जाता है तो महिला की शिकायत पर इस धारा के तहत केस दर्ज किया जाता है। साथ ही यह गैर जमानती अपराध है। दहेज के लिए ससुराल में प्रताड़ित करने वाले तमाम लोगों को आरोपी बनाया जा सकता है।

12. महिला को शादी के वक्त उपहार के तौर पर कई चीजें दी जाती हैं, जिसे स्त्री धन कहते हैं। इन पर लड़की का पूरा हक होता है। इसके अलावा, वर-वधू को कॉमन यूज की तमाम चीजें दी जाती हैं, ये भी स्त्रीधन के दायरे में आती हैं। स्त्रीधन पर लड़की का पूरा अधिकार होता है। अगर ससुराल ने महिला का स्त्रीधन अपने पास रख लिया है तो महिला इसके खिलाफ आईपीसी की धारा-406(अमानत में खयानत) की भी शिकायत कर सकती है। इसके तहत कोर्ट के आदेश से महिला को अपना स्त्रीधन वापस मिल सकता है।

13. पुलिस हिरासत में भी महिलाओं को कुछ खास अधिकार हैं: महिला की तलाशी केवल महिला पुलिसकर्मी ही ले सकती है। महिला को सूर्यास्त के बाद और सूर्योदय से पहले पुलिस हिरासत में नहीं ले सकती। अगर महिला को कभी लॉकअप में रखने की नौबत आती है, तो उसके लिए अलग से व्यवस्था होगी। बिना वॉरंट गिरफ्तार महिला को तुरंत गिरफ्तारी का कारण बताना जरूरी होगा और उसे जमानत संबंधी अधिकार के बारे में भी बताना जरूरी है। गिरफ्तार महिला के निकट संबंधी को सूचित करना पुलिस की ड्यूटी है। सुप्रीम कोर्ट के जजमेंट में कहा गया है कि जिस जज के सामने महिला को पहली बार पेश किया जा रहा हो, उस जज को चाहिए कि वह महिला से पूछे कि उसे पुलिस हिरासत में कोई बुरा बर्ताव तो नहीं झेलना पड़ा।

14. महिलाओं को फ्री लीगल ऐड दिए जाने का प्रावधान है। अगर कोई महिला किसी केस में आरोपी है तो वह फ्री कानूनी मदद ले सकती है। वह अदालत

से गुहार लगा सकती है कि उसे मुफ्त में सरकारी खर्चे पर वकील चाहिए। महिला की आर्थिक स्थिति कुछ भी हो, लेकिन महिला को यह अधिकार मिला हुआ है कि उसे फ्री में वकील मुहैया कराई जाए। पुलिस महिला की गिरफ्तारी के बाद कानूनी सहायता कमिटी से संपर्क करेगी और महिला की गिरफ्तारी के बारे में उन्हें सूचित करेगी। लीगल ऐड कमिटी महिला को मुफ्त कानूनी सलाह देगी।

महिला अधिकारों का हनन और कानून

सामाजिक तौर पर महिलाओं को त्याग, सहनशीलता व शर्मीलेपन का ताज पहनाया गया है, जिसके भार से दबी महिला कई बार जानकारी होते हुए भी इन कानूनों का उपयोग नहीं कर पातीं तो बहुत केसों में महिलाओं को पता ही नहीं होता कि उनके साथ हो रही घटनाएं हिंसा हैं और इससे बचाव के लिए कोई कानून भी है। आमतौर पर शारीरिक प्रताड़ना यानी मारपीट, जान से मारना आदि को ही हिंसा माना जाता है और इसके लिए रिपोर्ट भी दर्ज कराई जाती है।

आमतौर पर एक सीमा तक महिलाएं इसे बर्दाश्त करती हैं, क्योंकि परंपरा के नाम पर बचपन से वे यह देखती सहती आती हैं, लेकिन घरेलू हिंसा से महिलाओं का संरक्षण अधिनियम 2005 इन स्थितियों में भी महिला की मदद करता है। खास बात यह है कि घरेलू हिंसा अधिनियम में सभी महिलाओं के अधिकार की रक्षा की संभावना है।

इसके तहत विवाहित महिला के साथ-साथ अविवाहित, विधवा, बगैर शादी के साथ रहने वाली महिला, दूसरी पत्नी के तौर पर रहने वाली महिला व 18 वर्ष से कम के लड़की व लड़का सभी को संरक्षण देने का प्रयास किया गया है। इस कानून में घर में रहने का अधिकार, संरक्षण, बच्चों की कस्टडी व भरण-पोषण प्राप्त करने का अधिकार महिलाओं को मिलता है, जो किसी और कानून में संभव नहीं है।

आईपीसी की धारा 125 के तहत विवाहित महिलाओं को भरण-पोषण का अधिकार मिलता है, लेकिन बगैर विवाह के या दूसरी पत्नी के तौर पर रहने वाली महिला कआज वह समय है, जब एक तरफ महिलाएं आसमान छू रही हैं, हर क्षेत्र में पुरुषों से कंधा मिलाकर चल रही हैं तो कहीं बहुत आगे भी निकल गई हैं, परंतु यह भी सच है कि महिलाओं व लड़कियों के साथ होने वाली हिंसा भी सीमा से आगे बढ़ चुकी है।

हर व्यक्ति जन्म से ही कुछ अधिकार लेकर आता है चाहे वह जीने का अधिकार हो या विकास के लिए अवसर प्राप्त करने का, परंतु इस पुरुष प्रधान समाज में महिलाओं के साथ लैंगिक आधार पर किए जा रहे भेदभाव की वजह से महिलाएं इन अधिकारों से वंचित रह जाती हैं। इसी विचार के चलते महिलाओं के अधिकारों को सुनिश्चित करने हेतु हमारे संविधान में अलग से कानून बनाए गए हैं या समय-समय पर इनमें संशोधन किया गया है।

घरेलू हिंसा अधिनियम

घरेलू हिंसा अधिनियम का निर्माण 2005 में किया गया और 26 अक्टूबर 2006 से इसे लागू किया गया। यह अधिनियम महिला बाल विकास द्वारा ही संचालित किया जाता है। शहर में महिला बाल विकास द्वारा जोन के अनुसार आठ संरक्षण अधिकारी नियुक्त किए गए हैं। जो घरेलू हिंसा से पीड़्वित महिलाओं की शिकायत सुनते हैं और पूरी जांच पड़ताल करने के बाद प्रकरण को न्यायालय भेजा जाता है।

कानून ऐसी महिलाओं के लिए है जो कुटुंब के भीतर होने वाली किसी किस्म की हिंसा से पीड़्वित हैं। इसमें अपशब्द कहे जाने, किसी प्रकार की रोक-टोक करने और मारपीट करना आदि प्रताड्ड़ना के प्रकार शामिल हैं। इस अधिनियम के अंतर्गत महिलाओं के हर रूप मां, भाभी, बहन, पत्नी व महिलाओं के हर रूप और किशोरियों से संबंधित प्रकरणों को शामिल किया जाता है। घरेलू हिंसा अधिनियम के अंतर्गत प्रताड़्वित महिला किसी भी वयस्क पुरुष को अभियोजित कर सकती है अर्थात उसके विरुद्ध प्रकरण दर्ज करा सकती है।

होने चाहिए कुछ संशोधन

अधिनियम महिलाओं के हित के लिए बनाया गया है इसमें कोई दो राय नहीं है लेकिन कहीं- कहीं कुछ ऐसी बातें हैं जिनका उपयोग बचाव पक्ष वाले कर लेते हैं और उन्हें रियायत मिल जाती है। जैसे-

1. न्याय के संबंध की बात है तो अधिनियम में प्रयास करने शब्द का उपयोग कर दिया गया है यही वजह है कि दो माह की जगह पेशी पर पेशी बध्ढ़ती जा रही हैं और कुछ किया नहीं जा सकता।
2. महिलाओं के संरक्षण का काननू भी पारित होना चाहिए।
3. इन प्रकरणों के निबटारे के लिए विशेष अदालतों का गठन हो।
4. महिलाएं अपने अधिकारों के प्रति जागरूक हों।

हकीकत रू काहे का घरेलू हिंसा अधिनियम?

एक पीड़्ष्ति महिला इतनी परेशान हो चुकी है कि उनका कहना है कि भले ही घरेलू हिंसा अधिनियम महिलाओं के हित के लिए बनाया गया है लेकिन मुझे इसका कोई लाभ नहीं मिला।

अधिनियम में न्याय की अवधि 6 माह दी गई है जबकि मुझे तो कोर्ट में केस लगाने में ही छः माह लग गए। एक साल से तो कोर्ट के चक्कर लगा रही हूं। न्याय कब मिलेगा या मिलेगा भी या नहीं, इसकी कोई गारंटी नहीं है। जब इतना ही परेशान होना है तो किस काम का घरेलू हिंसा अधिनियम।

घरेलू हिंसा से महिला संरक्षण अधिनियम 2005

महिलाओं को घरेलू हिंसा से संरक्षण दिये जाने और उन्हें0 राहत व आपातकाल में संरक्षण प्रदान करने के उद्देश्यस से भारत सरकार द्वारा घरेलू हिंसा से महिलाओं का संरक्षण अधिनियम, 2005 लागू किया गया। यह अधिनियम व इसके अन्तर्गत घरेलू हिंसा से संरक्षण नियम, 2006 पूरे देश में एक साथ दिनांक 26.10.2006 से प्रभावी किये गये है। इस अधिनियम के अन्तयर्गत पहली बार घरेलू संबंधों और घरेलू हिंसा को स्प "ट् और परिभाषित किया गया है। बहिन, विधवा, माॅ, बेटी, अकेली अविवाहित महिला आदि को भी इस अधिनियम के अन्तार्गत राहत हेतु घरेलू संबंधों में सम्मिलित किया गया है। इसके अतिरिक्तम श्साझा घरश (Shared Household) को भी परिभाषित किया गया है ताकि व्य थित महिला को निवास संबंधी सुविधा दी जा सकें।

घरेलू हिंसा की परिभाषा

इस अधिनियम के प्रयोजनार्थ घरेलू हिंसा शब्दह का व्यांपक अर्थ लिया गया है। इसमें प्रत्यनर्थी का कोई भी ऐसा कार्य, लोप या आचरण घरेलू हिंसा कहलाएगा, यदि वह व्यतथित व्यीक्ति (पीडित) के स्वा स्थ्शब , की सुरक्षा, जीवन, उसके शारीरिक अंगों या उसके कल्यापण को नुकसान पहुंचाता है या क्षतिग्रस्ता करता है या ऐसा करने का प्रयास करता है। इसमें व्यहथित व्यघक्ति (पीड़िता) का शारीरिक दुरूपयोग, शाब्दिक या भावनात्म क दुरूपयोग और आर्थिक दुरूपयोग शामिल है। (धारा 3-क) राज्यी सरकार द्वारा घरेलू हिंसा से महिला संरक्षण अधिनियम, 2005 के अन्त गत सभी उपनिदेशक, महिला एवं बाल विकास विभाग एवं समस्तन बाल विकास परियोजना अधिकारियों एवं समस्ते प्रचेताओं

को कुल 574 अधिकारियों को संरक्षण अधिकारी नियुक्तज किया गया है। इसके अतिरिक्त संरक्षण अधिकारी संविदा के आधार पर स्वीीकृत किये गये हैं। राज्यअ में अभी तक 87 गैर-शासकीय संस्था ओं को सेवाप्रदाता के रूप में पंजीकृत किया गया है तथा 13 संस्थाउओं को आश्रयगृह के रूप में अधिसूचित किया गया है। राज्यद में सरकार के अधीन संचालित सभी जिला अस्पयताओ, सेटेलाइट अस्प तालों, उपजिला अस्पातालों, प्राथमिक स्वाशस्डि केन्द्रों एवं सामुदायिक स्वायस्यं केन्द्रों को चिकित्सा सुविधा के रूप में अधिसूचित किया गया है। मजिस्ट्रेट द्वारा किसी प्रकरण में परामर्शदाता नियुक्तट करने हेतु जिलों में परामर्शदाताओं की सूची उपनिदेशक, महिला एवं बाल विकास विभाग (जिला संरक्षण अधिकारी) द्वारा तैयार की जाती है। व्यदथित महिलाओं को तुरंत राहत पहुंचाने आदि के लिए राज्य सरकार द्वारा प्रावधान किया गया है। प्रत्येघ्क जिले में आवश्य कतानुसार राशि आवंटित की गई है। घरेलू हिंसा से महिला संरक्षण अधिनियम की उपयुक्ते क्रियान्विति एवं प्रबोधन की दृष्टि से जिला महिला सहायता समिति को शीर्ष संस्थाि बनाया गया है।

व्यिथित महिला किससे सम्पिर्क करे

1. संरक्षण अधिकारी से सम्प्र्क कर सकती है। (संबंधित उपनिदेशक, महिला एवं बाल विकास, बाल विकास परियोजना अधिकारी एवं प्रचेता)
2. सेवा प्रदाता संस्थाए से सम्प्र्क कर सकती है।
3. पुलिस स्टेतशन से सम्पेर्क कर सकती है।
4. किसी भी सहयोगी के माध्य म से अथवा स्वतयं सीधे न्यापयालय में प्रार्थना पत्र दे सकती है।

व्यथित महिला को राहत

इस अधिनियम के अन्त र्गत व्य थित महिला को मजिस्र्ंटि उसके संतान या संतानों को अस्थाई अभिरक्षा, घरेलू हिंसा के कारण हुई किसी क्षति के लिए प्रतिकार आदेश एवं आर्थिक सहायता के लिए आदेश दे सकते हैं। साथ ही आवश्यरकता पडने पर श्साझा घरश् में निवास के आदेश भी दिए जा सकते हैं।

अधिनियम की धारा 33 के अन्तार्गत न्याझयालय द्वारा पारित संरक्षण आदेश की अनुपालना नहीं करने पर प्रत्यमर्थी को एक वर्ष तक का दंड एवं बीस हजार रूपये तक का जुर्माना या दोनों का दंड दिया जा सकता है।

सात सूत्रीय महिला सशक्तिकरण कार्यक्रम

वर्तमान में महिलाओं के प्रति नकारात्मरक सोच को देखते हुए यह आवश्ययक है कि समाज में उनके सम्माान और सुरक्षा को स्थातपित किया जाये। यह तभी संभव होगा जबकि उन सभी दुविधाओं, जिनका सामना उन्हें करना पडता है, पर सार्वभौमिक दृष्टि एवं सम्य क रूप से ध्यांन दिया जाए। इसके लिए श्रेणीबद्व एवं वृहत्तनर अभिगमन की दृष्टि से जीवन चक्र आधारित माननीय मुख्यरमंत्री महोदय द्वारा बजट भाषण वर्ष 2009-10 में सात सूत्रीय कार्यक्रम की घोषणा की है।

1. सुरक्षित मातृत्व
2. शिशु मृत्यु दर में कमी लाना
3. जनसंख्या स्थिरीकरण
4. बाल विवाहों की रोकथाम
5. लड़कियों का कम से कम कक्षा 10 तक ठहराव
6. महिलाओं को सुरक्षा तथा सुरक्षित वातावरण प्रदान करना स्वयं सहायता समूह कार्यक्रम के माध्यम से स्वरोजगार के अवसर प्रदान करते हुए आर्थिक सशक्तिकरण शामिल है।
7. मुख्य सचिव की अध्यक्षता में राज्य स्तर पर प्रकोष्ठ बनाकर इस कार्यक्रम की मोनिटरिंग की जायेगी।

सात सूत्री कार्यक्रम के प्रबोधन, समीक्षा एवं समन्ववय हेतु दो राज्यन स्तयरीय समितियों का गठन किया गया है। माननीय मुख्यमंत्री महोदय की अध्यवक्षता में राज्यव स्तजरीय प्रबोधन समिति एवं मुख्यग सचिव महोदय की अध्ययक्षता में राज्यद्द स्तंरीय समन्वसय समिति गठित की गई है। मुख्यमंत्री सात सूत्रीय कार्यक्रम के अन्तयर्गत संबंधित विभागों द्वारा विशेष कार्ययोजना बनाई जा रही है ताकि उन अपेक्षाओं पर ध्यामन केन्द्रित किया जा सके तथा विभिन्ना कार्यक्रमों में समन्वहय स्था पित किया जा सकें।

महिला कानून के दांव-पेंच

तीन साल पहले जब महिला विधेयक संसद् में पारित हुआ था तब महिला सशक्तीकरण की दिशा में यह बड़ी पहल थी, लेकिन आज भी यह कानून अगर गुमनामी की स्थिति में है तो इसका अर्थ है कि अब भी लोग इसके बारे में बहुत कम जानते हैं। यह अलग किस्म का कानून है। यह फौजदारी कानूनों से अलग है।

जैसे अन्य लडाई-झगडों में फौजदारी कानून लागू होता है वैसे पति-पत्नी के बीच विवाद होने पर इसमें फौजदारी मुकदमा नहीं दर्ज होता। इसलिए उनके बीच तल्खी नहीं पनपती तथा मेल-मिलाप की संभावनाएं बनी रहती हैं। यह कानून महिलाओं को घरेलू हिंसा के मामले में पर्याप्त सुरक्षा देता है। इस कानून में ऐसे प्रावधान हैं जिससे यदि किसी घरेलू रिश्तेदार द्वारा महिला के स्वास्थ्य, सुरक्षा या जीवन को नुकसान पहुंचाया जाता है या उसको भावनात्मक क्षति पहुंचाई जाती है तो उसे घरेलू हिंसा माना जाएगा। ऐसे मामलों में परिस्थितियों को ध्यान में रखते हुए पीड़िता के अधिकार में जरूरी आदेश पारित किए जा सकते हैं। पति-पत्नी के बीच संबंधों को सलामत रखने और अन्य संबंधों की मर्यादा को भी दुरुस्त रखने के लिहाज से इस कानून में यह प्रावधान किया गया कि इसमें पुलिस थाने में मुकदमा दर्ज नहीं हो। पीड़िता या उसकी ओर से मजिस्ट्रेट को आवेदन करना होता है।

मजिस्ट्रेट यदि इस निष्कर्ष पर पहुंचता है कि घरेलू हिंसा हुई है या होने की आशंका है तो वह धारा 18 के तहत उसकी सुरक्षा का आदेश, धारा 19 के तहत निवासीय आदेश, धारा 20 के अंतर्गत आर्थिक राहत, धारा 21 के अंतर्गत बच्चों की देखरेख का आदेश या धारा 22 के अंतर्गत मुआवजे का आदेश या इनमें से एक से अधिक आदेश दे सकता है। देश में वैसे लोग जो खुले समाज की वकालत करते आए हैं, जिनके लिए लिव-इन रिलेशन और गे-अधिकार भी उतना ही महत्वपूर्ण है जितना कि कोई अन्य अधिकार, ऐसे में महिलाओ के लिए बना यह पहला कानून है, जिसमें लिव-इन संबंधों को भी मान्यता दी गई। विवाह जैसे संबंधों में रहने वाली महिलाओं को भी इस कानून के तहत सुरक्षा पाने का वही अधिकार है, जो शादीशुदा पत्नी को है। यदि कोई व्यक्ति मजिस्ट्रेट के आदेश का पालन नहीं करता है तो उसके खिलाफ मुकदमा दर्ज हो सकता है, जिसमें एक साल तक की सजा या बीस हजार रुपये तक का जुर्माना या दोनों हो सकते हैं। घरेलू हिंसा महिला संरक्षण कानून में मामलों के समयबद्ध निस्तारण पर बल दिया गया है। संरक्षण के इस कानून में मजिस्ट्रेट से अपेक्षा की गई है कि विवादों को साठ दिनों में निस्तारित कर दें। यह एक अच्छा कदम है और कानून की मदद लेने वाले लोगों को इसका लाभ मिलेगा।

कानूनी जागरूकता द्वारा सशक्तिकरण

महिला उत्पीड़न की समस्या से जूझने हेतु एवं महिलाओं की सुरक्षा के लिए अनेक कानून बनाए गए हैं। इनके अतिरिक्त कई अंतराष्ट्रीय कनवेन्शन भी इससे संबंधित है, जो भारत पर भी लागू है। महिलाओं के लिए इन कानूनों की जानकारी

अत्यावश्यक है, क्योंकि यह कानून न केवल न्याय का रास्ता दिखाते हैं, अपितु महिलाओं को अन्याय एवं उत्पीड़न के खिलाफ लड़ने का साहस भी प्रदान करते हैं।

सीडो (कन्वेंशन ऑन द एलीमिनेशन ऑफ ऑल फार्मूस ऑफ डिस्क्रिमिनेशन अगेन्स्ट वुमेन)

सीडो ने उत्पीड़न की परिभाषा को बढ़ाकर उसमें महिला उत्पीड़न को भी शामिल कर लिया है। सीडो के अनुसार पारम्परिक धारणाएं जो महिलाओं को पुरुषों से गौण मानती हैं या उनकी रूढ़िवादी भूमिका तय करती हैं, उनकी वजह से महिलाओं पर अनेक तरह से अत्याचार हुए हैं जैसे पारिवारिक अत्याचार, जबरन विवाह, दहेज हत्या इत्यादि। महिलाओं पर इस तरह के शारीरिक और मानसिक अत्याचारों का परिणाम है,उन्हें समाज में समान दर्जा मिलने से वंचित करना एवं उन्हें उनके मानवाधिकारों का प्रयोग करने से रोकना सब उत्पीडन के दायरे में आते हैं।

हरियाणा राज्य विधिक सेवा प्राधिकरण

विधिक सेवाएँ प्राधिकरण अधिनियम, 1987, की धारा 12 तथा नियम 1996 के नियम 19 के अन्तर्गत मुफ्त कानूनी सहायता निम्न को मिल सकती हैः-

(क) कोई भी भारतीय नागरिक जिसको सभी साधनों से वार्षिक आय पचीस हजार रूपये से अधिक नहीं है। (उप-मंडल स्तर, जिला स्तर, उच्च न्यायालय),

(ख) कोई भी भारतीय नागरिक जिसकी सभी साधनों से वार्षिक आय, पचास हजार रूपये से अधिक नहीं है (उच्चतम न्यायालय स्तर पर)

(ग) अनुसूचित जाति, अनुसूचित जनजाति या पिछड़े वर्गो के सदस्यों को,

(घ) देह व्यापार में पीड़ित अथवा बेगार (बन्धुआ मजदूरों) को,

(ड़) महिलाओं को,

(च) नाबालिग बच्चों जैसे बच्चे अट्ठारह वर्ष तक की आयु के ऐसे बच्चों को जो संरक्षण और प्रतिपालन अधिनियम 1890 के अन्तर्गत प्ररिपालक की देख रेख में हों,

(छ) मानसिक रोगियों या विकलांग व्यक्तियों को जैसे कि अंधे, बहुत कम दिखाई देने वाले, बहरे, कमजोर दिमाग वाले, लूले लंगड़े व कुष्ठ रोग से पीड़ित रहे व्यक्तियों को,

(ज) सामूहिक संकट, मानव जातीय हिंसा, जातीय अत्याचार, बाढ़ सूखा, भूचाल अथवा औद्योगिक विपात्ति से पीड़ित होने के कारण अनर्जित अभाव की परिस्थितियों के अधीन व्यक्तियों को,

(झ) श्रमिकों को,

() ऐसे व्यक्तियों को जो देह व्यापार (निवारण) अधिनियम, 1956 की धारा (2) के खंड (छ) के अंतर्गत अभिरक्षण में रखे गये हो तथा किशोर न्याय अधिनियम 1986 की धारा (2) के खंड (ज) के अंतर्गत किशोर गृह में अभिरक्षित व्यक्तियों को,

(ट) मानसिक अस्पताल या नर्सिंग होम में दाखिल व्यक्तियों को,

(ठ) ऐसा कोई केस जिसके निर्णय से गरीब तथा कमजोर वर्गों से सम्बन्धित अधिकांश बहुसंख्यक व्यक्तियों के मामले प्रभावित होने की संभावना हो,

(ड) उन विशेष मामलों में ऐसे किसी व्यक्ति को जिसके लिए अभिलिखित कारणों के लिए विधिक सेवा का पात्र समझा जाए चाहे वहां साधन परीक्षण संतुष्ट्टि न भी हो

(ढ) उच्चतम न्यायालय या उच्च न्यायालय के आदेशनुसार अहम केसों में

(न) यथार्थ लोकहित की दशा में किसी व्यक्ति को।

मुफ्त कानूनी सेवा निम्न तरीके से दी जा सकती हैः-

1. कोर्ट फीस, तलवाना, गवाहों का खर्चा, पेपर बुक तैयार करवाने का खर्चा, वकील की फीस तथा अन्य खर्च जो कानूनी कार्यवाही करने मे लगते हो, ऐसे सब खर्चो की आदायगी से।
2. कानूनी कार्यवाही करने में वकील द्वारा पैरवी की फीस अदा करके।
3. कानूनी कार्यवाही के फैसलों, आदेशों टिप्पणी या ब्यानों की प्रमाणित प्रतियाँ प्राप्त करने के लिए लगे खर्चे की भरपाई करके।
4. अपील की पेपर बुक तैयार करने के लिए ताकि इसमें विधक कार्यवाहियों के लिए संबंधित खर्चे जैसा कि टाइपिंग, अनुवाद, प्रिंटिंग वगैरा पर किये गए खर्चे की भरपाई से।
5. विविध दस्तावेजों, का प्रारूपणध्ड्राफ्टिंग प्राप्त करने के लिए किये गए खर्चे की आदायगी से।

जिला जनसंपर्क एंव कष्ट निवारण समिति

इस समिति द्वारा महिलाओं सहित सभी वर्गों के सभी प्रकार के मसलों का मौके पर ही निवारण करने का प्रयास किया जाता है। इस समिति का अध्यक्ष माननीय मुख्यमंत्री, मंत्री, मुख्य संसदीय सचिव, संसदीय सचिव, विधायक आदि में से कोई भी हो सकता है तथा समिति के उपाध्यक्ष जिला के उपायुक्त होते हैं।

इसके सदस्य वरिष्ठ अधीक्षक, वरिष्ठ अधिकारी, गैर सरकारी संगठनों के सदस्य, बुद्धिजीवी व समाजसेवी होते हैं। इस समिति की मीटिंग के दौरान सभी विभागों के आला अधिकारी उपस्थित होते हैं ताकि शिकायत का मौके पर ही निवारण किया जा सके।

जिला यौन उत्पीड़न समिति

उच्चतम न्यायालय के फैसले (विशाखा बनाम राजस्थान) के आदेशानुसार प्रदेश सरकार ने हर जिले में एक समिति बनाई है। कार्यस्थल पर महिलाओं के साथ यौन उत्पीड़न, स्कूल, कॉलेज, अस्पताल, निजी व सरकारी दफ्तर, न्यायालय परिसर, बस स्टैंड इत्यादि सार्वजनिक स्थानों पर छेड़छाड़ व यौन उत्पीड़न करने वालों पर लगाम कसने हेतु इस समिति का गठन किया गया है। इस समिति के सदस्यों में प्रत्येक जिले के उपायुक्त, सब डिविजन मजिस्ट्रेट, पुलिस कप्तान, हर विभाग के आयुक्त, रजिस्ट्रार पंजाब एवं हरियाणा उच्च न्यायालय चंडीगढ़, गैर सरकारी संस्था के सदस्य शामिल होते हैं।

जिला दहेज उन्मूलन सलाह कार्यसमिति

सरकार ने दहेज की बढ़ती समस्या को देखते हुए हर जिले में दहेज उन्मूलन समिति का गठन किया है। इस समिति की अध्यक्ष कार्यक्रम अधिकारीध्लेडिज सर्कल सुपरवाइजर होती हैं, तथा इसके सदस्यों में बाल विकास परियोजना अधिकारी, मुख्य सेविका तहसील कल्याण अधिकारी, दो महिला समाज सेविकाएँ शामिल होती हैं।

महिला उत्पीड़न के खिलाफ समिति का गठन

केंद्र सरकार के आदेश पर महिलाओं के साथ हो रहे अत्याचार के तुरंत निवारण हेतु जिला स्तरीय समिति बनाई गई। इस समिति के अध्यक्ष जिला उपायुक्त होते हैं तथा आरक्षी अधीक्षक, मुख्य न्यायिक मजिस्ट्रेट, जिला न्यायवादी, कार्यक्र्म अधिकारी जिला बाल विकास योजना, लेडिज सर्कल सुपरवाइजर, दो महिला समाजसेविकाएं, जिला के दो वरिष्ठ वकील (जिसमें एक महिला वकील अनिवार्य है) तथा कोई अन्य सदस्य हो सकते हैं।

इस समिति का कार्य निम्न प्रकार हैः-

1. महिलाओं के अधिकारों को लेकर उचित कदम उठाना।

2. महिलाओं पर अत्याचारों की शिकायत को दर्ज कर, जाँच कर फैसला सुनाना।
3. महिलाओं पर हुए अत्याचार की जाँच करते समय जिला पुलिस/जिला मजिस्ट्रेट/जिला न्यायालय के साथ समन्वय बनाए रखना।
4. महिलाओं के खिलाफ फौजदारी मुकद्मा दायर होने पर उन्हें मुफ्त कानूनी सहायता प्रदान करना।
5. स्वैच्छिक संस्थाओं द्वारा माँग किए जाने पर कानूनी मदद व सलाह देना।
6. महिला उत्पीड़न के केसों की सुनवाई के दौरान उसकी मदद करना व जाँच करना।
7. परिवार परामर्श केंद्र, कौटोम्बिक न्यायालयध्कानूनी सहायता केंद्र के साथ मिलकर काम करना।
8. गैर सरकारी संस्था, वकील शिक्षण संस्थान व मीडिया के साथ मिलकर महिलाओं के साथ कानूनी साक्षरता व उनके अधिकारों के बारे प्रचार व प्रसार करना।

प्रसवार्थ निदान तकनीक (दुरूपयोग का बिनियमधनिवारण) समिति

इस समिति का मुख्य कार्य लिंगानुपात पर कंट्रोल करना होता है। यह समिति किसी भी नर्सिंग होम में भ्रूण हत्या, अल्ट्रासाउंड द्वारा लिंग जांच व अन्य तरीके से कन्या भ्रूण हत्या के विषय में जानकारी मिलते ही कार्रवाई करती है। इस समिति के अध्यक्ष सिविल सर्जन होते हैं तथा सदस्यों में वरिष्ठ चिकित्सा अधिकारी, जिला मलेरिया अधिकारी, बाल विशेषज्ञ चिकित्सा अधिकारी, महिला चिकित्सा अधिकारी, जिला लोक संपर्क अधिकारी, जिला परिवार कल्याण अधिकारी, जिला मजिस्ट्रेट, कार्यक्रम अधिकारी, बाल विकास परियोजना अधिकारी, इंडियन मैडिकल एसोसिएशन के अध्यक्ष, प्रधानाध्यापिका, समाजसेविकाएँ, सचिव जिला रेड क्रास सोसाइटी व गैर सरकारी संस्था के सदस्य शामिल होते हैं।

3

महिला आरक्षण

प्राचीन काल में भारत में न्याय की जड़े काफी गहरी थीं तथा शासन व्यवस्था का आधार न्याय का प्रावधान होता था। सत्य, अहिंसा, प्रेम, शांति एवं सेवा आदि मानव मूल्य, न्याय के आधार स्तम्भ थे और न्याय की सम्पूर्ण प्रक्रिया इन्हीं मानव-मूल्यों के इर्द-गिर्द घूमती थी। अतः यदि हम कहें कि न्याय ही कानून होता था तो अतिशयोक्ति न होगी। परन्तु कालान्तर में न्याय की पारदर्शिता में अन्तर न आए अतः न्याय को कानून द्वारा सम्बल प्रदान किया गया। लेकिन मध्ययुग से आधुनिक युग तक इसमें काफी समन्वय आ चुका है।

स्वतंत्रता आंदोलन के क्रांतिकारियों का उद्देश्य केवल आजादी नहीं वरन् भारत में पुनः सामाजिक न्याय की स्थापना करना भी शामिल किया गया था। महात्मा गांधी जी के लिए राष्ट्रीय स्वतन्त्रता सामाजिक एवं आर्थिक न्याय की प्राप्ति का एक साधन मात्र थी। इसी लक्ष्य को ध्यान में रखते हुए संविधान में सामाजिक, आर्थिक एवं राजनीतिक न्याय की स्थापना की गई थी।

भारत में न्याय को बहुत व्यापक संदर्भों में ग्रहण किया गया है एवं इसे संविधान की प्रस्तावना में स्थान देकर हमने इसके महत्त्व पर अपनी स्वीकृति प्रदान कर दी गई थी।

व्यक्ति की नैतिकता को ध्यान में रखते हुए संविधान के चतुर्थ अध्याय में नीति निर्देशक तत्वों का उल्लेख भी सामाजिक आर्थिक न्याय की स्थापना की दिशा में एक प्रमुख कदम माना गया है। संविधान के 38वें अनुच्छेद में कहा गया है–"राज्य एक ऐसी सामाजिक व्यवस्था जिसमें सामाजिक, आर्थिक और राजनीतिक न्याय राष्ट्रीय जीवन की सभी संस्थाओं को अनुप्राणित करे, की भरसक प्रभावी रूप में स्थापना और संरक्षण करके लोक कल्याण की अभिवृद्धि का प्रयास करेगा। राज्य विशिष्ट रूप से आय की असमानताओं को कम करने का हर संभव प्रयास करेगा

और न केवल व्यक्तियों के बीच बल्कि विभिन्न क्षेत्रों में रहने वाले और विभिन्न व्यवसायों में लगे हुए लोगों का समूह के बीच भी प्रतिष्ठा, सुविधाओं और अवसरों की असमानताओं को कम करने की कोशिश भी करेगा। संविधान के अनुच्छेद 39,41, 42 एवं 43 तथा 42वें और 44वें संशोधन द्वारा इसमें जोड़े गये निर्देशक तत्व भी प्रत्यक्ष रूप से सामाजिक आर्थिक न्याय की स्थापना के लिए प्रतिबद्ध है। सामाजिक-आर्थिक न्याय की स्थापना के लिए सरकार ने निम्नवत प्रयास किया है उन पर नीचे की पंक्तियों में प्रकाश डाला जा रहा है–

1. बच्चों की शोषण से रक्षा करने के लिए अनेक कानून पारित किये गये हैं। बीमारी और दुर्घटना के सम्बन्ध में मजदूर वर्ग में बीमा योजना लागू की गयी है।
2. अस्पृश्यता को जड़ से समाप्त करने के लिए शोषण के विरूद्ध अधिकार बनाएं एवं अनुसूचित जातियां, जनजातियों के बच्चों को छात्रवृतियां तथा अन्य सुविधाएं देकर उन्हें शिक्षित करने का प्रयास किया गया है।
3. पंचवर्षीय योजनाएं लागू करके कृषि और उद्योगों की उन्नति, शिक्षा और स्वास्थ्य की सुविधाओं का प्रसार, नौकरी एवं कार्य के अवसरों में वृद्धि एवं राष्ट्रीय आय और लोगों के रहन-सहन के स्तर को ऊँचा उठाने के लिए प्रयत्न किये जा रहे हैं।
4. स्वतन्त्रता प्राप्ति के तुरन्त बाद जमींदारों और जागीरदारी प्रथा को समाप्त कर दिया गया ताकि काश्तकारों का भूमि पर स्वामित्व स्थापित हो सके और उपज में बढ़ोत्तरी के लिए वे अधिक प्रयत्नशील है।

परन्तु मूलाधिकार की व्यवस्था के बाद भी भारत में सामाजिक न्याय के लक्ष्य को अभी तक प्राप्त नहीं किया जा सका है। देश के एक बड़े भाग को भरपेट भोजन की व्यवस्था नहीं हो सकी है निःसंदेह अब तक जो भी वर्ग सत्तारूढ़ रहा उसने इस दिशा में कोई ठोस कार्य नहीं किया गया तथा नारेबाजी का ही सहारा अधिक लिया। वस्तुतः भारत में सामाजिक आर्थिक न्याय की स्थापना की दिशा में जो भी प्रयास किए गये वे पर्याप्त नहीं हैं। जब तक इस दिशा में महत्त्वपूर्ण एवं ठोस कदम नहीं उठाये जाते हैं तब तक सामाजिक न्याय की स्थापना एक स्वप्न मात्र ही रह जायेगा। सामाजिक न्याय और महिलाओं के यौन उत्पीड़न के मामले में धीरे-धीरे प्राण एवं दैहिक स्वतंत्रता की परिधि में आ गये। सी.ई.एस.सी. लिमिटेड बनाम सुभाष चन्द्र बोस के मामले में उच्चतम न्यायालय ने सामाजिक न्याय के अधिकार को मूल अधिकार माना है। शिष्या का यौन उत्पीड़न किये जाने पर शिष्या की शिक्षक द्वारा

विचारण तक 1000-रु. प्रतिमाह दिये जाने का आदेश दिया गया। अभी हाल में कामकाजी दिशा-निर्देश जारी किये गये हैं।

निर्धन व्यक्ति को निःशुल्क विधि सहायता उपलब्ध कराना तथा आर्थिक न्याय दिलाना भी जीने के अधिकार का एक अंग माना गया है। सामाजिक समानता की स्थापना के लिए आर्थिक समानता आवश्यक होती है। राज्य में रहने वाले लोगों में आर्थिक दृष्टिकोण से समानता की स्थापना को ही आर्थिक न्याय की संज्ञा दी जाती है। इस व्यवस्था के अन्तर्गत सम्पत्ति का समान और न्यायोचित वितरण समाज में रहने वाले सभी व्यक्तियों के मध्य किया जाता है। यह न्याय आर्थिक समानता पर आधारित है और सभी को समान कार्य करने के लिए समान वेतन की व्यवस्था करता है। सभी समाजवादी सिद्धांतों द्वारा इसका समर्थन किया जाता है। साम्यवाद इसी सामाजिक व्यवस्था का परिणाम है।

आर्थिक न्याय का अर्थ, आर्थिक विषमताओं का अन्त तथा शोषण मुक्त समाज की स्थापना। एक प्रकार से आर्थिक न्याय, आर्थिक समानता का दर्शन है जो सामाजिक सुरक्षा की व्यापक व्यवस्था करता है। आर्थिक न्याय निर्धनता, बेकारी, भुखमरी तथा आर्थिक विषमताओं का उपचार करता है और एक ऐसे वर्गविहीन समाज की स्थापना करता है जिसमें आर्थिक समानता की स्थापना हो सके। इसके लिए आरक्षण का प्रावधान किया गया।

सरकारी सेवाओं और संस्थानों में पर्याप्त प्रतिनिधित्व नहीं रखने वाले पिछड़े समुदायों तथा अनुसूचित जातियों और जनजातियों से सामाजिक और शैक्षिक पिछड़ेपन को दूर करने के लिए भारत सरकार ने अब भारतीय कानून के जरिये सरकारी तथा सार्वजनिक क्षेत्रों की इकाइयों और धार्मिक भाषाई अल्पसंख्यक शैक्षिक संस्थानों को छोड़कर सभी सार्वजनिक तथा निजी शैक्षिक संस्थानों में पदों तथा सीटों के प्रतिशत को आरक्षित करने की कोटा प्रणाली प्रदान की है। भारत के संसद में अनुसूचित जाति और अनुसूचित जनजाति के प्रतिनिधित्व के लिए भी आरक्षण नीति को विस्तारित किया गया है। भारत की केन्द्र सरकार ने उच्च शिक्षा में 27% आरक्षण दे रखा है और विभिन्न राज्य आरक्षणों में वृद्धि के लिए कानून बना सकते हैं। सर्वोच्च न्यायालय के फैसले के अनुसार 50% से अधिक आरक्षण नहीं किया जा सकता, लेकिन राजस्थान जैसे कुछ राज्यों ने 68% आरक्षण का प्रस्ताव रखा है, जिसमें अगड़ी जातियों के लिए 14% आरक्षण भी शामिल है।

आम आबादी में उनकी संख्या के अनुपात के आधार पर उनके बहुत ही कम प्रतिनिधित्व को देखते हुए शैक्षणिक परिसरों और कार्यस्थलों में सामाजिक विविधता

को बढ़ाने के लिए कुछ अभिज्ञेय समूहों के लिए प्रवेश मानदंड को नीचे किया गया है। कम-प्रतिनिधित्व समूहों की पहचान के लिए सबसे पुराना मानदंड जाति है। भारत सरकार द्वारा प्रायोजित राष्ट्रीय परिवार स्वास्थ्य और राष्ट्रीय नमूना सर्वेक्षण के अनुसार, हालांकि कम-प्रतिनिधित्व के अन्य अभिज्ञेय मानदंड भी हैं–जैसे कि लिंग (महिलाओं का प्रतिनिधित्व कम है), अधिवास के राज्य (उत्तर पूर्व राज्य, जैसे कि बिहार और उत्तर प्रदेश का प्रतिनिधित्व कम है), ग्रामीण जनता आदि।

मूलभूत सिद्धांत यह है कि अभिज्ञेय समूहों का कम-प्रतिनिधित्व भारतीय जाति व्यवस्था की विरासत है। भारत की स्वतंत्रता प्राप्ति के बाद भारत के संविधान ने पहले के कुछ समूहों को अनुसूचित जाति (अजा) और अनुसूचित जनजाति (अजजा) के रूप में सूचीबद्ध किया। संविधान निर्माताओं का मानना था कि जाति व्यवस्था के कारण अनुसूचित जाति और अनुसूचित जनजाति ऐतिहासिक रूप से दलित रहे और उन्हें भारतीय समाज में सम्मान तथा समान अवसर नहीं दिया गया और इसीलिए राष्ट्र-निर्माण की गतिविधियों में उनकी हिस्सेदारी कम रही। संविधान ने सरकारी सहायता प्राप्त शिक्षण संस्थाओं की खाली सीटों तथा सरकारी, सार्वजनिक क्षेत्रा की नौकरियों में अजा और अजजा के लिए 15% और 7.5% का आरक्षण रखा था, जो पांच वर्षों के लिए था, उसके बाद हालात की समीक्षा किया जाना तय था। यह अवधि नियमित रूप से अनुवर्ती सरकारों द्वारा बढ़ा दी जाती रही।

बाद में, अन्य वर्गों के लिए भी आरक्षण शुरू किया गया। 50% से अधिक का आरक्षण नहीं हो सकता, सर्वोच्च न्यायालय के इस फैसले से (जिसका मानना है कि इससे समान अभिगम की संविधान की गारंटी का उल्लंघन होगा) आरक्षण की अधिकतम सीमा तय हो गयी। हालांकि, राज्य कानूनों ने इस 50% की सीमा को पार कर लिया है और सर्वोच्च न्यायलय में इन पर मुकदमे चल रहे हैं। उदाहरण के लिए जाति-आधारित आरक्षण भाग 69% है और तमिलनाडु की करीब 87% जनसंख्या पर यह लागू होता है।

आरक्षण के प्रकार

शैक्षिक संस्थानों और नौकरियों में सीटें विभिन्न मापदंड के आधार पर आरक्षित होती हैं। विशिष्ट समूह के सदस्यों के लिए सभी संभावित पदों को एक अनुपात में रखते हुए कोटा पद्धति को स्थापित किया जाता है। जो निर्दिष्ट समुदाय के तहत नहीं आते हैं, वे केवल शेष पदों के लिए प्रतिस्पर्धा कर सकते हैं, जबकि निर्दिष्ट समुदाय के सदस्य सभी संबंधित पदों (आरक्षित और सार्वजनिक) के लिए प्रतिस्पर्धा

कर सकते हैं। उदाहरण के लिए, रेलवे में जब 10 में से जब 2 कार्मिक पद सेवानिवृत सैनिकों, जो सेना में रह चुके हैं, के लिए आरक्षित होता है तब वे सामान्य श्रेणी के साथ ही साथ विशिष्ट कोटा दोनों ही श्रेणी में प्रतिस्पर्धा कर सकते हैं।

जातिगत आधार

केंद्र सरकार और राज्य सरकार द्वारा विभिन्न अनुपात में अनुसूचित जातियों, अनुसूचित जनजातियों और अन्य पिछड़ी जातियों (मुख्यतरू जन्मजात जाति के आधार पर) के लिए सीटें आरक्षित की जाती हैं। यह जाति जन्म के आधार पर निर्धारित होती है और कभी भी बदली नहीं जा सकती. जबकि कोई व्यक्ति अपना धर्म परिवर्तन कर सकता है और उसकी आर्थिक स्थिति में उतार -चढ़ाव हो सकता है, लेकिन जाति स्थायी होती है।

केंद्र सरकार द्वारा वित्त पोषित उच्च शिक्षा संस्थानों में उपलब्ध सीटों में से 22. 5ः अनुसूचित जाति (दलित) और अनुसूचित जनजाति (आदिवासी) के छात्रों के लिए आरक्षित हैं (अनुसूचित जातियों के लिए 15ः, अनुसूचित जनजातियों के लिए 7.5ः). ओबीसी के लिए अतिरिक्त 27ः आरक्षण को शामिल करके आरक्षण का यह प्रतिशत 49.5ः तक बढ़ा दिया गया है 10. अखिल भारतीय आयुर्विज्ञान संस्थान (।प्प्डै) में सीटें 14ः अनुसूचित जातियों और 8ः अनुसूचित जनजातियों के लिए आरक्षित हैं। इसके अलावा, अनुसूचित जातिध्अनुसूचित जनजाति के विद्यार्थियों के लिए केवल 50ः अंक ग्रहणीय हैं। यहां तक कि संसद और सभी चुनावों में यह अनुपात लागू होता है, जहां कुछ समुदायों के लोगों के लिए चुनाव क्षेत्र निश्चित किये गये हैं। तमिलनाडु जैसे कुछ राज्यों में आरक्षण का प्रतिशत अनुसूचित जातियों के लिए 18ः और अनुसूचित जनजातियों के लिए 1ः है, जो स्थानीय जनसांख्यिकी पर आधारित है। आंध्र प्रदेश में, शैक्षिक संस्थानों और सरकारी नौकरियों में पिछड़े वर्गों के लिए 25ः, अनुसूचित जातियों के लिए 15ः, अनुसूचित जनजातियों के लिए 6ः और मुसलमानों के लिए 4ः का आरक्षण रखा गया है।

प्रबंधन कोटा

जाति-समर्थक आरक्षण के पैरोकारों के अनुसार प्रबंधन कोटा सबसे विवादास्पद कोटा है। प्रमुख शिक्षाविदों द्वारा भी इसकी गंभीर आलोचना की गयी है क्योंकि जाति, नस्ल और धर्म पर ध्यान दिए बिना आर्थिक स्थिति के आधार पर यह कोटा है, जिससे जिसके पास भी पैसे हों वह अपने लिए सीट खरीद सकता है। इसमें निजी

महाविद्यालय प्रबंधन की अपनी कसौटी के आधार पर तय किये गये विद्यार्थियों के लिए 15: सीट आरक्षित कर सकते हैं। कसौटी में महाविद्यालयों की अपनी प्रवेश परीक्षा या कानूनी तौर पर 10्2 के न्यूनतम प्रतिशत शामिल हैं।

लिंग आधारित

महिला आरक्षण महिलाओं को ग्राम पंचायत (जिसका अर्थ है गांव की विधानसभा, जो कि स्थानीय ग्राम सरकार का एक रूप है) और नगर निगम चुनावों में 33: आरक्षण प्राप्त है। संसद और विधानसभाओं तक इस आरक्षण का विस्तार करने की एक दीर्घावधि योजना है। इसके अतिरिक्त, भारत में महिलाओं को शिक्षा और नौकरियों में आरक्षण या अधिमान्य व्यवहार मिलता है। कुछ पुरुषों का मानना है कि भारत में विद्यालयों, महाविद्यालयों और विश्वविद्यालयों में प्रवेश में महिलाओं के साथ यह अधिमान्य व्यवहार उनके खिलाफ भेदभाव है। उदाहरण के लिए, भारत में अनेक कानून के विद्यालयों में महिलाओं के लिए 30: आरक्षण है। भारत में प्रगतिशील राजनीतिक मत महिलाओं के लिए अधिमान्य व्यवहार प्रदान करने का जोरदार समर्थन करता है ताकि सभी नागरिकों के लिए समान अवसर का निर्माण हो सके।

महिला आरक्षण विधेयक 9 मार्च 2010 को 186 सदस्यों के बहुमत से राज्य सभा में पारित हुआ, इसके खिलाफ सिर्फ एक वोट पड़ा। अब यह लोक सभा में जायेगा और अगर यह वहां पारित हो गया तो इसे लागू किया जाएगा।

धर्म आधारित

तमिलनाडु सरकार ने मुसलमानों और ईसाइयों प्रत्येक के लिए 3.5: सीटें आवंटित की हैं, जिससे ओबीसी आरक्षण 30: से 23: कर दिया गया, क्योंकि मुसलमानों या ईसाइयों से संबंधित अन्य पिछड़े वर्ग को इससे हटा दिया गया। सरकार की दलील है कि यह उप-कोटा धार्मिक समुदायों के पिछड़ेपन पर आधारित है न कि खुद धर्मों के आधार पर आंध्र प्रदेश प्रशासन ने मुसलमानों को 4: आरक्षण देने के लिए एक कानून बनाया। इसे अदालत में चुनौती दी गयी। केरल लोक सेवा आयोग ने मुसलमानों को 12: आरक्षण दे रखा है। धार्मिक अल्पसंख्यक का दर्जा प्राप्त शैक्षणिक संस्थानों के पास भी अपने विशेष धर्मों के लिए 50: आरक्षण है। केंद्र सरकार ने अनेक मुसलमान समुदायों को पिछड़े मुसलमानों में सूचीबद्ध कर रखा है, इससे वे आरक्षण के हकदार होते हैं।

अधिवासियों के राज्य

कुछ अपवादों को छोड़कर, राज्य सरकार के अधीन सभी नौकरियां उस सरकार के तहत रहने वाले अधिवासियों के लिए आरक्षित होती हैं। पीईसी (च्म्ब) चंडीगढ़ में, पहले 80ः सीट चंडीगढ़ के अधिवासियों के लिए आरक्षित थीं और अब यह 50ः है।

पूर्वस्नातक महाविद्यालय

जेआईपीएमईआर (श्रप्च्डम्त्) जैसे संस्थानों में स्नातकोत्तर सीट के लिए आरक्षण की नीति उनके लिए है, जिन्होंने जेआईपीएमईआर (श्रप्च्डम्त्) से एमबीबीएस (डठठै) पूरा किया है। एआईआईएमएस, (एम्स) में इसके 120 स्नातकोत्तर सीटों में से 33ः सीट 40 पूर्वस्नातक छात्रों के लिए आरक्षित हुआ करती हैं (इसका अर्थ है जिन्होंने एम्स से एमबीबीएस पूरा किया उन प्रत्येक छात्रों को स्नातकोत्तर में सीट मिलना तय है, इसे अदालत द्वारा अवैध करार दिया गया.)

महिला आरक्षण विधेयक - सशक्तिकरण या छलावा??

यदि कुछ संवैधानिक पदों को महिलाओं के लिए आरक्षित कर देने से वो सशक्त हो जातीं तो पाकिस्तान सबसे सफल राष्ट्र होता। वहाँ की संसद में महिलाओं के लिए २२.५ः सीटें आरक्षित हैं और ३द्रः से अधिक महिला सांसद हैं। पर अफसोस वहाँ की सूरत-ऐ-हाल से हम सब वाकिफ हैं।

महिलाओं के परिवेश में कोई सराहनीय परिवर्तन उनकी शिक्षा और सुरक्षा में बुनियादी बदलाव लाने से होगा ना की उन्हें संसद में बिठा देने मात्र से। फिर भी सब के सब जुटें हुएं हैं आरक्षण की राजनीति खेलने में। सभी राष्ट्रीय पार्टियाँ और क्षेत्रीय दल लगे हुएं हैं अपने स्वार्थ साधने में।

अगर संवैधानिक स्तर पर भी बात की जाए तो हम सब जानते हैं कि कोई भी कानून संविधान की भावना के खिलाफ नहीं बन सकता। इस विधेयक के आधार पर किसी भी संसदीय क्षेत्र की आधी आबादी (पुरुष) उस क्षेत्र का नेतृत्व नहीं कर सकता। मतलब लिंग के आधार पर समानता के अधिकार का उल्लंघन।

यहाँ जिक्र होना चाहिए मेरे जैसे लाखों युवाओं के स्वार्थ का जो राजनीति को एक कैरियर के तौर पर भी देखते हैं। यानी की इस विधेयक का विरोध या समर्थन हर कोई अपने अपने मतलब के लिए ही कर रहे हैं। लेकिन अपने स्वार्थ के लिए जो दलील मैं दे रहा हूँ वो सबसे तर्कसंगत है।

आज भी ढेरों महिला सांसद हैं जो संसद की गरिमा को बढ़ा रही हैं लेकिन आरक्षण के बाद ना जाने हमारी कितनी राजनैतिक भाभी-भौजाई और चाची-मौसियों का संसद की ओर मार्ग प्रसश्त हो जाएगा। अतः संसद की निरंतर घटती गुणवत्ता में और तेजी से कमी आएगी।

विधेयक को पेश करने के पीछे मुख्य उद्देश्य बताया गया राजनीति में महिलाओं की भागीदारी बढ़ाना। बेहतर ढंग से इस उद्देश्य की पूर्ति महिलाओं के लिए पार्टियों के अन्दर ३३ः टिकट आरक्षित करने से होती। लेकिन इस कदम से शायद पार्टियाँ कमजोर हो जाती, तो हमारे राजनीतिज्ञों ने फैसला लिया है कि संसद भले कमजोर हो जाए पार्टियाँ कमजोर नहीं होनी चाहिए।

आरक्षण का औचित्य

महिला आरक्षण के पक्ष में विभिन्न प्रकार के तर्क दिये गये हैं जिनका विवरण निम्न प्रकार है–

1. स्वस्थ राजनीतिक वातावरण का निर्माण–यह माना जाता है कि राजनीति में महिलाओं का प्रवेश उसे अधिक मर्यादित बनाएगा। आज जब राजनीति में हिंसा, अपराध तथा अमर्यादित व्यवहार की घटनाएं निरंतर बढ़ती जा रही हैं तब हम यह अपेक्षा तो कर ही सकते हैं कि कम से कम महिलाओं की उपस्थिति की सार्वजनिक व्यवहार को अधिक मर्यादित तथा सभ्य बनाने में सफल होगी।

2. विरोध का आधार तर्कसंगत हो–महिला आरक्षण के कुछ विरोधी मानते हैं कि कुछ महिलाएं अन्य महिलाओं के मुकाबले अधिक पिछड़ी हुई हैं, अतः उनके लिए और अधिक विशिष्ट व्यवस्था की जानी चाहिए, इस रूप में आरक्षण के अंदर आरंक्षण की बात उठायी जाती है। विभिन्न राजनीतिक मतों के कारण लोकसभा में महिला आरक्षण कानून पास नहीं हो पाया है। अतः यह बहुत जरूरी है कि महिला आरक्षण कानून के व्यावहारिक स्वरूप पर सार्वजनिक रूप से एकमत हो।

3. विरोध मात्र पूर्वाग्रहों के कारण–अगर एक तिहाई स्थान महिलाओं के लिए आरक्षित कर दिये गये तो उसी अनुपात में पुरुषों के लिए सत्ता में भागीदारी के अवसर कम हो जायेंगे, किसी भी स्थिति में उचित नहीं कहा जा सकता। यदि समाज को एक इकाई के रूप में विकास तथा उन्नति के पथ पर आगे बढ़ना है तो

इन भावनाओं को कम कर महिलाओं को समाज के एक अभिन्न अंग के रूप में देखना होगा क्योंकि यदि किसी भी समाज व राज्य में आधा भाग पिछड़ा है तो वह प्रगति नहीं कर सकता। पिछड़ेपन को दूर करना जरूरी है।

4. महिला आरक्षण को राजनीतिक तथा जनमत का समर्थन—शैक्षणिक तथा सामाजिक रूप से पिछड़े हुए वर्ग के रूप में संविधान के प्रावधानों तथा भावना के अनुसार महिलाएं आरक्षण की हकदार हैं तथा इसके माध्यम से ही राजनीति में प्रवेश कर अपनी योग्यता सही रूप में सिद्ध कर सकती हैं।

5. आरक्षण की आवश्यकता—महिला आरक्षण के विरोधी महिलाओं को योग्यता व क्षमता के बल पर आगे बढ़ने की बात करते हैं। किन्तु ऐसा करते वक्त आरक्षण विरोधी भूल जाते हैं कि संविधान तथा कानून में प्रावधान किए जाने के उपरान्त भी महिलाओं के आगे बढ़ने में समाज में अनेक बाधाएं तथा समस्याएं हैं जिन्हें लम्बे समय से चली आ रही कुरीतियों, कुप्रथाओं, तथा अस्वस्थ परम्पराओं के कारण बल मिलता है, इन सबका सामना करने के लिए यह आवश्यक है कि महिलाओं को आरक्षण दिया जाय।

आरक्षण समर्थक के स्वर

आरक्षण भारत में एक राजनीतिक आवश्यकता है क्योंकि मतदान की विशाल जनसंख्या का प्रभावशाली वर्ग आरक्षण को स्वयं के लिए लाभप्रद के रूप में देखता है। सभी सरकारें आरक्षण को बनाए रखने और या बढाने का समर्थन करती हैं। आरक्षण कानूनी और बाध्यकारी हैं। गुर्जर आंदोलनों (राजस्थान, 2007-2008) ने दिखाया कि भारत में शांति स्थापना के लिए आरक्षण का बढ़ता जाना आवश्यक है।

हालांकि आरक्षण योजनाएं शिक्षा की गुणवत्ता को कम करती हैं लेकिन फिर भी अमेरिका, दक्षिण अफ्रीका, मलेशिया, ब्राजील आदि अनेक देशों में सकारात्मक कार्रवाई योजनाएं काम कर रही हैं। हार्वर्ड विश्वविद्याल में हुए शोध के अनुसार सकारात्मक कार्रवाई योजनाएं सुविधाहीन लोगों के लिए लाभप्रद साबित हुई हैं। अध्ययनों के अनुसार गोरों की तुलना में कम परीक्षण अंक और ग्रेड लेकर विशिष्ट संस्थानों में प्रवेश करने वाले कालों ने स्नातक के बाद उल्लेखनीय सफलता हासिल की। अपने गोरे सहपाठियों की तुलना में उन्होंने समान श्रेणी में उन्नत डिग्री अर्जित की हैं। यहां तक कि वे एक ही संस्थाओं से कानून, व्यापार और औषधि में व्यावसायिक डिग्री प्राप्त करने में गोरों की तुलना में जरा अधिक होनहार रहे हैं। वे

नागरिक और सामुदायिक गतिविधियों में अपने गोरे सहपाठियों से अधिक सक्रिय हुए हैं।

हालांकि आरक्षण योजनाओं से शिक्षा की गुणवत्ता में कमी आई है लेकिन विकास करने में और विश्व के प्रमुख उद्योगों में शीर्ष पदों आसीन होने में, अगर सबको नहीं भी तो कमजोर औरध्या कम प्रतिनिधित्व वाले समुदायों के अनेक लोगों को सकारात्मक कार्रवाई से मदद मिली है। (तमिलनाडु पर अनुभाग देखें) शिक्षा के क्षेत्र में आरक्षण एकमात्र समाधान नहीं है, यह सिर्फ कई समाधानों में से एक है। आरक्षण कम प्रतिनिधित्व जाति समूहों का अब तक का प्रतिनिधित्व बढ़ाने वाला एक साधन है और इस तरह परिसर में विविधता में वृद्धि करता है।

हालांकि आरक्षण योजनाएं शिक्षा की गुणवत्ता को कमजोर करती हैं, लेकिन फिर भी हाशिये में पड़े और वंचितों को सामाजिक न्याय प्रदान करने के हमारे कर्तव्य और उनके मानवीय अधिकार के लिए उनकी आवश्यकता है। आरक्षण वास्तव में हाशिये पर पड़े लोगों को सफल जीवन जीने में मदद करेगा, इस तरह भारत में, खासकर ग्रामीण क्षेत्रों में अभी भी व्यापक स्तर पर जाति-आधारित भेदभाव को खघ्त्म करेगा। (लगभग 60% भारतीय आबादी गांवों में रहती है)

आरक्षण-विरोधियों ने प्रतिभा पलायन और आरक्षण के बीच भारी घाल-मेल कर दिया है। प्रतिभा पलायन के लिए मुख्य रूप से जिम्मेदार बड़ी तेजी से अधिक अमीर बनने की "इच्छा" है। अगर हम मान भी लें कि आरक्षण उस कारण का एक अंश हो सकता है, तो लोगों को यह समझना चाहिए कि पलायन एक ऐसी अवधारणा है, जो राष्ट्रवाद के बिना अर्थहीन है और जो अपने आपमें मानव जाति से अलगाववाद है। अगर लोग आरक्षण के बारे में शिकायत करते हुए देश छोड़ देते हैं, तो उनमें पर्याप्त राष्ट्रवाद नहीं है और उन पर प्रतिभा पलायन लागू नहीं होता है।

आरक्षण-विरोधियों के बीच प्रतिभावादिता (उमतपजतवबतंबल) और योग्यता की चिंता है। लेकिन प्रतिभावादिता समानता के बिना अर्थहीन है। पहले सभी लोगों को समान स्तर पर लाया जाना चाहिए, योग्यता की परवाह किए बिना, चाहे एक हिस्से को ऊपर उठाया जाय या अन्य हिस्से को पदावनत किया जाय। उसके बाद, हम योग्यता के बारे में बात कर सकते हैं। आरक्षण या "प्रतिभावादिता" की कमी से अगड़ों को कभी भी पीछे जाते नहीं पाया गया। आरक्षण ने केवल 'अगड़ों के और

अधिक अमीर बनने और पिछड़ों के और अधिक गरीब होते जाने' की प्रक्रिया को धीमा किया है। चीन में, लोग जन्म से ही बराबर होते हैं। जापान में, हर कोई बहुत अधित योग्य है, तो एक योग्य व्यक्ति अपने काम को तेजी से निपटाता है और श्रमिक काम के लिए आता है जिसके लिए उन्हें अधिक भुगतान किया जाता है। इसलिए अगड़ों को कम से कम इस बात के लिए खुश होना चाहिए कि वे जीवन भर सफेदपोश नागरिक हुआ करते हैं।

महिला आरक्षण एवं राष्ट्रीय महिला आयोग

विश्व के अन्य देशों की तुलना में भारत में महिलाओं को गौरवपूर्ण स्थान प्राप्त है। यदि महिलाओं के सम्बन्ध में अध्ययन किया जाए तो यह स्पष्ट पता चलता है कि उनका शोषण प्राचीनकाल से ही लिया जा रहा है लेकिन प्राचीन काल की अपेक्षा आज स्थिति काफी बदल चुकी है। फिर भी कुछ कमियाँ व्याप्त हैं अतः महिलाओं की स्थिति को सुधारना नितान्त आवश्यक हो गया है। इस सन्दर्भ में सरकार द्वारा काफी महत्वपूर्ण कदम उठाये गये हैं। महिला आरक्षण भी इन्हीं में से एक है। संविधान में 73वां तथा 74वां संशोधन कर पंचायती राज संस्थाओं तथा नगरपालिकाओं में महिलाओं के 33 प्रतिशत स्थान आरक्षित कर दिए गए जिसका महिलाओं ने लाभ उठाकर पर्याप्त संख्या में स्थानीय निकाय संस्थाओं में प्रवेश किया है।

11वीं लोकसभा के चुनाव के समय लगभग सभी प्रमुख राजनीतिक दलों ने यह वादा किया था कि यदि उन्हें सत्ता प्राप्त हो गयी तो वह कानून बनाकर विधायी संस्थाओं में महिलाओं के लिए एक तिहाई स्थान आरक्षित कर देंगे। परन्तु विभिन्न सरकारों द्वारा महिला आरक्षण विधेयक प्रस्तुत करने तथा पारित करवाने का प्रयास किया गया जो अभी तक सफल नहीं हो पाया है।

महिला आरक्षण विधेयक

81वें संविधान संशोधन विधेयक के रूप में जो महिला आरक्षण विधेयक लाया गया था उनका मुख्य उद्देश्य था, समाज में निर्णय लेने वाले शीर्ष पदों पर महिलाओं को प्रतिष्ठित करना जिससे समाज में प्रचलित महिलाओं के प्रति दृष्टिकोण में परितर्वन आए तथा समाज में व्यापक स्तर पर सकारात्मक परिवर्तन लाया जा सके।

इस विधेयक में निम्न प्रकार के प्रावधान किये गये थे–

1. लोकसभा तथा राज्य विधान सभाओं में महिलाओं के लिए 33 प्रतिशत स्थानों को आरक्षित किया जाए।
2. यह आरक्षण व्यवस्था अगले 15 वर्षों के लिए की जाए।
3. आरक्षण चक्रानुक्रम पद्धति के आधार पर किया जाए।
4. एक तिहाई स्थान अनुसूचित जाति तथा जनजाति की महिलाओं के लिए सुरक्षित रखें जाएं।
5. लोकसभा के लिए उन राज्यों तथा संघशासित क्षेत्रों के ही महिला आरक्षित स्थिति को व्यावहारिक रूप दिया जाना संभव होगा जहाँ से लोक सभा के लिए कम से कम तीन सदस्यों का चुनाव किया जाता है तथा,
6. इस अधिनियम द्वारा संविधान में किए गए संशोधन में लोकसभा, राज्य की विधान सभा या दिल्ली की विधान सभा में किसी प्रतिनिधित्व पर तब तक प्रभाव नहीं पड़ेगा जब तक अधिनियम के प्रारम्भ पर विद्यमान लोक सभा, किसी राज्य की विधान सभा या दिल्ली की विधान सभा का विघटन नहीं हो जाता।

महिला आरक्षण विधेयक 1998

14 दिसम्बर, 1998 को केन्द्र सरकार ने लोक सभा में एक विधेयक पेश किया जो विधान सभा व लोक सभा में 33 प्रतिशत आरक्षण देने से सम्बन्धित था। 84वें संशोधन विधेयक के रूप में प्रस्तुत अधिनियम में उन सिफारिशों का समावेश किया गया है, जो संयुक्त संसदीय समिति द्वारा दिसम्बर 1996 में की गई थी।

अधिनियम में निम्नलिखित प्रावधान किये गये थे–

क. संविधान के अनुच्छेद 330 के खण्ड (1) में लोक सभा में महिलाओं के लिए स्थान आरक्षित रहेंगे।

ख। अनुच्छेद 330 के खण्ड (2) के अधीन आरक्षित स्थानों की कुल संख्या के जहाँ तक सम्भव हो एक तिहाई (1/3) स्थान, यथास्थिति अनुसूचित जातियों या अनुसूचित जनजातियों की महिलाओं के लिए आरक्षित रहेंगे।

ग. किसी राज्य या संघ राज्य क्षेत्र में लोक सभा के लिए प्रत्यक्ष चुनाव द्वारा भरे जाने वाले स्थानों की कुल संख्या के, जहाँ तक सम्भव हो एक-तिहाई (33 प्रतिशत) स्थान जिनके अन्तर्गत अनुसूचित जातियों और अनुसूचित जनजातियों की महिलाओं के लिए आरक्षित स्थानों की संख्या भी है, महिलाओं के लिए आरक्षित रहेंगे

और ऐसे स्थान उस राज्य या संघ राज्य क्षेत्र में भिन्न-भिन्न चुनाव क्षेत्रों को चक्रानुक्रम द्वारा आवंटित किये जा सकेंगे।

घ। जिन क्षेत्रों में निर्वाचित स्थानों की संख्या तीन से कम है, उनमें महिलाओं के लिए बारी-बारी से आरक्षण किया जाएगा।

ङ. प्रस्तावित आरक्षण का प्रावधान 15 वर्षों तक लागू रहेगा।

च. अनुच्छेद 332 क (1) प्रत्येक राज्य की विधान सभा में भी महिलाओं के लिए स्थान आरक्षित रहेंगे।

छ. राज्य सभा, विधान परिषदों तथा दिल्ली विधान सभा में महिलाओं के आरक्षण हेतु पृथक प्रावधान की आवश्यकता रहेगी।

इस विधेयक में अन्य पिछड़े वर्गों तथा अल्पसंख्यक वर्ग की महिलाओं को कोई स्थान नहीं दिया गया। इस विधेयक को जब तत्कालीन विधि मंत्री एम. थम्बी दुर्रे ने लोकसभा में प्रस्तुत किया तब बसपा, सपा तथा राजद व रिपब्लिकन पार्टी के सांसदों ने इसका भारी विरोध किया तथा इस बात पर बल दिया कि 'महिला आरक्षण' की इस व्यवस्था में अन्य पिछड़े वर्गों तथा अल्पसंख्य वर्ग की महिलाओं को भी शामिल किया जाना चाहिए।

नगरपालिका में स्थानों का आरक्षण

खंड (1) के अधीन आरक्षित स्थानों की कुल संख्या के कम से कम एक तिहाई स्थान, यथाशक्ति, अनुसूचित जातियों या अनुसूचित जनजातियों की स्त्रियों के लिए आरक्षित रहेंगे। प्रत्येक नगरपालिका में प्रत्यक्ष निर्वाचन द्वारा भरे जाने वाले स्थानों की कुल संख्या के कम से कम एक-तिहाई स्थान (जिनके अन्तर्गत अनुसूचित जातियों और अनुसूचित जनजातियों की स्त्रियों के लिए आरक्षित स्थानों की संख्या भी है) स्त्रियों के लिए आरक्षित रहेंगे और ऐसे स्थान किसी नगरपालिका के भिन्न-भिन्न निर्वाचन क्षेत्रों को चक्रानुक्रम से आवंटित किए जा सकेंगे। नगरपालिका में अध्यक्षों के पद अनुसूचित जातियों, अनुसूचित जनजातियों और स्त्रियों के लिए ऐसी रीति से आरक्षित रहेंगे जो राज्य की विधान-मंडल, विधि द्वारा, उपबन्धित करे।

महिला आरक्षण के परिणाम

महिला आरक्षण के निम्नलिखित परिणाम देखने को मिल सकते हैं–

1. विकास योजनाएं अधिक तर्कसंगत बन सकेंगी।

2. समाज में और अधिक विभाजन, महिलाओं तथा पुरुषों और विकसित महिलाओं तथा अविकसित महिलाओं के नाम पर नहीं होगा, तथा
3. महिलाएं समाज के साथ एकीकृत होकर अपनी क्षमताओं को पूर्ण विकास कर पाएंगी तथा उनकी योग्यता और क्षमता में वृद्धि होगी।
4. समाज तथा राज्य को अपनी सम्पूर्ण जनसंख्या की योग्यता तथा क्षमताओं का लाभ मिल सकेगा।
5. राजनीतिक तथा सार्वजनिक जीवन अधिक सभ्य, शालीन तथा मर्यादित बन सकेगा।

लाभकारी होने के बाद भी आरक्षण को महिलाओं के विकास हेतु स्थायी विकल्प नहीं माना जा सकता। कुछ वर्षों के लिए महिलाओं को आरक्षण प्रदान कर उनको आगे बढ़ने के अधिाक अवसर प्रदान किए जा सकते हैं किन्तु उसके बाद उन्हें स्वयं की योग्यता के आधार पर ही आगे बढ़ना होगा तथा स्वयं के लिए समाज में स्थान बनाना होगा। आरक्षण को एक संक्रमणकालीन व्यवस्था मानना चाहिए, दीर्घकालीन अथवा स्थायी व्यवस्था मानना उचित नहीं है।

महिला आरक्षण विधेयक

दूसरे देशों की तुलना में भारतीय महिलायें कम से कम एक मामले में भाग्यशाली रहीं हैं और वह यह कि उन्हें आजादी के बाद ही पुरुषों की तरह मत देने और चुनाव में खडे होने का अधिकार प्राप्त हो गया. मतदाता के रूप में पुरुषों के समान सीमित अधिकार तो उन्हें 1935 में ही हासिल हो गए थे। दुनिया के दूसरे देशों की तरह, उन्हें इसके लिए लम्बा संघर्ष नहीं करना पड़ा। पश्चिमी देशों में मेरी वोल्स्टनक्राफ्ट द्वारा 1792 में स्त्रियों के लिए मताधिकार की मांग सबसे पहले उठाई गयी थी. तब से इस अधिकार के लिए जो कठिन और व्यापक संघर्ष शुरू हुआ, उसे 20वीं शताब्दी में सफलता हासिल हो सकी। कई देशों में तो आज भी महिलायें इस अधिकार से वंचित हैं।

ऐसा भी नहीं है कि समान मताधिकार, भारतीय महिलाओं को थाली में सजा कर दे दिया गया हो. भारत का शासन चलाने के लिए नए अधिनियम को लागू करने की पूर्व संध्या पर ब्रिटिश सरकार के तत्कालीन भारत मंत्री ईएस मांटेग्यु 1917 में भारत आये. उस दौरान, 1 दिसंबर, 1917 को पांच महिलाओं का एक शिष्टमंडल उनसे मद्रास में मिला और महिलाओं के लिए मताधिकार की मांग रखी। मांटेग्यु-चेम्सफोर्ड

सुझावों में यद्यपि मताधिकार को और विस्तृत करने का सुझाव भी शामिल था लेकिन इसमें महिलाओं का कोई उल्लेख नहीं था। 1918 में कांग्रेस और मुस्लिम लीग ने महिलाओं के मताधिकार का समर्थन किया। 1991 में जब श्द गवर्नमेंट ऑफ इंडिया बिलश् पेश हुआ तब एनी बेसेंट, सरोजिनी नायडू और हिराबाई ने महिलाओं को राजनीतिक अधिकार दिए जाने की वकालत की। लेकिन इस मसले को चुनी हुई सरकारों पर छोड दिया गया. त्रावणकोर और मद्रास पहले और दूसरे ऐसे राज्य थे, जिन्होंने क्रमशः 1920 और 1921 में महिलाओं को सीमित मताधिकार दिया. यह अधिकार केवल पढ़ी-लिखी महिलाओं को दिया गया था। इसके बाद दूसरे राज्यों में भी यह सिलसिला शुरु हुआ. 1931-32 में लार्ड लोथियन समिति ने महिलाओं को मताधिकार देने के लिए जो दो शर्तें निर्धारित कीं, वे बहुत भेदमूलक थीं. एक तो किसी भी भाषा में पढ़-लिख सकने वाली महिलाओं को मताधिकार देना प्रस्तावित किया गया. इसके अलावा, उन्हें किसी की पत्नी होना भी अनिवार्य कर दिया गया. यानी, विधवायें या किसी कारण से विवाह न करने वाली महिलायें मताधिकार से वंचित रखीं गयीं.

प्रतिनिधित्व की कठिन डगर

परन्तु मताधिकार प्राप्त हो जाने मात्र से महिलाओं का संघर्ष समाप्त नहीं हुआ. उसका दूसरा चरण था राजनीतिक प्रतिनिधित्व का संघर्ष. राजनीतिक पार्टियों द्वारा टिकट देने से लेकर उनके जिताकर लाने तक में पितृसत्तात्मक समाज और सत्ता की अरूचि स्पष्ट दिखती है। यही कारण है कि आजादी के बाद पहली लोकसभा (1952) से लेकर अब तक संसद में महिलाओं का प्रतिनिधित्व बढा तो है लेकिन अत्यंत धीमी गति से और यह आज भी बहुत कम है। 1952 में जहां संसद में 4. 50 प्रतिशत महिलाएं थीं वहीं 2014 में यह प्रतिशत 12.15 प्रतिशत ही हो सका. हालांकि इस बीच विभिन्न कारकों के चलते, सार्वजनिक जीवन में महिलओं की सक्रियता गुणात्मक रूप से बढ़ी.

इस सक्रियता का ही नतीजा था कि महिलाओं के प्रतिनिधित्व को संसद में कम से कम 33 प्रतिशत करने के लिए महिला आरक्षण बिल की योजना बनी. इस बिल का नाम लेते ही आज एक तस्वीर सबसे पहले जेहन में आती है - भाजपा नेता सुषमा स्वराज और सीपीएम की कद्दावर नेता वृंदा करात की प्रसन्न मुद्रा में हाथों में हाथ डाले हुए तस्वीर.

सुषमा स्वराज की पार्टी आज सता में है। नई संसद के कई सत्र आये और चले गए लेकिन महिला आरक्षण बिल की कोई चर्चा नहीं हुई, यद्यपि सत्तारूढ़ भारतीय जनता पार्टी ने अपने चुनाव घोषणापत्र में इस बिल के प्रति अपनी प्रतिबद्धता जताई थी और इस सरकार के बनते ही सुषमा स्वराज ने महिला आरक्षण बिल को सरकार की प्राथमिकता बताया था। यह सुखद है कि 16वीं लोकसभा में महिला प्रतिनिधित्व, 15वीं लोकसभा के 10.86 प्रतिशत से बढकर 12.15 प्रतिशत हो गया है। और पहली बार सरकार में छह महिलायें महत्वपूर्ण मंत्रालय सम्हाल रहीं हैं। फिर क्या कारण है कि नई सरकार के दो साल बीत जाने के बाद भी इस बिल की सुध लेने वाला कोई नहीं है? जबकि लोकसभा में सरकार को बहुमत प्राप्त है और विपक्षी दल भी इसके प्रति प्रतिबद्धता जता चुके हैं।

क्या मुलायम सिंह यादव या लालू यादव इस बिल को लटकाए रखे जाने का कारण है? नहीं. यह उल्लेखनीय है कि पिछले लोकसभा चुनाव में प्रतिशत के हिसाब से मुलायम सिंह यादव के दल ने ममता बनर्जी के दल के बाद, दूसरे नम्बर पर सबसे ज्यादा महिला उम्मीदवार उतारे थे जबकि संख्या के हिसाब से आम आदमी पार्टी ने 39 महिला उम्मीदवार उतार कर दोनों बड़ी पार्टियों को पीछे छोड दिया था। सत्ताधारी भाजपा ने केवल 20 महिला उम्मीदवार उतारे थे। इन आंकडों से महिला आरक्षण के प्रति मुख्यतः पुरुष वर्चस्व वाले भारतीय राजनीतिक दलों की नियत का अन्दाजा लगाया जा सकता है। चुनाव में अपने खराब प्रदर्शन का विश्लेषण करते हुए सीपीएम ने जिन कारणों को चिह्नित किया उनमें से एक था कम महिला उम्मीदवारों को अवसर देना और इस मामले में उसने श्बुर्जुआ पार्टियों' को अपने से बेह्तर पाया।

यूं टलता गया महिला आरक्षण बिल

1993 में 73वें संवैधानिक संशोधन के जरिये पंचायतों और स्थानीय निकायों में महिलाओं के लिए 33 प्रतिशत आरक्षण दिए जाने के बाद हुए 1996 के लोकसभा चुनाव में सभी प्रमुख पार्टियों ने संसद और राज्यों की विधानसभाओं में महिलाओं के लिए 33 प्रतिशत आरक्षण को अपने चुनावी घोषणापत्रों में रखा। तत्कालीन यूनाइटेड फ्रंट की प्रधानमंत्री एचडी देवगौड़ा के नेतृत्व वाली सरकार ने सबसे पहले महिला आरक्षण बिल को 4 सितम्बर, 1996 को लोकसभा में पेश

किया। इसे गीता मुखर्जी की अध्यक्षता वाली संयुक्त संसदीय समिति को भेज दिया गया, जिसने 9 दिसंबर, 1996 को अपनी रिपोर्ट प्रस्तुत कर दी। हालांकि राजनीतिक अस्थिरता के चलते इसे 11वीं लोकसभा में दुबारा पेश नहीं किया जा सका. इसे दुबारा पेश किया अटल बिहारी वाजपेयी की सरकार ने 12वीं लोकसभा में. भारतीय जनता पार्टी की सरकार ने इसे चार बार लोकसभा में पेश किया और हर बार हंगामे के बाद 'सर्वसम्मति निर्मित' करने के नाम पर इसे टाल दिया गया. कांग्रेस की नेतृत्व वाली

यूपीए सरकार ने भी इसे दो बार संसद में पेश किया. मार्च 2010 में राज्यसभा ने इस बिल को पारित भी कर दिया लेकिन उसके बाद चार साल (15वीं लोकसभा के भंग होने तक) तक यह बिल लोकसभा में नहीं लाया जा सका।

आरक्षण के भीतर आरक्षण

लगभग सभी पार्टियों की सैद्धांतिक सहमति के बावजूद उनका पुरुष नेतृत्व महिलाओं के लिए जगह खाली करने को तैयार नहीं है। अन्यथा, पिछले 20 सालों से यह बिल सर्वसम्मति की तलाश में लटका नहीं रहता. जहां सीपीएम जैसी पार्टीयां महिलाओं को टिकट देने के मामले में 'बुर्जुआ पार्टियों' को अपने से बेहतर पा रही है वहीं भारतीय जनता पार्टी ने अपने संगठनात्मक ढाँचे में महिलाओं की 33 प्रतिशत भागीदारी सुनिश्चित कर दी है। इस बिल के न पास होने का ठीकरा अस्मितावादी पार्टियों और राजनेताओं पर फोड़ा जा रहा है। यह सच है कि जब-जब बिल संसद में लाया गया, तब-तब अस्मितावादी पार्टियों और उनके नेताओं ने अलग-अलग राग अलापा. फिर भी, शरद यादव के 'परकटी महिलाओं' वाले पुरुषवादी मानसिकता से लबरेज जुमले को नजरअंदाज करते हुए देखना यह चाहिए कि क्या इन नेताओं द्वारा पिछड़े वर्ग की महिलाओं की 'जायज प्रतिनिधित्व' के मुद्दे पर वर्तमान महिला बिल का विरोध, क्या सर्वथा 'महिला-विरोधी' स्टैंड है? ये पार्टियां और नेता सामाजिक-सांस्कृतिक रूप से पिछड़ी महिलाओं के लिए महिला आरक्षण के भीतर आरक्षण की मांग करते रहे हैं। श्गत 12 दिसंबर, 2015 को नेशनल फेडरेशन ऑफ इंडियन वीमेन और स्त्रीकाल द्वारा महिला आरक्षण पर आयोजित राउंड टेबल में दलित स्त्रीवादी विचारक और श्राष्ट्रीय दलित आन्दोलनश की संयोजक रजनीतिलक आ़दि ने स्पष्ट किया कि श उनका एक प्रतिनिधिमंडल लालू प्रसाद आदि नेताओं से श्महिला आरक्षण बिल में पिछड़े वर्ग की महिलाओं के आरक्षण के लिए मिलने गया और इस तरह इन

नेताओं की आवाज दलित -बहुजन स्त्रियों की आवाज है। उन्होंने दावा किया कि बहुजन नेताओं द्वारा कोटा के भीतर कोटा की मांग वास्तव में दलित -बहुजन स्त्रियों द्वारा उठाई गई मांग का ही विस्तार है।

अलग-अलग फॉर्मूले

पिछले 20 सालों की राजनीतिक कवायद के दौरान महिला आरक्षण को लेकर कई फॉर्मूले भी सामने आये. इनमें एक फॉर्मूला है पार्टियों के द्वारा टिकट बंटवारे में 33 प्रतिशत आरक्षण का, जिसे अनुपयोगी मानने वालों का तर्क है कि ऐसे में पुरुष-प्रधान पार्टियां न जीती जा सकने वाली सीटें महिलाओं को दे देंगी. एक वर्ग पार्टियों के संगठनात्मक ढांचें में आरक्षण की मांग कर रहा है, जो कि पार्टियों के अपने संविधान में परिवर्तन के जरिये सुनिश्चित किया जा सकता है। भारतीय जनता पार्टी ने इसकी पहल भी की है लेकिन प्रतिनधित्व का इस तरीके की सफलता प्रायः पुरुष वर्चस्व वाली पार्टियों की सदिच्छा पर निर्भर करेगा.महिला आरक्षण के सिलसिले में अब तक लोकसभा और विधानसभाओं में ही आरक्षण की बात की जाती है जबकि विधेयकों के पारित होने में महत्वपूर्ण भूमिका निभाने वाली राज्यसभा और विधानपरिषदों में महिला आरक्षण के लिए कोई पहल नहीं की जा रही है। इसके लिए मेधा नांदिवादेकर ने एक फॉर्मूला सुझाया था कि चूँकि प्रत्येक राज्य हर दो वर्ष वर्षों में राज्यसभा के अपने एक-तिहाई कोटे का चुनाव करता है और बड़े राज्यों के मामले में यह एक-तिहाई, तीन सीटों से अधिक होता है इसलिए एक सीट महिलाओं के लिए आरक्षित की जा सकती है। जहां एक-तिहाई सीटें तीन से कम हैं, वहां पहले दो चुनावों में तो एक-एक सीट महिलाओं के लिए आरक्षित की जा सकती हैं और तीसरे चुनाव में सारी सीटें अनारक्षित रखी जा सकतीं हैं। यही फॉर्मूला विधानपरिषदों और अन्य समितियों के लिए भी अपनाया जा सकता है।

आरक्षण का असर

महिलाओं के आरक्षण के प्रसंग में अक्सर यह सवाल किया जाता है कि उनके प्रतिनिधित्व में इजाफे से महिलाओं को क्या लाभ होगा? पहली बात तो यह है कि अधिक प्रतिनधित्व अपने-आप में एक लाभ है। जब ग्राम पंचायतों में पहली बार 33 प्रतिशत आरक्षण लागू किया गया तब पंचायतों में 43 प्रतिशत महिलाएं चुन

कर आईं थीं. दरअसल, महिलाओं की क्षमता और योग्यता को पुरुष वर्चस्व हमेशा से सन्देह की निगाहों से देखता रहा है और महिलाओं ने जब-जब मौका हासिल किया है (कभी पुरुष उदारता ने उन्हें यह मौका नहीं दियाय या तो उन्होंने यह लड़कर हासिल किया या पितृसत्तात्मक समाज की कमजोरियों ने उन्हें यह अवसर दिया), तब-तब उन्होंने अपने को साबित ही किया है। सन 1005 में जब बिहार में देश में पहली बार स्थानीय निकायों में महिलाओं को 50 प्रतिशत आरक्षण मिला तो समाज इसके लिए तैयार नहीं था। व्यावहारिक तौर पर महिला जनप्रतिनिधियों के पुरुष अभिभावक ही सत्ता संचालन करने लगे. 'मुखियापति' जैसे शब्दों का आविर्भाव हुआ और महिला मुखिया के लिए अश्लील गीत प्रचलन में आये. मेरा भी बिहार में स्वतंत्र पत्रकारिता के दौर में ऐसे दर्जनों मुखियापतियों से साबका पड़ा. लेकिन अवसर ने जल्द ही अपना रंग दिखाना शुरु कर दिया. बिहार के तुरंत बाद 50 प्रतिशत आरक्षण महाराष्ट्र में भी लागू हुआ और मैं इन दो राज्यों के अपने अनुभव और खबरों के आधार पर कह सकता हूं कि महिला जनप्रतिनिधियों ने शुरुआती हिचक के बाद धीरे-धीरे पुरुष अभिभावकों से मुक्ति पानी शुरु कर दी है। महाराष्ट्र के एक जिले की लगभग तीन दर्जन पंचायतों के अध्ययन के आधार पर एक शोध निष्कर्ष सामने आया कि महिला सरपंच (मुखिया) वाले गाँव में महिलाओं की राजनैतिक जागरूकता बढ़ी है और वे पंचायतों में ज्यादा सक्रिय हुई हैं।

बिहार, 1920 के दशक में महिलाओं को दूसरे प्रदेशों द्वारा दिये जा रहे मताधिकार के प्रति अडियल रुख अपनाता रहा था और 1929 में कई राज्यों के द्वारा पहल किये जाने के बाद, बिहार विधानसभा ने महिलाओं को यह हक दिया. वहीं इन दिनों महिला सशक्तिकरण के लिए बिहार सबसे अव्वल पहल लेता हुआ राज्य दिख रहा है। 2005 में देश में यह पहला राज्य बना, जिसने स्थानीय निकायों में महिलाओं को 50 प्रतिशत आरक्षण दिया. शिक्षा, स्वास्थ्य और पुलिस सेवा सहित विभिन्न नौकरियों में भी यह राज्य महिलाओं को 50 प्रतिशत आरक्षण दे रहा है।

कहाँ हैं रुकावटें

गेंद अब पूर्णतः भाजपा के पाले में है। वह अब मुलायम सिंह यादव या लालू यादव के नाम पर इस बिल को और नहीं टाल सकती। इस लोकसभा में उनकी शक्ति नगण्य है। सवाल यह भी है कि 'आरक्षण के भीतर आरक्षण', क्या

मुलायम सिंह द्वारा इस बिल को टालने का हथियार भर है। ऐसा नहीं माना जा सकता। मैं मुलायम सिंह और उनकी पार्टी के नेताओं की स्त्री विरोधी करतूतों और वक्तव्यों का संज्ञान लेते हुए भी ऐसा नहीं न मानने का कारण देख रहा हूँ. यह सही है कि आज भारत में संख्याबल और भागीदारी के अनुपात में ही चुनावों में टिकट बांटे जाते हैं। जाति विशेष की आबादी देखते हुए उम्मीदवार तय होते हैं। इस प्रवृत्ति ने कम से कम इतना सुनिश्चित तो जरूर किया है कि राष्ट्रीय और राज्य चुनावों में पिछड़ी जातियों के लिए आरक्षण का प्रावधान न होने के बावजूद, इन जातियों के प्रतिनिधि लोकसभा में बड़ी संख्या में पहुँच रहे हैं, जो आज से दो दशक पहले तक नहीं होता था। लेकिन सवाल यह है कि आरक्षण के भीतर आरक्षण से कौन सा वर्ग भयभीत है और इसके प्रावधान से हर्ज ही क्या है। 'परकटी और बालकटी' जैसे जुमलों की निंदा करते हुए इस विडम्बना को भी नजरअंदाज नहीं किया जा सकता कि महिला आरक्षण लागू करवाने में असफलता के लिए स्त्रीवादी आंदोलनों पर पुरुष वर्चस्व के अलावा सवर्ण वर्चस्व भी सामान रूप से जिम्मेवार है।यह भी एक बड़ी विडम्बना ही है कि महिलाओं के प्रतिनिधित्व के सवाल पर सक्रिय महिलायें, जाति-प्रतिनिधित्व के मसले पर एक राय नहीं हो पाती वहीं जाति-प्रतिनिधित्व के सवाल पर सहमत लोग महिलाओं के प्रतिनिधित्व के मसले पर ईमानदार पहल नहीं करते. जबकि प्रतिनिधित्व का मूल लक्ष्य सामाजिक-सांस्कृतिक रूप से पीछे छूट गए लोगों को प्रतिनिधित्व देना है। बीपी मंडल की सिफारिशें लागू होने के बाद दिल्ली के संभ्रांत गार्गी महिला कालेज की सवर्ण छात्राओं ने उसके विरोधियों का साथ जमकर निभाया. उनके हाथों में एक तख्ती होती थी, जिसपर लिखा होता था 'हमारे पतियों की नौकरी नहीं छीनो.' इस तख्ती के मायने आरक्षण-विरोधी तो थे ही, स्त्री-विरोधी भी थे। इन छात्राओं को शायद लैंगिक भेदभाव और जातिगत भेदभाव के अंतर्संबंध की ठीक-ठीक समझ नहीं थी. एक अध्ययन के अनुसार, इस आन्दोलन के तुरन्त बाद, छात्रसंघ चुनावों में छात्राओं के साथ जब भेदभाव किया गया तो उनके सवर्ण साथियों की जगह दलित साथियों ने ही उनका साथ दिया।

यह विडम्बना ही है कि आरक्षण और प्रतिनधित्व के सबसे बड़े सिद्धांतकारों महात्मा फुले, शाहूजी महाराज, पेरियार और डा. बाबा साहेब आम्बेडकर के प्रति महिला संगठनों में न तो आदर भाव है और ना ही कृतज्ञता भाव, जबकि इन सभी ने महिलाओं के लिए अभूतपूर्व पहल कीं थीं. डा. आम्बेडकर ने तो महिलाओं के

अधिकार के लिए 'हिन्दू कोड बिल' पर संघर्ष करते हुए आजाद भारत के पहले मंत्रीमंडल से इस्तीफा दे दिया था। समानता के सिद्धांत में किन्तु-परन्तु के साथ आस्था के कारण ही शायद महिला आरक्षण बिल के मामले में महिला नेताओं और आन्दोलनकारियों ने पिछले 20 सालों में भी अपेक्षित सफलता प्राप्त नहीं की है। और इन्हीं रास्तों से पुरुष-वर्चस्व अपने लिए मार्ग तलाश लेता है। यही कारण है कि राज्यसभा में महिला प्रतिनधित्व का विषय बिल में शामिल नहीं होता है या 'आरक्षण के भीतर आरक्षण' के समर्थकों को खलनायक बना कर पुरुष तंत्र इस महत्वपूर्ण बिल को टालता रहता है।

1996 से जारी है लंबा संघर्ष

सितंबर 1996 महिला आरक्षण विधेयक प्रस्तुत और संसद की संयुक्त संसदीय समिति के सुपुर्द

नवंबर 1996 महिला संगठनों द्वारा संयुक्त संसदीय समिति को संयुक्त ज्ञापन

मई 1997 महिला संगठनों द्वारा राष्ट्रीय राजनैतिक दलों को संयुक्त ज्ञापन

जुलाई 1998 विधेयक को पारित कराने की मांग को लेकर संसद के समक्ष महिलाओं का संयुक्त विरोध प्रदर्शन

जुलाई 1998 राष्ट्रीय महिला आयोग द्वारा महिला प्रदर्शनकारियों के साथ दुर्व्यवहार की निंदा व यह मांग कि विधेयक के प्रावधानों में कोई परिवर्तन न किया जाए

अगस्त 1998 महिला संगठनों का संयुक्त प्रतिनिधिमंडल प्रधानमंत्री वाजपेयी से मिला

अगस्त 1998 विधेयक को चर्चा व पारित करने हेतु सूचिबद्ध किए जाने की मांग को लेकर संसद तक संयुक्त मार्च और धरना

नवंबर 1998 बारहवीं लोकसभा चुनाव में महिलाओं का संयुक्त घोषणापत्र जिसमें राजनैतिक दलों से इस विधेयक को पारित कराने की मांग की गई

दिसंबर 1998 "वाईसेस ऑफ ऑल कम्युनिटीज फॉर 33 पर्सेन्ट रिजर्वेशन फॉर विमेन" का दिल्ली में संयुक्त अधिवेशन

मार्च 1999 अंतर्राष्ट्रीय महिला दिवस के संयुक्त आयोजन में महिला आरक्षण विधेयक को पारित करने की मांग प्रमुखता से उठाई गई

अप्रैल 2000 मुख्य निर्वाचन आयुक्त को संयुक्त ज्ञापन जिसमें यह मांग की गई कि विधेयक के विकल्प के रूप में महिलाओं को पार्टियों द्वारा टिकिट वितरण में आरक्षण दिए जाने के प्रस्ताव को वापस लिए जाने की मांग की गई थी

दिसंबर 2000 लोकसभा अध्यक्ष मनोहर जोशी से महिलाओं के संयुक्त प्रतिनिधिमंडल की मुलाकात जिसमें जनप्रतिनिधित्व अधिनियम में संशोधन कर राजनैतिक पार्टियों की उम्मीदवारों की सूची में महिलाओं को एक तिहाई प्रतिनिधित्व दिए जाने के प्रस्ताव पर चर्चा करने के लिए उनके द्वारा राजनैतिक दलों की बैठक बुलाए जाने पर विरोध व्यक्त किया गया

मार्च 2003 केन्द्रीय संसदीय कार्यमंत्री सुषमा स्वराज को संयुक्त ज्ञापन सौंपकर यह मांग की गई कि सर्वदलीय बैठक में वैकल्पिक प्रस्तावों पर विचार करने की बजाए विधेयक पर मतदान कराया जाए

अप्रैल 2003 स्थानीय स्व-शासी संस्थाओं में महिलाओं को 33 प्रतिशत आरक्षण देने वाले 73वें व 74वें संविधान संशोधन की दसवीं वर्षगांठ के अवसर पर सभी राजनैतिक दलों के नेताओं से बिल का समर्थन करने की अपील

अप्रैल 2004 एनडीए सरकार को संसद में पराजित करने की अपील करते हुए संयुक्त वक्तव्य जारी। इसमें सरकार द्वारा आरक्षण विधेयक के मुद्दे पर महिलाओं के साथ विश्वासघात को एक कारण बताया गया था।

मई 2004 कांग्रेस अध्यक्ष सोनिया गाँधी से संयुक्त अपील कि वे न्यूनतम साँझा कार्यक्रम में महिला आरक्षण विधेयक को पारित करवाना शामिल करें।

मई 2005 संयुक्त प्रतिनिधिमंडल ने प्रधानमंत्री मनमोहन सिंह से मिल कर विधेयक को चर्चा के लिए प्रस्तुत किये जाने की मांग की।

मई 2006 संयुक्त प्रतिनिधिमंडल ने प्रधानमंत्री मनमोहन सिंह से एक बार फिल मिल कर विधेयक को प्रस्तुत किये जाने की मांग की।

मई 2006 संयुक्त प्रतिनिधिमंडल में रेल मंत्री लालू प्रसाद यादव से मिल कर उनसे यह अनुरोध किया कि विधेयक के सम्बन्ध में सकारात्मक पहल करें।

मई , 2008 में सरकार ने विधेयक को राज्य सभा में प्रस्तुत किया ताकि वह निरस्त न हो जाये.

दिसंबर 2009, संसद की विधि एवं न्याय एवं कार्मिक विभागों की स्थाई समिति ने विधेयक को पारित करने की अनुशंसा की.।

फरवरी, 2010 , विधेयक को केंद्रीय कैबिनेट की मंजूरी मिल गयी।

मार्च 2010, राज्यसभा में विधेयक पारित हुआ।

महिला आरक्षण विधेयक का सकारात्मक प्रभाव

राज्य सभा ने महिला आरक्षण विधेयक को बहुमत से पारित कर दिए जाने के बाद यह उम्मीद जगी है कि इसे शीघ्र ही कानूनी रूप दे दिया जाएगा। इसे भारतीय लोकतांत्रिक इतिहास में मील का पत्थर माना जा रहा है। हालांकि अभी इसे लोकसभा एवं आधे से अधिक राज्यों द्वारा पारित किया जाना बाकी है, फिर भी लोकसभा में बार-बार इस प्रस्ताव के गिर जाने से जो नकारात्मक सोच बनने लगी थी, वह फिर से ऊर्जावान हो गई है।

इस विधेयक के अनुसार एक-तिहाई सीटें महिलाओं के लिए आरक्षित होंगी। यह आरक्षण लोकसभा एवं राज्य विधानसभाओं में लागू होगा। सीटें रोटेशन के आधार पर आरक्षित की जाएँगी और आरक्षण की यह व्यवस्था न 5 सालों के लिए होगी। इससे विभिन्न क्षेत्र की महिलाओं को प्रतिनिधित्व का मौका मिलेगा।

दुनिया के कई देशों में महिला आरक्षण की व्यवस्था संविधान में दी गई है या विधेयक के द्वारा यह प्रावधान किया गया है, जबकि कई देशों में राजनीतिक दलों के स्तर पर ही इसे लागू किया गया है। अर्जेंटीना में 30 प्रतिशत, अफगानिस्तान में 27 प्रतिशत, पाकिस्तान में 30 प्रतिशत एवं बांग्लादेश में 10 प्रतिशत आरक्षण कानून बनाकर महिलाओं को प्रदान किया गया है, जबकि राजनीतिक दलों के द्वारा महिलाओं को आरक्षण देने वाले देशों में डेनमार्क (34 प्रतिशत), नार्वे (38 प्रतिशत), स्वीडन (40 प्रतिशत), फिनलैंड (34 प्रतिशत) तथा आइसलैंड (25 प्रतिशत) आदि उल्लेखनीय हैं।

यह भी विचारणीय है कि आरक्षण से किस स्तर तक क्रांतिकारी परिवर्तन आएगा। सरकारी नौकरियों में दिए गए आरक्षण के कारण निस्संदेह एक क्रांतिकारी परिवर्तन आया, जो बिना आरक्षण शायद संभव नहीं हो पाता। समाज के सबसे निचले समुदाय का व्यक्ति बड़े पदों पर आसीन हो गया। परतु यह भी उतना ही सही है कि आज दलितों में भी एक अभिजात्य वर्ग पैदा हो गया है।

आरक्षण का लाभ उठाकर उसी वर्ग को इसका लाभ लगातार पीढ़ी-दर-पीढ़ी मिलता जा रहा है, जबकि दूसरे लोग विकास के निचले पायदान पर ही पड़े हुए हैं। इसलिए यह ध्यान रखना होगा कि महिला आरक्षण का भी यही हश्र न हो जाए।

महिलाओं में भी अपने अधिकारों के प्रति जागति लानी होगी। शहरों में तो महिलाएँ कमोवेश अपने अधिकारों के प्रति जागृत हैं परन्तु गांवों में यह काम व्यापक स्तर पर करना होगा। शिक्षा और जन-जागरूकता द्वारा ही ऐसा संभव है।

निस्संदेह यह बदलाव जनजीवन के अन्य क्षेत्रों को भी प्रभावित करेगा। ऐसे में महिला आरक्षण विधेयक का महत्त्व और बढ़ जाता है। यदि वह अमल में आया, तो महिला सशक्तीकरण की दिशा में मील का पत्थर सिद्ध होगा। ऐसे में सरकार सहित सभी राजनीतिक दलों को चाहिए कि इस विधेयक को लोकसभा में पारित कराकर महिलाओं के पक्ष में एक सकारात्मक संदेश भेजे।

महिला आरक्षण विधेयक के समर्थकों का मानना है कि इससे महिला सशक्तीकरण को बढ़ावा मिलेगा। जमीनी स्तर पर लोकतंत्र की जड़ें मजबूत होंगी। समावेशी लोकतंत्र में राजनैतिक सत्ता किसी भी तरह के भेदभाव को मिटाने का सबसे प्रभावी हथियार है। संसद और राजनीतिक दल पुरुष सत्ता का केंद्र नहीं रहेगी। लिंग-जाति के आधार पर होने वाले भेदभाव घटेंगे।

पंचायत एवं स्थानीय निकायों में महिलाओं के लिए किए गए 33 प्रतिशत (कई स्थानों पर 50 प्रतिशत तक) आरक्षण के परिणाम बताते हैं कि महिलाओं ने ग्राम पंचायत से लेकर जिला और ब्लॉक स्तर पर आर्थिक, सामाजिक और राजनैतिक सभी क्षेत्रों में उत्थान के लिए प्रभावी काम किया है।

यह कहना गलत है कि कुछ प्रमुख वर्ग की महिलाओं को ही लाभ मिलेगा। उत्तर प्रदेश में विधानसभा में भागीदारी कर रही 23 प्रतिशत महिलाओं में 65 प्रतिशत से अधिक अनुसूचित जाति, जनजाति और पिछड़े व अल्पसंख्यक वर्ग से हैं।

इसी तरह बिहार की 243 सीटों में से 24 पर विजयी महिलाओं में 70.8 प्रतिशत अनुसूचित जनजाति और पिछड़े एवं अल्पसंख्यक वर्ग से हैं। हैदराबाद विधानसभा में आरक्षित सीटों के कारण कई मुस्लिम महिलाएं आगे आईं है। संसद और विधानसभा में महिलाओं की भागीदारी भारतीय राजनीति के चेहरे और संस्कृति को बदलेगी।

भारतीय राजनीति अधिक संवेदनशील होगी। राजनीति से अपराधीकरण कम होगा। रोटेशन पद्धति के कारण कोई एक सीट हमेशा के लिए केवल एक परिवार तक सीमित नहीं रहेगी। लोकतंत्र को इससे स्थिरता मिलेगी और अधिक से अधिक लोग जिम्मेदारी निभाने के लिए आगे आएंगे। स्त्रियों में नेतृत्व क्षमता का विकास होगा। वे सामाजिक कुरीतियों के रूप में विद्यमान भ्रूण हत्या, कम लिंग अनुपात दर,

कार्य स्थल पर श्रम दरों में भेदभाव और यौन शोषण आदि मुद्द्दों पर अधिक प्राथमिकता से काम करेंगी।

अनुभव बताते है कि आधुनिक और सशक्त महिलाओं ने अर्थव्यवस्था, संस्कृति, समाज, स्वास्थ्य और शिक्षा के क्षेत्र में लाभदायक प्रभाव डाला है। यह कहना गलत है कि राजनीतिक परिवारों की बीवी, बेटी और बहू ब्रिगेड आगे आएगी और इससे परिवारवाद को प्रश्रय मिलेगा। प्रॉक्सी पॉलिटिक्स की बात पुराष प्रधान मानसिकता की देन है। आरक्षण बिल इसलिए आवश्यक है कि महिलाओं की समान भागीदारी का सपना जमीनी स्तर पर अभी भी सपना है।

दूसरी ओर, इस विधेयक के आलोचकों का सबसे बड़ा तर्क है कि किसी भी क्षेत्र में किसी भी व्यक्ति का प्रवेश सिर्फ और सिर्फ योग्यता के आधार पर होना चाहिए। चाहे वह शिक्षा का स्तर हो या राजनीति का। तभी हमारा समाज सही दृष्टि से उचित विकास कर पाएगा। किसी भी व्यक्ति को आरक्षण की बैसाखी देकर उसे संतुष्ट तो किया जा सकता है, लेकिन योग्यता को पीछे करके देश एवं समाज का भला नहीं। साथ ही, यह लोकतंत्र विरोधी भी है, क्योंकि यह सभी को समान अवसर प्राप्त करने से वंचित रखता है।

इसके अतिरिक्त, राजनीति में आरक्षण से पहले महिला भ्रूण हत्या, महिला शिक्षा, लड़कियों में कुपोषण जैसे महत्त्वपूर्ण मुद्द्दों पर काम करना अधिक आवश्यक है। विधेयक के वर्तमान स्वरूप से मतदाताओं के अपने पसंदीदा प्रतिनिधि चुनने के अधिकार का हनन होगा। इससे किसी निर्वाचन क्षेत्र विशेष की जनता को अपने क्षेत्र से पुरुष व महिला उम्मीदवार चुनने के विकल्प सीमित हो जाएंगे, जो लोकतंत्र की मूल भावना का विरोधी है।

पुराष और महिला दोनों उम्मीदवारों की अपने क्षेत्र के प्रति जिम्मेदारी और जवाबदेही का भाव समाप्त हो जाएगा। किसी क्षेत्र की राजनीतिक तरीके से योजनाबद्ध विकास की मूल भावना को नुकसान पहुंचेगा। महिला आरक्षण विधेयक अल्पसंख्यकों, अनुसूचइत जाति व जनजातियों का विरोधी है। इससे अगड़े और संपन्न वर्ग की महिलाओं को ही आगे आने का अवसर मिलेगा। महिला आरक्षण विधेयक राजनीति को बीवी-बेटी राजनीति का चरित्र प्रदान करेगा।

महिलाएं अपने परिवार और पुरुषों के हितों का बचाव करने की भूमिका में अधिक नजर आएंगी। ऐसे में घर-घर में देखी जाने वाली स्थिति सार्वजनिक और राजनैतिक स्तर पर भी लागू हो जाएगी। रोटेशन होने के कारण न ही पुरुषों

के पास स्थायी चुनाव क्षेत्र होगा और न ही महिलाओं के पास, इससे असुरक्षा और भय का वातावरण विकसित होगा, जिससे अंततरू परिवारवाद को ही बढ़ावा मिलेगा।

पूरी दुनिया की राजनीतिक व्यवस्था के आलोक में भारत में भी महिलाओं को उचित प्रतिनिधित्व देना आज समय की मांग है। इससे बराबरी की राजनीति एवं समावेशी लोकतंत्र को बढ़ावा मिलेगा। इससे महिला सशक्तीकरण भी होगा। जमीनी स्तर पर लोकतंत्र की जड़ें मजबूत होंगी। संसद और राजनीतिक दल पुरुष सत्ता का केंद्र नहीं रहेंगी। लिंग, जाति आदि के आधार पर होनेवाले भेदभाव घटेंगे।

महिलाओं के लिए आरक्षण विधेयक लाने का एक मूल कारण यह है कि पिछले छह दशकों में महिलाओं की संसदीय राजनीति में भागीदारी अपनी स्वाभाविक प्रक्रिया में नहीं बढ़ पायी है। यह निर्विवाद है कि भारतीय समाज में महिलाओं की स्थिति संतोषजनक नहीं है। 19वीं सदी के प्रारम्भ से ही कई समाज सुधार आदोलनों के कारण महिलाओं की स्थिति में सुधार हुआ और स्वाधीनता संग्राम में उनकी सशक्त भूमिका राष्ट्रीय स्तर पर देखने को मिली। इस बीच अखिल भारतीय स्तर पर अनेक महिला संगठन स्थापित हुए।

लेकिन अभी तक सामान्य महिलाओं की स्थिति में उल्लेखनीय परिवर्तन नहीं हुआ है। पंचायत एवं स्थानीय निकायों में महिलाओं के लिए किए गए 33 प्रतिशत (कई स्थानों पर 50 प्रतिशत) आरक्षण के परिणांम बताते हैं कि महिलाओं ने ग्राम पंचायत से लेकर जिला और ब्लॉक स्तर पर आर्थिक, सामाजिक और राजनीतिक सभी क्षेत्रों में उत्थान के लिए प्रभावी काम किया है। ऐसे में उन्हें अगर ऊपरी लोकतांत्रिक निकायों में आरक्षण का लाभ दिया जाए तो इससे राष्ट्रीय एवं राज्य स्तर पर सामाजिक-आर्थिक क्षेत्र में बदलाव आ सकते हैं।

पर महिला आरक्षण विधेयक के कानून बनने के मार्ग में अभी कई बाधाएँ हैं-विरोधी पक्ष राष्ट्रीय जनता दल, समाजवादी पार्टी एवं जनता दल यूनाइटेड को विधेयक के वर्तमान स्वरूप पर कड़ा विरोध है। उनके अनुसार इसका लाभ केवल एक विशेष वर्ग को ही मिल पाएगा। वे माँग कर रहे हैं कि महिलाओं के लिए आरक्षित कोटे के भीतर पिछड़ी जातियों एवं मुस्लिम समुदाय की महिलाओं के लिए आरक्षण का प्रावधान हो।

इसके पीछे उनका तर्क सामाजिक न्याय की मूल अवधारणाओं को जीवित रखना है। पुरुष सांसदों के मन में एक चिंता यह भी है कि कहीं उन्हें अपनी सीट से हाथ न धोना पड़ जाए। पुरुष प्रधान समाज की मानसिकता भी इसके आड़े आ सकती है। यह देखने की बात होगी कि महिलाओं को दूसरे दर्जे का नागरिक मानने वाला हमारा समाज महिला प्रतिनिधियों के प्रति कितना और कैसा उत्साह दिखा पाएगा।

4
शैक्षिक अधिकार

स्त्री शिक्षा स्त्री और शिक्षा को अनिवार्य रूप से जोड़ने वाली अवधारणा है। इसका एक रूप शिक्षा में स्त्रियों को पुरुषों की ही तरह शामिल करने से संबंधित है। दूसरे रूप में यह स्त्रियों के लिए बनाई गई विशेष शिक्षा पद्धति को संदर्भित करता है। भारत में मध्य और पुनर्जागरण काल के दौरान स्त्रियों को पुरुषों से अलग तरह की शिक्षा देने की धारणा विकसित हुई थी। वर्तमान दौर में यह बात सर्व मान्य है की स्त्री को भी उतना शिक्षित होना चाहिये जितना कि पुरुष हो। यह सिद्ध सत्य है कि यदि माता शिक्षित न होगी तो देश की सन्तानो का कदापि कल्याण नही हो सकता।

भारत में वैदिक काल से ही स्त्रियों के लिए शिक्षा का व्यापक प्रचार था। भारत में ऐसा समय भी आया जबकी स्त्री और शूद्र जाति के लिये वेदों को पढ़ना निषिद कर दिया गया था। परन्तु यह धारणा बहुत दिनो तक स्थिर न रह सकी। मुगल काल में भी अनेक महिला विदुषियों का उल्लेख मिलता है।

पुनर्जागरण के दौर में भारत में स्त्री शिक्षा को नए सिरे से महत्व मिलने लगा। ईस्ट इंडिया कंपनी के द्वार सन 1854 में स्त्री शिक्षा को स्वीकार किया गया था। विभिन्न सरकारी और गैर सरकारी प्रयासों के कारण साक्षरत के दर 0.2ः से बदकर 6ः तक पहुँच गया था। कलकत्ता के विश्वविद्यालय महिलाओं को शिक्षा के लिए स्वीकार करने वाला पहला विश्वविद्यालय था। 1986 में शिक्षा संबंधी राष्ट्रीय नीति प्रत्येक राज्य को सामाजिक रूपरेखा के साथ शिक्षा का पुनर्गठन करने का निर्णय लिया था। शिक्षा लोकतंत्र के लिए जरूरी हो गया था और महिलाओं के हालात में बदलाव लाने के लिये जरूरी था।

जोन इलियोट ने पेहला महिला विश्वविद्यालय खोला था सन् 1849 में और उस विश्वविद्यालय क नाम बीथुने कालेज था। सन 1947 से लेकर भारत सरकार

पाठशाला में अधिक लड़कियों को पढ़ने का मौका देने के लिये, अधिक लड़कियों को पाठशाला में दाखिला करने के लिये और उनकी स्कूल में उपस्थिति बढ़ाने की कोशिश में अनेक योजनाएँ बनाए हैं जैसेकि निरू शुल्क पुस्तकें, दोपहर की भोजन।

सन् 1986 में राष्ट्रीय शिक्षा नीति को पुनर्गठन देने को सरकार ने फैसला किया। सरकार ने राज्य कि उन्नती की लिये, लोकतंत्र की लिये और महिलाओं का स्थिति को सुधारने की लिये महिलाओं को शिक्षा देना जरूरी समझा था। भारत की स्वतंत्रता के बाद सन् 1947 में विश्वविद्यालय शिक्षा आयोग को बनाया गया। आयोग ने सिफारिश किया कि महिलाओं कि शिक्षा में गुणवता में सुधार लिया जाए। भारत सरकार ने तुरन्त ही महिला साक्षारता की लिये साक्षर भारत मिशन की शुरूआत किया था।

इस मिशन में महिलाओं की अशिक्षा की दर को नीचे लाने की कोशिश की गई है। बुनियादी शिक्षा उन्हें अनिवार्य है और अपने स्वयं के जीवन और शरीर पर फैसला करने का अधिकार देने, बुनियादी स्वास्थ्य, पोषण और परिवार नियोजन की समझ के साथ लड़कियों और महिलाओं को शिक्षा प्रदान हो रही है।

लड़कियों और महिलाओं की शिक्षा गरीबी पर काबू पाने में एक महत्वपूर्ण कदम है। कुछ परिवारों का काम कर रहे पुरुष दुर्भाग्यपूर्ण दुर्घटनाओं में विकलांग हो जाते हैं। उस स्थिति में, परिवार का पूरा बोझ परिवारों की महिलाओं पर टिका रहता है। महिलाओं की ऐसी जरूरतों को पूरा करने के लिए उन्हे शिक्षित किया जाना चाहिए। वे विभिन्न क्षेत्रों में प्रवेश कर सकती हैं। महिलाएँ शिक्षकों, डॉक्टरों, वकीलों और प्रशासक के रूप में काम कर रही हैं। शिक्षित महिलाएँ अच्छी माँ बन सकती हैं। महिलाओं की शिक्षा से दहेज समस्या, बेरोजगारी की समस्या, आदि सामाजिक शांति से जुड़े मामलों को आसानी से हल किया जा सकता है।

स्त्री शिक्षा की भूमिका

संस्कृत में यह उक्ति प्रसिद्ध है- 'नास्ति विद्यासमं चक्षुर्नास्ति मातृ समोगुरुरू'. इसका मतलब यह है कि इस दुनिया में विद्या के समान क्षेत्र नहीं है और माता के समान गुरु नहीं है।' यह बात पूरी तरह सच है। बालक के विकास पर प्रथम और सबसे अधिक प्रभाव उसकी माता का ही पड़ता है। माता ही अपने बच्चे को पाठ पढ़ाती है। बालक का यह प्रारंभिक ज्ञान पत्थर पर बनी अमिट लकीर के समान जीवन का स्थायी आधार बन जाता है। लेकिन आज पूरे भारतवर्ष में इतने असामाजिक तत्व उभर आए हैं, जिन्होंने मां-बहनों का रिश्ता खत्म कर दिया है और जो भोग-विलास की जिंदगी

जीना अधिक उपयोगी समझने लगे हैं। यही कारण है कि कस्बों से लेकर शहरों की मां-बहनें असुरक्षित हैं। असुरक्षा के कारण ही बलात्कार और सामूहिक बलात्कार जैसी अनेक घटनाओं के जाल में फँसकर महिलाओं का जीवन नर्क बन चुका है। वास्तव में कहा जाता है कि महिलाओं की शिक्षा, किसी भी पुरुष की शिक्षा से कम महत्वपूर्ण नहीं है। समाज की नई रूपरेखा तैयार करने में महिलाओं की शिक्षा पुरुषों से सौ गुना अधिक उपयोगी है। इसलिए स्त्री शिक्षा के लिए सरकार को प्रयासरत होना चाहिए। तभी अत्याचार जैसी घटनाओं पर काबू पाया या सकता है।

लाभ

शिक्षा प्राप्त करके आर्थिक रूप से आत्मनिर्भर होने का अर्थ यह नहीं है कि नारी शिक्षित होकर पुरुष को अपना प्रतिद्वन्द्वी मानते हुए उसके सामने ही मोर्चा लेकर खड़ी हो जाए। बल्कि वह आर्थिक क्षेत्र में भी पुरुष के बराबर समानता का अधिकार प्राप्त करके उसके साथ मैत्रीपूर्ण सम्बन्ध के समीकर्ण बनाने में सक्षम बने। जिस प्रकार शरीर को भोजन की आवश्यकता होती है, उसी प्रकार मानसिक विकास के लिए शिक्षा आवश्यक है। अगर नारी ही शिक्षित नहीं होगी तो वह न तो सफल गृहिणी बन सकेगी और न कुशल माता। समाज में बाल-अपराध बढ़ने का कारण बालक का मानसिक रूप से विकसित न होना है। अगर एक माँ ही अशिक्षित होगी तो वह अपने बच्चों का सही मार्गदर्शन करके उनका मानसिक विकास कैसे कर पाएगी और एक स्वस्थ समाज का निर्माण एवं विकास सम्भव नहीं हो सकेगा। अतः यह कहा जा सकता है कि शिक्षित नारी ही भविष्य में निराशा एवं शोषण के अन्धकार से निकलकर परिवार, स्त्री शिक्षा स्त्री और शिक्षा को अनिवार्य रूप से जोड़ने वाली अवधारणा है। इसका एक रूप शिक्षा में स्त्रियों को पुरुषों की ही तरह शामिल करने से संबंधित है। दूसरे रूप में यह स्त्रियों के लिए बनाई गई विशेष शिक्षा पद्धति को संदर्भित करता है। भारत में मध्य और पुनर्जागरण काल के दौरान स्त्रियों को पुरुषों से अलग तरह की शिक्षा देने की धारणा विकसित हुई थी। वर्तमान दौर में यह बात सर्व मान्य है की स्त्री को भी उतना शिक्षित होना चाहिये जितना कि पुरुष हो। यह सिद्ध सत्य है कि यदि माता शिक्षित न होगी तो देश की सन्तानो का कदापि कल्याण नही हो सकता।

स्वरूप और महत्व

शिक्षा वयस्क जीवन के प्रति स्त्रियों के विकास के लिए एक आधार के रूप में विशेष रूप से महत्वपूर्ण भूमिका निभाती है। शिक्षा अन्य अधिकारों को सुरक्षित

करने के लिए लड़कियों और महिलाओं को सक्षम करने में एक महत्वपूर्ण भूमिका निभाती है। बहुत सी समस्याओं को पुरुषों से नहीं कह सकने के कारण महिलाएं कठिनाई का सामना करती रहती हैं। अगर महिलाएँ शिक्षित हों तो वे अपने घरों की सभी समस्याओं का समाधान कर सकती हैं। स्त्री शिक्षा राष्ट्रीय और अंतराष्ट्रीय विकास में मदद करता है। आर्थिक विकास और एक राष्ट्र के सकल घरेलू उत्पाद की वृद्धि में मदद करता है। महिला शिक्षा एक अच्छे समाज के निर्माण में मदद करती है।

वश्वविद्यालय शिक्षा आयोग (1948-49) और स्त्री शिक्षा

स्वतंत्रता प्राप्ति के पूर्व और आज की नारी में पर्याप्त अत्तर है। आज की नारी प्रगति शील एवं अपने अध्किारों के प्रति सचेत है। प्रशासन द्वारा नारी शिक्षा की दशा सुधरने हेतु 1948-49 में विश्व विद्यालय शिक्षा आयोग की स्थापना की गयी। जिसके अध्यक्ष सर्वपल्ली राधकृष्णन् थे, जो कि उच्च कोटि के भारतीय दार्शनिक, शिक्षाविद् तथा विद्वान् थे। वे आगे चलकर भारत के राष्ट्रपति बने। इस आयोग ने विश्वविद्यालय स्तर की शिक्षा के सभी पक्षों का अध्ययन किया और स्त्री शिक्षा संबंधी अपनी संस्तुतियाँ दीं। इस आयोग द्वारा की संस्तुतियों के आधर पर शिक्षा क्षेत्र में पर्याप्त सुधर हुये।

सह-शिक्षा संस्थाओं की स्थिति—आयोग ने अपनी रिपोर्ट में स्पष्ट किया कि देश में एक तो सह-शिक्षा विद्यालयों की कमी है। दूसरे जहां ये सुविधएं हैं भी वहां लड़कियों को इससे वंचित रखा जाता है। अक्सर लड़कियों के लिए स्वास्थ्य सुविधएँ नाममात्रा की होती है और कई बार तो इनका नितांत अभाव होता है। इस प्रकार मनोरंजन के स्थान और सुविधओं का भी लड़कियों के लिए उपयुक्त प्रबंध नहीं होता है। हमें अक्सर सुझाव दिया गया है कि जहाँ लड़के और लड़कियाँ साथ-साथ शिक्षा प्राप्त करते हों, वहाँ ऐसी स्त्री होनी चाहिये जो लड़कियों को उनके स्वास्थ्य के लिये निर्देशित कर सकें।

बहुत से ऐसे सह शिक्षा कालेज हैं जहां पर लड़कियों को विद्यालयी शिक्षा में स्थान ही नहीं मिल पाता। प्राप्त आंकड़ों के आधर पर एक ऐसे नगर में, जिसमें छात्राओं के लिए छात्राावास नहीं है, छात्राओं को अपनी कक्षा में पहुँचने के लिए प्रातः पाँच बजे चलना पड़ता है। इतना ही नहीं, वहाँ जलपान की भी व्यवस्था नहीं है। पिफर भी छात्राओं को सायंकाल तक कार्य करना पड़ता है। आयोग ने इस अभिप्राय की भी शिकायत पाई है कि छात्राओं के व्यवहार की ओर भी ध्यान देना

आवश्यक है। त्रुटिपूर्ण परीक्षा प्रणाली एवं शिक्षिकाओं की कम संख्या इसका प्रमुख कारण रहा।

विश्वविद्यालय शिक्षा आयोग ने प्रसिद्ध शिक्षाशास्त्रियों से भी इस सन्दर्भ में विचार-विमर्श किया।

एक अनुभवी स्त्री शिक्षिका ने आयोग को लिखा–''वर्तमान शिक्षित भारतीय स्त्री न तो प्रसन्न है, न संतुष्ट है और न ही वह समाज के लिए लाभकारी है। वह जीवन के लिए सर्वथा अयोग्य है। वह दलित है और उसे अपनी आवश्यकता व्यक्त करने के अवसर प्राप्त नहीं होते हैं। नई शिक्षा को ऐसे अवसर प्रदान करने चाहिए।''

एक कॉलेज के प्रधनाचार्य ने लिखा–''स्त्रियों को जिस प्रकार का जीवन व्यतीत करना होता है, उनकी शिक्षा उसके अनुरूप नहीं है। इससे केवल हानि ही नहीं होती, बल्कि अयोग्यता भी आती है।'' दूसरा विचार पुरुषों की आवश्यकताओं पर आधरित शिक्षण प्रणाली का स्त्री समस्याओं के निराकरण में असपफलता का रहा है। उनकी शिक्षा पारिवारिक दृष्टि से व्यवहारात्मक होनी चाहिए, जिससे वे अच्छी माताएँ, अध्यापिकाएँ और नर्सें बन सकें।

एक शिक्षक ने लिखा–''आज यह कहना उपयुक्त नहीं है कि स्त्रियाँ उन पाठ्यक्रमों को न अपनाएँ। जो पुरुषों के लिए है। इसलिए अब प्रश्न यह है कि उन्हें अतिरिक्त क्या सुविधएँ दी जाएँ।''

आयोग का मानना था कि शिक्षित स्त्रियों ने विकास के नये आयाम स्थापित किये हैं। लेकिन वे नए सामाजिक वातावरण में अपने को अकेली और अयोग्य पाती हैं। परिणामतः उनमें मानसिक कुंठा पैदा होती है। इसका कारण पुरुषों की तरह अपनी सचियों में परिवर्तन करने का प्रयास है।

आयोग का सुझाव था नारी शिक्षा की विविध समस्याओं का समाधन स्त्री शिक्षा के लिए उत्तरदायी व्यक्तियों को खोजना चाहिए और उनका ही उत्तरदायित्व है कि स्त्रियों के लिए शिक्षा की ऐसी रूपरेखा बनाएँ जो उनका जीवन सपफल बनाने में सहायक हो। एक शिक्षक ने लिखा कि स्त्री शिक्षा समय की ऐसी मांग थी जो पूर्व नियोजित व्यवस्था नहीं अपितु समय की मांग थी।

आयोग की संस्तुतियाँ–नारी शिक्षा के सम्बन्ध में विश्व विद्यालय आयोग ने निम्नवत संस्तुतियां प्रस्तुत की–

1. स्त्रियों को उनकी शिक्षा की वास्तविक अभिरुचियों से अवगत कराने के लिए उचित शिक्षा निर्देशन का कार्य योग्य व्यक्ति करें, जिससे वे पुरुषों का अनुकरण न करें, बल्कि पुरुषों की भाँति अच्छी शिक्षा प्राप्त करें और अपना

ध्येय बनाएँ। स्त्रियों और पुरुषों की शिक्षा में कुछ समानता होनी चाहिए, परंतु वह एक-सी न हो, जैसी कि आज है।

2. स्त्री शिक्षा को पर्याप्त प्रोत्साहन दिया जाए।
3. कॉलेज में जीवन की जो सुविधएँ प्रारंभ में लड़कों को दी गई थी, वे लड़कियों को भी उपलब्ध कराई जाएँ, भले ही वे कॉलेज पहले लड़कों के लिए खोले गए हों।
4. शिक्षा निर्देशन कार्य इस प्रकार किया जाए कि छात्राओं में न केवल गृह विज्ञान के प्रति लगाव बना रहे अपितु भविष्य में ने उससे लाभ भी उठा सकें।
5. छात्राओं की इस प्रकार साधरणतया सहायता करनी चाहिए कि वे सामान्य समाज में अ पना स्थान सभ्य नागरिक के रूप में पहचान लें और अपने को इसके अनुरूप बना सकें। कॉलेज की शिक्षा इस प्रकार की हो कि यह लक्ष्य प्राप्त हो सके।
6. समान कार्य के लिए स्त्री और पुरुष अध्यापकों को समान वेतन दिए जाएं।
7. सह-शिक्षा वाले कॉलेजों में पुरुषों पर इस बात का दबाव डाला जाए कि वे शालीनता रखें और सामाजिक जिम्मेदारी का अनुभव करें ताकि किसी प्रकार का गतिरोध न उत्पन्न हो।
8. जहाँ लड़के-लड़कियों के लिए नए कॉलेज बनाए जाएं वहाँ इस बात का ध्यान रहे कि वे वास्तव में सह-शिक्षा संस्थाएँ हों। इनमें स्त्री और पुरुषों की आवश्यकताओं का पूरा ध्यान रखा जाए।

किशोरावस्था के बालक एवं बालिकाओं के पृथक्-पृथक् स्कूल की व्यवस्था–विश्वविद्यालय शिक्षा आयोग का विचार था कि लोगों लोगों ने जिस तरह से अपने विचारों को व्यक्त किया है। उससे स्पष्ट होता है कि तेरह या चौदह वर्ष की आयु से लगभग अठारह वर्ष की आयु तक लड़के-लड़कियों के विद्यालय अलग-अलग हों। आयोग ने अनुभव किया कि यह स्पष्ट नहीं होता कि इस विचारधरा का आधर रीति-रिवाज है अथवा अनुभव है।

कॉलेज में सहशिक्षा–कॉलेज में प्रवेश हेतु आयोग द्वारा विद्यार्थियों की 18 वर्ष की आयु की संस्तुति की गयी एवं मेडिकल कॉलेजों की तरह सह-शिक्षा पर जोर दिया गया। इस स्तर पर अलग-अलग कॉलेजों के बनाने में अनावश्यक रूप से व्यय की वृद्धि होगी। लड़के-लड़कियों के लिए अलग-अलग कॉलेज बनाने से दोहरे उपकरणों की आवश्यकता होगी। जो अभी पर्याप्त नहीं है और साथ-ही-साथ इनका भार हमारे सीमित साधनों पर पड़ेगा। लड़कियों के अलग कॉलेजों में साधरणतया हीन

उपकरण, अपेक्षाकृत कम योग्यता वाले अध्यापक और अनुपयुक्त विद्यालय भवन होते हैं। जिससे उनकी अध्ययन प्रक्रिया सुचारू रूप से नहीं चल पाती। यथासंभव कॉलेज स्तर पर सह-शिक्षा को प्रोत्साहन दिया जाए।

स्त्री शिक्षा और माध्यमिक शिक्षा आयोग (1952-53)

सन् 1952 में भारत सरकार ने जिस माध्धमिक शिक्षा आयोग का गठन किया उसका उद्देश्य तत्कालीन शिक्षा में व्यापत त्रुटियों का निकारण करना था।

स्त्री शिक्षा के संबंध में आयोग की सिपफारिशें—माध्यमिक शिक्षा आयोग के विचार में शिक्षा के माध्यमिक स्तर पर स्त्रिायों एवं पुरुषों हेतु समान शिक्षा की संस्तुति की है। आयोग ने इस बात पर संतोष व्यक्त किया कि स्त्रिायाँ प्रत्येक संकाय में शिक्षा पा रही हैं। स्त्रिायों की शिक्षा में गृहविज्ञान के विशेष महत्त्व पर बल दिया गया क्योंकि यह अनुभव किया गया कि बदलती हुई परिस्थितियों में भी घर तथा परिवार की आंतरिक देखभाल का दायित्व प्रायः स्त्रिायों पर ही रहेगा। इसके लिए भी आवश्यक है कि स्त्री की शिक्षा पर विशेष जोर दिया जाए।

सह-शिक्षा के बारे में आयोग का मत था कि जहाँ तक संभव हो, लड़कियों के लिए स्कूल पृथक् रूप से खोले जाएँ, क्योंकि ऐसी परिस्थिति में लड़कियों के लिए अधिक-से-अधिक सुविधएँ जुटाना संभव है। सभी राज्यों में लड़कियों के स्कूल खोलने पर बल दिया जाए। परंतु जहाँ अभिभावकों को कोई आपत्ति न हो, वहां सह-शिक्षा प्रदान करने के लिये की विद्यालयों की स्थापना की जा सकती है। हालांकि अभी तक इसमें सपफलता नहीं मिल सकी है।

केवल लड़कों की शिक्षा के लिये विद्यालयों की स्थापना के सन्दर्भ में आयोग ने राज्य सरकार को सुझाव दिया कि वे स्त्री शिक्षा पर भी पर्याप्त ध्यान दें दोनों लिंगों के प्रति समान दृष्टिकोण अपनाना होगा। जनतांत्रिाक समाज व्यवस्था में नागरिक एवं सामाजिक उत्तरदायित्व निभाने के लिए आयोग ने सहशिक्षा संस्थाओं में अध्यापिकाओं की नियुक्ति तथा बालिकाओं की विशिष्ट आवश्यकता की ओर ध्यान आकर्षित किया है। आयोग ने अपनी संस्तुति में इस बात का भी उल्लेख किया कि गृहविज्ञान, संगीत, चित्राकारी आदि की शिक्षा का प्रबंध किया जाए। लड़कियों के लिए शौचालयों आदि की व्यवस्था की जाए। उन स्कूलों में भी जहाँ लड़कियों की संख्या बहुत कम हो, एक अध्यापिका अवश्य नियुक्त की जाए। इसी प्रकार अध्यापिकाओं के लिए अलग से स्टाफ रूम हो। लड़कियों के लिए पाठांतर क्रियाओं

की व्यवस्था की जाए। सह-शिक्षा संस्थाओं की प्रबंध समितियों में महिला सदस्य की प्रमुख कार्य निम्नवत हैं–

राष्ट्रीय समिति (श्रीमती दुर्गाबाई देशमुख समिति–1958-59) और स्त्री शिक्षा

भारतीय प्रशासन द्वारा सन् 1958 में श्रीमती दुर्गाबाई देशमुख की अध्यक्षता में एक समिति नियुक्त की गई, जिसका कार्य अन्य बातों के साथ प्राथमिक और माध्यमिक स्तर पर बालिकाओं की शिक्षा को प्रगति देने के बारे में सुझाव देना था। इस समिति के प्रमुख कार्य निम्नवत हैं–

1. कुछ वर्षों तक स्त्री शिक्षा को विशिष्ट समस्या मानकर उसके लिए विशेष कार्यक्रम बनाए जाएँ। ताकि इस दिशा में अपेक्षित सपफलता प्राप्त की जा सके।
2. इन कार्यक्रमों की देखभाल के लिए केंद्र में स्त्री शिक्षा की राष्ट्रीय परिषद् बनाई जाए और राज्यों में भी ऐसी परिषदें बनें।
3. बालिकाओं की शिक्षा के लिए शिक्षा निदेशालय में एक विशिष्ट अधिकारी की नियुक्ति की जाए।
4. प्राथमिक शिक्षा के लिए अध्यापिकाओं को तैयार करने हेतु प्रौढ़ स्त्रियों के लिए एक संक्षिप्त पाठ्यक्रम प्रारंभ किया जाए।
5. बालिकाओं को पुस्तकें और कपड़े निःशुल्क प्रदान किये जाएं।
6. अच्छी उपस्थिति दिखाने वाली बालिकाओं के लिए छात्रावृत्तियाँ भी दी जाएँ।
7. केन्द्र तथा राज्यों में ऐसी परिषदों का गठन किया जाय जो स्त्री शिक्षा के सन्दर्भ में कार्य करें।
8. ग्रामीण क्षेत्रों में अध्यापिकाओं को वहाँ जाकर काम करने के लिए प्रोत्साहित करने हेतु उन्हें बिना किराए का आवास तथा विशेष भत्ता दिया जाए।

श्रीमती हंसा मेहता समिति–1962 और स्त्री शिक्षा

श्रीमती हंसा मेहता की अध्यक्षता में सन् 1962 में एक समिति का गठन किया गया। इस समिति के गठन का उद्देश्य बालिकाओं के पाठ्य-क्रम सम्बन्धी समस्या का निराकरण करना था। इस समिति द्वारा दी गयी प्रमुख संस्तुतियों निम्नवत थी–

सामाजिक संगठन का नया आधर तथा स्त्रियों का कार्य–समिति ने सरकार नीतियों एवं जनता की भावनाओं तथा सह-शिक्षा के विकास तथा लड़कों व

लड़कियों के प्राथमिक, माध्यमिक, उच्चतर माध्यमिक और विश्वविद्यालय के पाठ्यक्रमों की भिन्नता के संबंध में निष्कर्ष निकाला कि सामाजिक व्यवस्था के नए आधर में लिंग भेद का विशेष प्रभाव नहीं पड़ेगा। अतः उन्हें लिंग भेद और पूर्व निश्चित व्यवहार को ध्यान दिए बिना व्यक्तित्व विकास का अवसर उपलब्ध कराया जाए। इसके द्वारा ही हम संविधन में लक्षित गणतांत्रिाक और समाजवादी ढंग के समाज का निर्माण कर सकेंगे।

समिति ने अनुभव किया कि भारत जैसे विकासशील देश में स्त्रिायों को पुरुषों के साथ सामाजिक और आर्थिक जिम्मेदारियाँ निभानी है। आयोग ने यह भी कहा कि वर्तमान समय की वैज्ञानिक व तकनीकी विकास के कारण गृहकार्य एवं बच्चों के पोषण में कापफी समय भी लगता है। अब उन्हें अपनी रुचि के अनुसार व्यवसाय चुनना चाहिए। इस समिति ने स्त्रिायों हेतु ऐसी शिक्षा की सिपफारिश की है। जिससे कि वे गृहस्थ पालन के साथ-साथ कोई निजी व्यवसाय अपनाकर अर्थोपार्जन भी कर सके। ताकि जीवन स्तर ऊँचा उठ सके।

स्त्रियों व पुरुषों को समान शिक्षा–समिति का कहना है कि हमें यदि नए आधर पर समाज का निर्माण करना है तो स्त्रिायों को वास्तविक और प्रभावपूर्ण ढंग से पुरुषों के समान अवसर देने होंगे। स्त्रियों और पुरुषों को समान शैक्षिक स्तर प्रदान करने के लिये समिति ने निम्नवत सुझाव दिया–

1. लड़के और लड़कियों की शैक्षिक असमानता को समाप्त किया जाए।
2. जनता को लिंग भेद के संबंध में वैज्ञानिक जानकारियाँ विस्तृत रूप में उपलब्ध कराई जाएँ जिससे वे एक-दूसरे के प्रति उचित भावनाएँ बना सकें। विशेषकर लोगों के मन से यह भाव निकालना है कि स्त्रिायाँ शारीरिक और मानसिक दृष्टि से हीन होती है। जनता और विशेषकर अध्यापकों को यह सोचना चाहिए कि कार्य और विषय का वितरण 'पुरुषों के लिए' और 'स्त्रिायों के लिए' वैज्ञानिक आधर पर नहीं है। इस प्रकार मानसिक अंतर का कारण भी लिंग भेद नहीं है, बल्कि सामाजिक वातावरण है।

सह-शिक्षा के संबंध में सुझाव–सह-शिक्षा के सन्दर्भ में समिति द्वारा निम्नवत सिपफारिश की गयी–

1. इस स्तर पर सह-शिक्षा के विरोध को समाप्त करने के लिए शैक्षिक प्रचार किया जाए। परंतु फिर भी पुराने ढंग के प्राथमिक और मिडिल स्कूल वहाँ स्थापित किए जाएँ, जहाँ ऐसी माँग है, इस उद्देश्य विद्यालयों में लड़कियों की संख्या को बढ़ाना था।

2. प्राथमिक कक्षाओं में सह-शिक्षा प्रणाली अपनाई जाए।
3. इसमें लड़कियों के स्कूलों में अध्यापक तथा लड़कों के स्कूलों में अध्यापिकाओं की नियुक्ति पर बल दिया गया। यह सिपफारिश माध्यमिक तथा विश्वविद्यालयीय स्वर की शिक्षण संस्थाओं के लिये की गयी। यद्यपि अभी तक देश के कुछ भागों में इनकी नियुक्ति पर प्रतिबंध है (या नियुक्त किए गए अध्यापकों को स्थायी करने पर लगे प्रतिबंध को समापत किया जाए)।
4. माध्यमिक और कॉलेज स्तर पर अभिभावकों की इच्छानुसार लड़कियों के लिए अलग या सम्मिलित संस्थाओं का निर्माण किया जाय।

पाठ्यक्रम का आधर–समानता के अध्किार के कारण समाज में शिक्षा पाठ्यक्रम का आधर लिंग भेद नहीं होना चाहिए, बल्कि शिक्षा का आधर योग्यता एवं रुचि पर आधरित होना चाहिए। पाठ्यक्रम के नवीन आधर की किसित करने में विभिन्न मानकों को अपनाना होगा इसमें समय भी लगेगा। वर्तमान पुरानी परंपरा के अनुसार लड़के-लड़कियों में मनोवैज्ञानिक भिन्नताएँ और समाज की व्यावहारिक भिन्नता को मानना होगा और इसे ही लड़के-लड़कियों के लिए पाठ्यक्रम बनाने के लिए व्यावहारिक आधर मानना होगा। ऐसा करते समय इस बात का ध्यान रखना चाहिए कि वे मान्यताएँ और भावनाएँ उत्पन्न हों, जो आगे आवश्यक हैं और ऐसा कोई भी कार्य न किया जाए, जिससे वर्तमान विभिन्नताओं में वृद्धि हो। इन्हीं मूल विश्वासों पर लड़के-लड़कियों के पाठ्यक्रम में अंतर की सिपफारिश रिपोर्ट में की गई है।

प्राइमरी स्तर या प्राथमिक कक्षाओं के लिये सिपफारिश–

1. बचपन में बच्चे जिस सामाजिक परिवेश में रहते हैं उसका प्रभाव उनके मस्तिष्क पर पड़ता है और वहीं वे लड़कों तथा लड़कियों के कार्यों में अन्तर समझ पाते हैं। प्राथमिक स्कूलों में साधरण सिलाई, खाना बनाना, नाच-गाना, लड़के-लड़कियों को समान रूप से सिखाया जाए। इससे पुरानी विचारधरा कम होगी और बालकों में नए और स्वस्थ भाव उत्पन्न होंगे।
2. प्राथमिक कक्षाओं में लड़के-लड़कियों के पाठ्यक्रम में कोई अन्तर न रखा जाए।
3. प्राथमिक स्कूलों में अध्यापिकाओं के अनुपात में वृद्धि ही न की जाए अपितु सभी प्राथमिक स्कूलों में अध्यापिकाएँ नियुक्त की जाएँ। इस दिशा में राष्ट्रीय स्त्री शिक्षा परिषद् की सिपफारिश कि अधिक अध्यापिकाएँ प्राथमिक स्कूलों में नियुक्त की जाएँ, को प्रभावपूर्ण क्रियात्मक रूप दिया जाए।

जूनियर स्तर के लिए सिपफारिश–

यूनियर स्तर पर समिति ने निम्नवत संस्तुति प्रस्तुत की–

1. हमें यह सुझाव दिया गया कि मिडिल स्तर पर ऐच्छिक विषय शुरुआत किए जाएँ। इसके दो कारण बताए गए–प्रथम, अधिकांश लड़कियाँ यही शिक्षा प्राप्त करेंगी, द्वितीय, यह उनके भविष्य के लिए उपयोगी होनी चाहिए। हम इस विचार को स्वीकार नहीं कर सकते। हमारे विचार में ऐच्छिक पाठ्यक्रम के लिए ग्यारह या बारह वर्ष की आयु छोटी है और इस छोटी आयु में ऐच्छिक पाठ्यक्रम के आरंभ करने से कोई विशेष लाभ नहीं होगा। समिति ने मिडिल स्कूलों के बाद व्यावसायिक पाठ्यक्रम प्रारम्भ करने की सिपफारिश की।
2. देश का लक्ष्य चौदह वर्ष की अवस्था होने तक सभी बच्चों को अनिवार्य और निःशुल्क शिक्षा देना है। लड़के-लड़कियों के लिए सामान्य शिक्षा का न्यूनतम पाठ्यक्रम एक-सा होना चाहिए और लिंग के आधर पर किसी भी प्रकार का भेद नहीं होना चाहिए। इस एक जैसे पाठ्यक्रम के अन्तर्गत गृहविज्ञान भी मूल विषय होना चाहिए। क्योंकि यह ऐसा विषय है जो भविष्य में एक व्यवसाय प्रदान कर सकता है।
3. सभी मिडिल स्कूलों में अध्यापक और अध्यापिकाओं का मिला-जुला स्टापफ होना चाहिए परंतु जहाँ लड़कों के स्कूल में लड़कियाँ पढ़ती हैं, वहाँ अध्यापिकाएँ नियुक्त की जानी चाहिए।
4. समस्त मिडिल स्कूलों में स्थानीय दशाओं के अनुकूल एक कला के सिखाने की व्यवस्था होनी चाहिए और जहाँ संभव हो, वहाँ एक से अधिक कलाएँ सिखाई जाएँ। जहाँ एक ही कला आरंभ की गई हों, वहाँ सभी लड़के-लड़कियों को यह सिखनी चाहिए। इस प्रकार की कलाओं के अध्कि होने पर उन्हें रुचि के अनुरूप कला सीखने की स्वतंत्रता प्रदान कर देनी चाहिये।
5. लड़कियों के लिए मिडिल स्कूल शिक्षा को व्यापक बनाने हेतु ज्यादा से ज्यादा कार्य करना चाहिए। यह कार्य सह-शिक्षा वाले स्कूलों में अध्यापिकाओं की नियुक्ति अथवा लड़कियों के लिए पृथक् स्कूल स्थापित करके किया जा सकता है। जहाँ ये दोनों कार्य संभव न हों वहाँ इन्हें छात्रावास की सुविध उपलब्ध् करायी जाय। जहाँ मिडिल स्कूलों में पढ़नेवाली लड़कियों को घर से स्कूल जाने के लिए यातायात की समस्या हैं, वहाँ उन्हें यातायात सुविधएँ सुलभ कराई जाएँ।

माध्यमिक स्तर के लिए सिपफारिश

माध्यमिक शिक्षा के सन्दर्भ में समिति ने निम्नवत सिपफारिशें की–

इसमें छात्रों की रुचियों एवं योग्याताओं को विशेष महत्त्व दिया गया है। यदि इस कार्यक्रम को सुचारु रूप से क्रियात्मक रूप दिया जाए तो यह लड़कियों की सभी विशेष आवश्यकताओं को पूर्ण कर सकता है। इसलिए समिति ने सिपफारिश की कि माध्यमिक स्तर पर गृहविज्ञान और कला जैसे बहुमुखी पाठ्यक्रम लड़कियों की आवश्यकताओं को पूरा करने के लिए प्रारंभ किए जाएँ।

1. समिति को प्राप्त लिखित और मौखिक रूप में लड़कियों की शिक्षा के सन्दर्भ में जो सूचनाएं मिली उससे जनता की उनसे तुष्टि का पता चला। उदाहरणार्थ, बहु उद्देशीय स्कूलों का प्रारंभ, सामाजिक विषय और साधरण विज्ञान ;जनरल साइंसद्ध विषयों का संगठन, व्यवस्था का ढंग ओर ऐसी ही दूसरी समस्याएँ वर्तमान आलोचना का विषय थीं। इस समिति का कार्य इन सुझावों का अध्ययन करना नहीं था, इसके बाद भी इसने यह अनुभव किया कि शीघ्र ही इस कार्य का मूल्यांकन किया जाए। जब तक विस्तृत सुधर नहीं किए जाते तब तक माध्यमिक स्तर पर लड़कियों के लिए अलग पाठ्यक्रम का कार्यक्रम लागू न हीं किया जा सकता।
2. समिति की राय में माध्यमिक शिक्षा का पाठ्यक्रम का निम्नवत स्वरूप होना चाहिये–
3. जूनियर स्तर की शिक्षा के विषय में समिति ने सिपफारिश की है कि इस स्तर पर एक से तीन वर्ष की अवधि वाले व्यवसायिक पाठ्यक्रम होने चाहिए। लड़के-लड़कियों को व्यावसायिक योग्यता देने के उद्देश्य से इन्हें साधरण शिक्षा के साथ-साथ अलग से प्रारंभ किया जाए। ताकि लड़कियों की शैक्षिक आवश्यकताओं की पूर्ति हो सके। एवं तुलनात्मक दृष्टि से लड़कियों के लिए मिडिल स्कूल शिक्षा की व्यवस्था अपूर्ण है, विशेषकर ग्रामीण क्षेत्राों में तो इसका विकास बहुत ही कम हुआ है। इसलिए ऐसी लड़कियों को इन पाठ्यक्रमों में प्रवेश देना उपयुक्त होगा, जिन्होंने प्रारंभिक शिक्षा प्राप्त नहीं की है। इसके लिये शोध कार्यों पर भी विशेष ध्यान देने की आवश्यकता होती है।
4. माध्यमिक शिक्षा के पाठ्यक्रमों का उद्देश्य व्यावसायिक निपुणता के रूप में ही न हीं अपितु कला तथा हस्तकला के रूप में विकसित किया जाना चाहिये।

माध्यमिक शिक्षा के बाद एक बार फिर विभाजन होना चाहिए। कुछ छात्रा मानविकी अथवा विज्ञान पाठ्यक्रमों का अध्ययन करके विश्वविद्यालय में प्रवेश लेंगे

और दूसरे लोग व्यावहारिक जीवन में प्रवेश करने के लिए विशेष पाठ्यक्रमों में प्रशिक्षण प्राप्त करेंगे, जिससे कि वे व्यावसायिक योग्यता प्राप्त कर सकें। इन पाठ्यक्रमों में विविधता होनी चाहिए। इस विवधता का आधर श्रम की आवश्यकता और विभिन्न क्षेत्राों की सामाजिक आवश्यकता होनी चाहिए।

माध्यमिक पाठ्यक्रम में सुधर हेतु समिति के सुझाव—माध्यमिक पाठ्यक्रम में सुधर हेतु समिति ने निम्नवत सुझाव दिया—

1. इन विविध पाठ्यक्रमों के अध्यापन कार्य के लिए अध्यापकों तथा अध्यापिकाओं को प्रशिक्षित करना चाहिए।
2. वर्तमान विविध पाठ्यक्रमों में अनेक उपयोगी विषयों को सम्मिलित किया जाना चाहिए।
3. माध्यमिक स्कूलों के पाठ्यक्रम में गृहविज्ञान को सम्मिलित किए जाने पर काफी आलोचना हुई। जिसका कारण पाठ्य पुस्तकों का अभाव, अध्यापकों का अभाव और विश्वविद्यालय द्वारा मान्यता का नहीं दिया जाना; अर्थात् आलोचना का मूल कारण सुव्यवस्थिति ढंग से क्रियात्मक रूप नहीं दिया जाना है। समिति ने इसके व्यावहारिक रूप पर विशेष बल दिया।
4. नए ऐच्छिक विषयों को पढ़ाने के लिए लड़कियों के स्कूलों को वित्तीय सहायता देना चाहिए और पढ़ाये जाने वाले विषयों को उन्नत बनाना चाहिये।
5. माध्यमिक स्तर पर लिंग शिक्षा देना आवश्यक है। फिर भी इसे पाठ्यक्रम में सम्मिलित न किया जाए और इसकी शिक्षा का भार ऐसे व्यक्तियों को दिया जाए जो अनुभवी, योग्य और प्रशिक्षित हों। यदि उपयुक्त परिस्थितियाँ और प्रशिक्षित अध्यापक न हों तो इसे प्रारंभ करने का प्रयत्न न किया जाए, अन्यागि शिक्षण पद्धति में नवीन समस्याएं उत्पन्न होती है।
6. संगीत और चित्राकला लड़कियों के दूसरे प्रिय विषय हैं। माध्यमिक स्कूल में इन विषयों को पढ़ाने की व्यवस्था बहुत कम है। पर्याप्त मात्राा में अध्यापक नहीं मिलते हैं और बहुत से क्षेत्राों में वेतनमान आकर्षक नहीं है। इसलिए सिपफारिश है कि अध्यापकों को आवश्यक प्रशिक्षण दिया जाए और जहाँ आवश्यक हो, वहाँ वेतनमान में संशोधन किया जाए। इन विषयों को पढ़ाने के लिए लड़कियों के स्कूलों को उदारतापूर्वक आर्थिक सहायता दी जाए। जिससे संगीत और चित्र कला का पर्याप्त विकास हो सके।
7. गणित और विज्ञान महत्त्वपूर्ण विषय हैं। इनके ही द्वारा विश्वविद्यालय के महत्त्वपूर्ण पाठ्यक्रमों में प्रवेश पाने में पर्याप्त सुविध मिलती है। माध्यमिक

स्कूलों में गणित और विज्ञान की शिक्षा ग्रहण करने वाली बालिकाओं को अध्यापन हेतु विशिष्ट रूप से प्रोत्साहित करना चाहिए, जिससे उच्च शिक्षण संस्थाओं में वे प्रवेश पा सकें।

8. कुछ लड़कियां ऐसी होती हैं जिनमें पर्याप्त योग्यता व स्मरण शक्ति होती है परन्तु आर्थिक समस्याओं या यातायात की असुविध के कारण नहीं पढ़ पाती। ऐसी स्थिति में उनके लिए छात्राावास बनने चाहिए। इन छात्राावासों में रहनेवाली लड़कियों को योग्यता और आवश्यकता के अनुसार खर्चे के लिए पर्याप्त छात्रावृत्ति मिलनी चाहिए। जिन स्थानों पर लड़कियों को घर से माध्यमिक स्कूल जाने में यातायात की कठिनाई हैं, वहाँ–जहाँ तक संभव हो–यातायात की सुविधएँ उपलब्ध कराई जाएँ

पाठांतर क्रियाओं के लिए सिपफारिशें– पाठ्यक्रम और को-करिक्यूलर (सहायक) कार्यक्रम में पर्याप्त संतुलन होना चाहिए और उनका एक संपूर्ण रूप होना चाहिए। समिति ने यह भी सिपफारिश की पाठ्यक्रम तथा सहायक पाठ्यक्रम में संतुलन स्थापित करने के लिये शिक्षिकाओं को प्रशिक्षित किया जाना अनिवार्य है।

पाठ्य पुस्तकों के स्वरूप के लिए सुझाव–पाठ्य पुस्तकें किस प्रकार की हों इस सम्बन्ध में समिति ने निम्नवत सुझाव दिये–

1. पाठ्य पुस्तकों का महत्त्वपूर्ण कार्य दोनों (लड़के-लड़कियों) में एक-दूसरे के लिंग के प्रति आदर तथा सद्भावना उत्पन्न करना है। समस्या के इस पक्ष की ओर अधिक ध्यान देने की आवश्यकता है।
2. वर्तमान पाठ्य पुस्तकें चाहे लड़कों के लिए हों या लड़कियों के लिए, उनमें सुधर की आवश्यकता है। उन्हें सुधरने के लिए शीघ्र प्रयत्न किया जाना चाहिए।
3. भाषा और सामाजिक अध्ययन की पाठ्य पुस्तकों में लड़कियों की आवश्यकताओं, अनुभवों और समस्याओं का ध्यान रखा जाना चाहिए। इस उद्देश्य की पूर्ति के लिए स्त्रिायों के प्रिय त्योहार, खेल और महान् नारियों की जीवनियाँ आदि पाठ्य पुस्तकों में सम्मिलित की जानी चाहिए।

विश्वविद्यालय स्तर पर स्त्री शिक्षा के लिए सुझाव–विश्व विद्यालयीय स्तर पर स्त्री शिक्षा के सन्दर्भ में समिति ने निम्नवत सुझाव प्रस्तुत किये–

1. समिति की सिपफारिश है कि लड़कियों की विशेष आवश्यकताओं की पूर्ति करने वाले पाठ्यक्रमों का अध्यन किया जाए पाठ्यक्रम को दोषमुक्त किया जाय।

2. विश्वविद्यालय और राज्य सरकारों का दायित्व है कि वे माध्यमिक स्कूलों में पढ़ाए जाने वाले विविध पाठ्यक्रमों के लिए अध्यापकों और अध्यापिकाओं को प्रशिक्षण दें। इस दिशा में कार्य करने के लिए विश्वविद्यालयों के लिए पर्याप्त क्षेत्रा हैं और उन्हें चाहिए कि माध्यमिक स्कूलों में प्रारंभ किए गए विभिन्न पाठ्यक्रमों के लिए प्रशिक्षण दें। यदि विश्व विद्यालय प्रशासन इस कार्य को पूरा न कर सके तो प्रान्तीय प्रशासन से ी सहयोग लिया जाना चाहिये।

व्यावसायिक शिक्षा के लिए सुझाव–व्यावसायिक शिक्षा के सन्दर्भ में समिति द्वारा दिये गये सुझाव निम्नवत हैं–

1. वर्तमान शिक्षा प्रणाली में माध्यमिक शिक्षा की सबसे बड़ी कमजोरी व्यावसायिक शिक्षा का अभाव है। इसलिए शीघ्र-से-शीघ्र ऐसे उपाय किए जाएँ कि लड़के-लड़कियों के लिए इसकी समुचित व्यवस्था हो सके।
2. यह बहुत ही आवश्यक है कि समाज की श्रम-शक्ति की आवश्यकताओं को देखते हुए व्यावसायिक पाठ्यक्रम की व्यवस्था माध्यमिक और उच्च शिक्षा स्तर पर की जाए। इस दिशा में अभी तक बहुत कम काम हुआ है। स्त्री श्रम-शक्ति की ओर ध्यानाकर्षित करे इसके लिये नई दिल्ली में मानव शक्ति अनुसंधन की स्थापना की गयी। इसका प्रमुख उद्देश्य निम्नवत रहा।
3. इन व्यवसायों के लिए स्त्रियों को किस प्रकार का प्रशिक्षण दिया जाए।
4. इन व्यवसायों में पर्याप्त मात्राा में स्त्रियों की नियुक्ति के संबंध में आनेवाली सामाजिक, प्रशासनिक और आर्थिक कठिनाइयों को किस प्रकार दूर किया जाए।
5. विभिन्न व्यवसायों में स्त्रियों के लिए उपयुक्त अवसर।
6. मिडिल स्कूल के बाद ऐसे व्यवसायों के लिए जूनियर तकनीकी और व्यावसायिक स्कूल स्थापित किए जाएँ, जिनमें स्त्रियों को नौकरी के अधिक अवसर हों।
7. मध्य वर्ग की स्त्रियों के लिये व्यावसायिक शिक्षा की व्यवस्था करनी चाहिये ताकि भविष्य में वे स्वावलम्बी हो सके।
8. विश्वविद्यालय शिक्षा के बाद विविध व्यावसायिक पाठ्यक्रमों की व्यवस्था की जाए, जिससे स्त्रियाँ अधिक-से-अधिक व्यवसायों में उत्तरदायित्व और प्रबंधकों के पद का भार सँभाल सकें।
9. स्त्रियों को ऐसी व्यावसायिक शिक्षा दी जानी चाहिये कि वे विवाह के बाद भी पार्ट टाइम में व्यवसाय कर सकें। जिनमें स्त्रियों को पार्ट टाइम नौकरी दी जा

सके और व्यवस्थापकों तथ नौकरी करनेवाली स्त्रियों को भावात्मक दृष्टि से इस कार्य के लिए तैयार करना चाहिए।

भक्तवत्सलम् समिति–1963 और ग्रामीण क्षेत्रों की लड़कियों की शिक्षा

भक्तवत्सलम् समिति का गठन–राष्ट्रीय स्त्री शिक्षा परिषद् के सभापति ने एक समिति नियुक्त की, जिसके सभापति मद्रास राज्य के मुख्यमंत्राी श्री एम. भक्तवत्सलम् थे। इस समिति को स्त्री शिक्षा के विकास के लिए जन सहयोग प्राप्त करने और विभिन्न सुझाव देने का कार्य दिया गया। समिति ने शिक्षा के क्षेत्रा में पिछड़े राज्यों जैसे बिहार, जम्मू व कश्मीर, मध्य प्रदेश, उड़ीसा, राजस्थान और उत्तर प्रदेश का भ्रमण किया और तुलनात्मक अध्ययन के आधर पर अपनी रिपोर्ट सभापति को दी। इसके पश्चात् परिषद् के सदस्यों ने रिपोर्ट को स्वीकार किया।

समिति की सिपफारिशें–समिति की सिपफारिशों को जिन प्रमुख बीस भागों में वर्गीकृत किया गया है उन पर नीचे प्रकाश निक्षेप किया जा रहा है–

जनता के सहयोग के क्षेत्र–जनता के प्रत्यक्ष क्षेत्रों को निम्नवत रूपों में प्रोत्साहित करना चाहिए–

1. कुछ ऐसे छात्र होते हैं जिसकी आर्थिक पृष्ठभूमि कमजोर होती है उनको पाठ्य पुस्तकें और लेखन सामग्री उपलब्ध कराने के लिए।
2. निर्धन और जरूरतमंद छात्राों को विद्यालयीय पोशाक देने के लिए।
3. स्कूल भवन निर्माण के लिए।
4. प्राइवेट स्कूलों की स्थापना के लिए।
5. स्कूल भवन के रखरखाव में सहायता देने के लिए।
6. स्त्रियों में अध्यापन कार्य को लोकप्रिय बनाने के लिए प्रचार कार्य में सहयोग के लिए।
7. अध्यापन व्यवसाय के प्रति जनता में आदर भाव उत्पन्न करने और समाज में अध्यापकों को अधिक प्रतिष्ठि दिलाने के लिए।
8. विवाहित स्त्रियों को कम-से-कम पार्ट टाइम अध्यापिकाओं और स्कूल मदर्स के रूप में कार्य करने हेतु विशेष रूप से प्रोत्साहित करना।
9. मिड-डे-मील्स की व्यवस्था के लिए।
10. श्रमदान द्वारा स्कूल भवन का निर्माण करने के लिए।
11. प्राथमिक कक्षाओं में सह-शिक्षा को व्यवहार परक बनाने के लिए।

12. अध्यापकों और छात्रों के निवास स्थान की व्यवस्था में सहायता देने के लिए। यह सहायता ग्रामीण क्षेत्रों के विकास के लिये विशेष अनिवार्य है।
13. लड़कियों की शिक्षा के प्रति विरोध भावना को समाप्त करने एवं पर्याप्त प्रचार में सहयोग देने के लिए।
14. कतिपय सुधर के लिये सुधर समितियों को सहयोग भी लेना चाहिये ।उ

स्त्री-शिक्षा परिषद्—स्त्री शिक्षा परिषद का प्रमुख कार्य प्रयासों को व्यावहारिक रूप देना एवं स्त्री शिक्षा को गति प्रदान करना है। इसे मंडल, महिला मंडल और ऐसी ही दूसरी ग्रामीण तथा नगर संस्थाओं में तालमेल स्थापित करने का कार्य करना चाहिए। स्त्री शिक्षा परिषद् तथा उससे संबंधित संस्थाओं का लक्ष्य नारी शिक्षा के प्रति समाज में जागरूकता उत्पन्न करना तथा उसका प्रचार प्रसार करना है।

राज्य सरकारें तथा प्रचार कार्यक्रम—राज्य सरकारों को स्त्री शिक्षा के प्रति स्त्री शिक्षा के क्षेत्रा में कार्य करनेवाली ऐच्छिक संस्थाओं की सहायता करके व छात्रा नामांकन आंदोलन जो साधरणतया जून में और विशेष रूप से लड़कियों के संबंध में दशहरे के दिनों में होता है के द्वारा रेडियो द्वारा वार्तालाप, श्रव्य-दृश्य साधनों और पत्रा-पत्रिाकाओं के अध्ययन गोष्ठी आयोजन एवं स्कूल सुधर सम्मेलन के द्वारा जागरुक करना चाहिये।

समस्त क्षेत्रों में स्कूल की स्थापना—सरकार का यह प्रमुख लक्ष्य होना चाहिये कि प्रत्येक तीन सौआबादी वाले क्षेत्र में एक प्राथमिक विद्यालय की स्थापना की जाय। इसके छात्र तथा शिक्षक अनुपात में संतुलन बना रहेगा। पिफर पहाड़ी और छितरी जनसंख्या वाले क्षेत्रों में तो तीन सौ से कम जनसंख्या वाले क्षेत्रों में भी प्राथमिक स्कूल स्थापित करें, जिससे कि समस्त जनसंख्या को एक मील के अंदर ही शिक्षा सुविध मिल जाए। तीन मील अर्द्धव्यास के घेरे में एक हजार पाँच सौ और इससे अधिक जनसंख्यावाले क्षेत्र में मिडिल स्कूल स्थापित किए जाएँ। माध्यमिक स्कूलों का आयोजन किया जाए, ताकि वे क्षेत्रा के प्राथमिक तथा मिडिल स्कूल छोड़ने वाले छात्रों की आवश्यकताओं को पूरा कर सकें। साधरणतया पाँच मील अर्द्धव्यास के घेरे में एक माध्यमिक स्कूल अवश्य होना चाहिए।

नए भवन—आधुनिक आवश्यकताओं के अनुरूप विद्यालय भवन बनाये जाएं समय-समय पर स्कूल भवन और छात्राावास का निरीक्षण होना चाहिए, जिससे सपफाई और भवनों की सुदृढ़ता की ओर उचित ध्यान दिया जा सके।

पूर्व प्राथमिक स्कूल—ग्रामीण क्षेत्रों में विशेष रूप से पूर्व प्राथमिक स्कूलों का संबंध प्राथमिक स्कूलों से होना अनिवार्य है, जिससे छोटी आयु में ही बच्चों को स्कूल जाने की आदत पड़ जाए।

विशेष भत्ता—अध्यापिकाओं की नियुक्ति के के लिये सरल और उपयोगी मानक बनाये जाने चाहिये। पहाड़ी, छितरी आबादी वाले व पिछड़े क्षेत्रों में कार्य करनेवाली अध्यापिकाओं को विशेष भत्ते के रूप में आर्थिक प्रोत्साहन देना चाहिए। प्रत्येक राज्य में ऐसे क्षेत्रा निश्चित कर देने चाहिए, जहाँ यह भत्ता दिया जाए।

स्कूलों में आकर्षक कार्य—स्कूलों का कार्य आकर्षक होना चाहिए और वर्तमान शिक्षा बच्चों की अनिवार्यता के अनुसार हो।

आयु की सीमा में छूट—ग्रामीण क्षेत्रा में कार्य करने के लिए विवाहित और अविवाहित स्त्रिायों को अधिक संख्या में आकर्षित करने के लिए आयु की सीमा में छूट देनी चाहिए। जो विवाहित स्त्रिायाँ पार्ट टाइम रूप में कार्य करती हैं। उनके अध्यापन कार्य की परिस्थितियों को आकर्षक बनाया जाना चाहिए।

संक्षिप्त पाठ्यक्रम—ग्रामीण क्षेत्रों में व्यस्क स्त्रियां अध्ययन का कार्य भारत संभाल सकें इसके लिये यह अनिवार्य है कि पाठ्यक्रम संक्षिप्त रखा जाय।

छात्राावासीय प्रशिक्षण स्कूल—छात्राावास सहित प्रशिक्षण स्कूल ग्रामीण क्षेत्रा में स्थिति हों, जहाँ लड़कियों को प्रशिक्षण दिया जाए और वे वापस जाकर अपन गाँव में कार्य करें। इससे अध्यापिकाओं की प्राप्ति में समस्या नहीं होगी।

प्रशिक्षण स्कूलों और कॉलेजों में प्रशिक्षणार्थी का चयन करते समय अधिकतर ग्रामीण क्षेत्रा की स्त्रिायों को प्राथमिकता दी जानी चाहिए।

गाँव के समीप नियुक्ति—अध्यापिकाओं को सेवा कार्य के लिए उनके अपने ग्रामीण परिवेश में ही भेजना चाहिए।

साक्षर कक्षाएँ—समाज शिक्षा क्षेत्रा में ग्रामीण महिलाओं ज्यादा से ज्यादा साक्षर कक्षाएँ स्थापित करने के लिए निश्चित कार्य किया जाए और स्त्रिायों में शिक्षा प्रचार के लिए प्रभावपूर्ण तरीके से कार्य किया जाए। इसमें राज्य सरकार के शिक्षा विभाग की विशेष भूमिका होती है।

छात्राावास निर्माण कार्य—छात्रावासों की कमी के कारण भी विद्यालयों में लड़कियों की संख्या कम होती है। यह प्रभाव ग्रामीण क्षेत्रों में विशेषकर अधिक पड़ता है। इसलिए राज्यों की योजना में छात्राावास निर्माण कार्य को प्राथमिकता देनी चाहिए और इस क्षेत्रा में कार्य करनेवाली समस्त संस्थाओं को छात्राावास निर्माण कार्य के लिए

अधिक-से-अधिक वित्तीय मदद मिलनी चाहिए, चाहे वे संस्थाएँ व्यक्तिगत हों अथवा स्थानीय।

पाठ्यक्रम में सुधर—हालांकि प्राथमिक और मिडिल स्कूलों में लड़के-लड़कियों का पाठ्यक्रम समान होने के बाद भी लड़कियों को अनुकूल विषय चुनाव के लिये ऐच्छिक विषयों की व्यवस्था होनी चाहिये।

स्त्री शिक्षा परिषद्—राज्य सरकारों को राज्य स्त्री शिक्षा परिषदों का उपयोग करना चाहिए और परिषद् को सचिवालय और वित्तीय सहायता देकर उपयोगी बनाएँ, जिससे वे अपने सदस्यों को यात्रा भत्ता और दैनिक भत्ता दे सकें। तभी वे सदस्य क्षेत्रा के कार्यकर्ताओं से संबंध स्थापित कर सकेंगे और उन्हें उचित सलाह, निर्देशन और प्रोत्साहन भी दे सकेंगे।

स्कूल के कार्य समय में बदलाव—स्कूल के कार्य समय और छुट्टियों को मौसम के अनुसार बदलने से कुछ स्थानों पर अभिभावकों को बच्चों को स्कूल भेजने में काफी मदद मिलती है, इसके अभाव में वे अपने बच्चों को स्कूल भेजने में असमर्थ होते हैं।

कम विकसित राज्यों की विशेष समस्याएँ तथा सुविधएँ—बिहार, जम्मू-कश्मीर, मध्य प्रदेश, उड़ीसा, राजस्थान और उत्तर प्रदेश जैसे कम विकसित राज्यों की एक विशेष प्रकार की समस्याएँ हैं। इन राज्यों को इस दिशा में अतिरिक्त प्रयास करने होंगे और कक्षा एक से पाँच और छह से आठ तक छात्राओं की संख्या को बढ़ाने का लक्ष्य सामने रखना होगा। माध्यमिक शिक्षा के विकास के लिये छात्राओं की संख्या में वृद्धि करनी होगी। निःशुल्क आवास, बिना मूल्य की पुस्तकें और निःशुल्क परिवहन प्रबन्ध की जानी चाहिए।

दो पाली प्रणाली—शिक्षण संस्थाओं में स्थान की कमी के कारण शिक्षण कार्य दो पाली में किया जाय परन्तु इस प्रकार की शिक्षा प्रणाली को स्थायी रूप से न अपनाकर कुछ समय के लिये विकल्प के रूप में अपनाया जाना चाहिये।

अध्यापिकाओं की नियुक्त—माध्यमिक विद्यालयों में अध्यापिकाओं की नियुक्ति के सन्दर्भ में समिति ने निम्नवत सुझाव प्रस्तुत किये हैं—

1. वयस्क स्त्रियों के लिए संक्षिप्त पाठ्यक्रम की व्यवस्था बड़े पैमाने पर की जाए। यह व्यवस्था विशेष ग्रामीण क्षेत्रों में की जाए, जिससे वे ग्रामीण क्षेत्रों को शिक्षित किया जा सके।
2. अध्यापकों की कमी के कारण यथासंभव अध्यापिकाएँ नियुक्त करने का प्रयास करना चाहिए। सभी स्कूलों की प्राथमिक कक्षाओं के लिए साधरणतया

अध्यापिकाओं का बेहतर समझा जाता है। राज्य सरकारों को सामान्य व सहशिक्षा वाले स्कूलां में अध्यापिकाओं की विशेष रूप से नियुक्ति करनी चाहिये। अधिक अध्यापिकाओं की नियुक्ति से सह-शिक्षावाले स्कूलों में बच्चों को भेजने के लिए अभिभावकों भी प्रेरित होगें।

3. जिन विवाहित स्त्रियों ने अध्यापन कार्य छोड़ दिया हो, उन्हें फिर से वापस बुलाना चाहिए, भले ही उन्होंने दूसरे व्यवसाय में कार्य करना आरंभ कर दिया हो।
4. अध्यापिकाओं की नियुक्ति के उदार आधर बनाए जाएँ और उनकी कार्य दशाओं को प्रभावी बनाया जाए। पहाड़ी, छितरी आबादीवाले व पिछड़े क्षेत्रों में कार्य करने वाले अध्यापकों को विशेष भत्ते के रूप में आर्थिक प्रोत्साहन देना चाहिए। प्रत्येक राज्य में भत्ता देने वाले क्षेत्रों सुनिश्चित किया जाना चाहिये।
5. छात्राावास सहित प्रशिक्षण स्कूल ऐसे ग्रामीण क्षेत्रा के मध्य स्थिति हों, जहाँ लड़कियों को प्रशिक्षण दिया जाए और वे वापस जाकर अपने गाँव में कार्य करें।
6. ग्रामीण क्षेत्रा में कार्य करने के लिए विवाहित और अविवाहित स्त्रियों को अधिक संख्या में आकर्षित करने के लिए आयु की सीमा में छूट देनी चाहिए। जो विवाहित स्त्रियाँ पार्ट टाइम रूप में कार्य करती हैं, उनके अध्यापन कार्य को प्रभावी बनाना चाहिए।
7. अध्यापिकाओं के आवास को यथा संभव निवास स्थान स्कूल के समीप बनाए जाएँ, जिससे अध्यापिकाएँ समाज सेविकों, ग्राम सेविकाओं और ऐसे ही दूसरे लोगों के साथ रहकर अच्छा सामाजिक जीवन बना सकेंगी।
8. अध्यापिकाओं को शिक्षण कार्य के लिए उनके अपने गाँव के समीप ही भेजना चाहिए। इससे यातायात सम्बन्धी समस्या भी कम हो जाती है।
9. प्रशिक्षण स्कूलों और कॉलेजों में प्रशिक्षणार्थी का चुनाव करते समय ज्यादातर ग्रामीण क्षेत्रों में निवास करने वाली स्त्रियों का प्राथमिकता देनी चाहिये। इससे उनका यथा संभव विकास हो सकेगा।
10. यदि शिक्षा में सुधर लाना है और असपफलता को रोकना है तो निरीक्षण प्रभावपूर्ण होना चाहिए और निरीक्षण अधिकारी भी पर्याप्त होने चाहिए। स्कूलों में लड़कियों की संख्या बढ़ाने में अलग महिला निरीक्षक होगी।

कोठारी आयोग–1964 और स्त्री शिक्षा

सन् 1948-49 में विश्वविद्यालय स्तर की शिक्षा स्थिति की समीक्षा के लिए विश्वविद्यालय आयोग का गठन किया। माध्यमिक शिक्षा के लिए माध्यमिक शिक्षा आयोग 1952-53 की स्थापना की। शिक्षा के सुधर के लिये कई समितियों को गठित किया गया। लेकिन उचित समीक्षा को कमी के कारण इस दिशा में पर्याप्त सपफलता नहीं मिल सकी। अतः इसी उद्देश्य से 1964 में भारत सरकार ने एक शिक्षा आयोग का गठन किया, जिसके अध्यक्ष डॉ. डी. एस. कोठारी थे। अध्यक्ष के नाम पर इसे 'कोठारी शिक्षा आयोग' भी कहा जाता है। आयोग ने भारत सरकार को शिक्षा के राष्ट्रीय स्वरूप और सामान्य सिद्धांतों के साथ ही शिक्षा के सभी स्तरों और सभी पक्षों के विकास से संबंधित नीतियों पर सलाह दी। शिक्षा में सुधर के उद्देश्य से गठित किया गया यह आयोग स्त्री शिक्षा के सन्दर्भ में भी अपनी विभिन्न संस्तुतिय प्रस्तुत की।

नारी शिक्षा के सन्दर्भ में शिक्षा आयोग की प्रमुख भूमिका निम्नवत हैं–

नारी शिक्षा की उपयोगिता–शिक्षा आयोग ने स्त्री शिक्षा का महत्त्व इस प्रकार बताया है कि भावी संतान को शिक्षित बनाने में पुरुषों के मुकाबले स्त्री शिक्षा की भूमिका ज्यादा महत्वपूर्ण है। आयोग ने यह माना कि नारियों के शिक्षित होने से जनसंख्या वृद्धि पर भी नियंत्रित रहेगी। आधुनिक संसार में स्त्रायों का कार्यक्षेत्रा घर और संतान-पालन से भी कहीं दूर तक जाता है। वे अब अपने निज के पेशे अपना रही हैं और समान विकास के सभी पहलुओं के उत्तरदायित्व में पुरुषों के साथ हिस्सा बँटा रही हैं। यही दिशा है, जिसकी ओर हमें बढ़ना पड़ेगा। परतंत्र भारत को स्वतंत्रता पदान कराने में भारतीय नारियों का योगदान अक्षुण्य रहा, आप के इस परिवेश में भी पुरुषों तथा स्त्रियों के मध्य सहयोगत्मक सम्बन्धें की अनिवार्यता अपरिहार्य है। सम्प्रति, महिलाएं सीमित दायरों को त्याग कर देश और समाज के विकास और आर्थिक पक्ष को उत्थान में महत्वपूर्ण योगदान दे रही है। नारी सम्मान, प्रतिबाद व योग्यता का प्रश्न आज की नवीन अवधरणा नहीं है। वस्तुतः विभिन्न परिवर्तनों के साथ विभिन्न प्रकार से समायोजन की आवश्यकता है। आने वाले वर्षों में भारतीय स्त्रियों की उपादेयता में अध्कि वृद्धि होने की सम्भावना है। इसलिए यह आवश्यक होगा कि स्त्रायों को प्रशिक्षण और रोजगार देने की समस्याओं की ओर पूरा ध्यान दिया जाए।

अनुसूचित तथा आदिम जातियों की शिक्षा की समस्या का रूप–यह आवश्यक है कि पिछड़े वर्गों के, जिनमें अनुसूचित जातियाँ, अनुसूचित आदिम

जातियाँ और अनुसूचित जनजातियाँ और कुछ खानाबदोश एवं अर्द्ध-खानाबदोश समूह शामिल हैं, वहां बच्चों की शिक्षा की ओर विशेष ध्यान दिया जाए। क्योंकि यदि ऐसा नहीं होगा तो सर्वागीड विकास सम्भव नहीं होगा।

महिलाओं की आवश्यकताओं के अनुसार उच्चतर शिक्षा के पाठ्यक्रम—हमारे देश में कापफी लम्बे समय तक गणित, मानविकी व विज्ञान के क्षेत्र में लड़कों का ही प्रभाव रहा। दूसरे अर्थों में हम यह कह सकते है कि इन विषयों के अध्ययन के प्रति हमारा दृष्टिकोण नारियों की शिक्षा के प्रति पृथक रहा। आज लड़कियों उनके विषय-चुनाव को संकीर्ण बनाना अथवा उन्हें विशिष्ट पाठ्यक्रमों को लेने के लिए विवश करना गलत होगा। कॉलेज अथवा विश्वविद्यालय के स्तर पर अनुसंधन या अध्यापनचर्या का या शिल्पविज्ञान जैसी वृत्तियों का अनुशीलन करने की महत्त्वाकांक्षा रखने वाली अध्यवसायी लड़कियों को पर्याप्त प्रोत्साहन दिये जाने की आवश्यकता है। महिला विद्यार्थियों की विशाल संख्या के लिए यह आवश्यक है कि उच्चतर शिक्षा को ऐसी आजीविकाओं के विशिष्ट भागों से जोड़ दिया जाए, जहाँ प्रशिक्षित और शिक्षित महिलाओं की तत्काल जरूरत है। परन्तु इसके लये यह अनिवार्य है कि व्यावसायिक एवं तकनीकी शिक्षा को विशेष प्राथमिकता देनी चाहिये क्योंकि इसके अभाव में वे अत्म निर्भर नहीं बन सकेंगी। जिन वृत्तिक क्षेत्राों में महिलाओं की सेवा की माँग है और जिनमें फिलहाल महिलाओं की कमी है, उनमें से कुछ ये हैं—शिक्षा (अध्यापन), समाज कल्याण, परिचर्या, व्यावसायिक क्षेत्राों की शृंखला जैसे—पौष्टिक आहारिकी, संस्थागत प्रबंध आदि-आदि।

स्त्री शिक्षा के संबंध में कोठारी आयोग की संस्तुतियाँ—स्त्री शिक्षा के सन्दर्भ में कोठारी आयोग द्वारा की गयी सिपफारिशें निम्नवत हैं—

1. इसके लिये यह अनिवाग्र है कि स्त्रियों को शिक्षित ऐसी व्यावसायिक शिक्षा दी जाय जिससे वे शेष समय में व्यावसायिक कार्य कर सकें।
2. स्त्रायों की शिक्षा को अगले कुछ वर्षों के लिए शिक्षा का एक बड़ा कार्यक्रम माना जाना चाहिए और उसमें व्याप्त विषमताओं से उत्पन्न होने वाली समस्याओं के निराकरण के कारण तत्काल प्रयास करने की आवश्यकता है।
3. इस समय उच्चतर शिक्षा में महिला विद्यार्थियों का पुरुष विद्यार्थियों से अनुपात 1 : 4 है। विभिन्न क्षेत्राों में शिक्षित महिलाओं की जरूरतों को पूरा करने के लिए इस अनुपात को बढ़ाकर लगभग 1 : 3 कर देना चाहिए। सस्ते छात्रावासों और छात्रवृत्ति जैसी सुविधओं के द्वारा लड़कियों की शिक्षा को प्रोत्साहन दिया जा सकता है।

4. विशेष रूप से महिलाओं की शिक्षा पर काम करने के लिए एक या दो विश्वविद्यालयों में अनुसंधन केन्द्र स्थापित किए जाने चाहिए। ताकि इन्हें शोध क्षेत्र में भी बढ़ावा दिया जा सकता है।
5. पूर्व-स्नातक स्तर पर, आवश्यकतानुसार महिलाओं के लिए अलग कॉलेज स्थापित किए जा सकते हैं। बहरहाल, स्नातकोत्तर स्तर पर पृथक् संस्थाओं की कोई समानता नहीं है।
6. कला, मानविकी, विज्ञान और शिल्पविज्ञान के पाठ्यक्रमों में महिला विद्यार्थियों को मुक्त प्रवेश होना चाहिए। गृहविज्ञान, परिचर्या, शिक्षा और सामाजिक कार्य के पाठ्यक्रमों को विकास करना जरूरी है क्योंकि इसके अभाव में विद्यालयों में छात्राओं की संख्या में वृद्धि संभव नहीं है। व्यापार, प्रशासन और प्रबंध कार्य के उच्चतर प्रशिक्षण की सुविध सुलभ होनी चाहिए।
7. केंद्र और राज्यों, दोनों जगह में स्त्रियों की शिक्षा पर ध्यान रखने के लिए एक विशेष तंत्रा होना चाहिए। इस तंत्रा को चाहिए कि वह स्त्रियों की शिक्षा के कार्यक्रमों के आयोजन और क्रियान्वयन में सरकारी और गैर-सरकारी व्यक्तियों को मिलकर कार्य करना चाहिए।
8. इस लक्ष्य हेतु विशेष योजनाएँ बनाई जानी चाहिए और उनके लिए आवश्यक धन प्राथमिकता के आधर पर संग्रहीत जाना चाहिए।
9. घरों की चारदीवारियों से बाहर स्त्रियों का कार्य देश के सामाजिक और आर्थिक जीवन का एक महत्त्वपूर्ण अंग बन गया है और आने वाले वर्षों में वह और भी महत्त्वपूर्ण बन जाएगा। इस दृष्टिगोण से स्त्रियों के प्रशिक्षण और रोजगार की समस्याओं पर अधिक ध्यान देने की आवश्यकता है।
10. इसके साथ-साथ लड़कियों के सार्वागीड़ विकास के लिये अन्य क्षेत्रों में भी प्रयास करना चाहिए।

अध्यापिकाओं की नियुक्ति के संबंध में कोठारी आयोग की संस्तुतियाँ–अध्यापिकाओं के सन्दर्भ में कोठारी शिक्षा आयोग द्वारा प्रस्तुत की गयी संस्तुतियां निम्नवत हैं–

1. शिक्षा के सभी स्तरों और सभी क्षेत्राों में अध्यापिकाओं की नियुक्ति को प्रोत्साहन दिया जाए।
2. प्रायः देखा जाता है कि विवाहित महिलाओं को अध्यायन कार्य के साथ घर की देख रेख में कापफी समस्या होती है। इस समस्या के निराकरण के लिये अंशकालिक महिलाओं की अध्किाध्कि नियुक्ति की जाय।

3. अध्यापिकाओं के लिए, विशेषकर देहाती क्षेत्राों में आवास के प्रबंध को उच्च प्राथमिकता देनी चाहिए।
4. देहाती क्षेत्राों में अध्यापिकाओं की कमी को दूर करने के उद्देश्य से प्रौढ़ महिलाओं के लिए संक्षिप्त पाठ्यक्रम को, जिसे आजकल केंद्रीय समाज कल्याण बोर्ड चला रहा है, बढ़ावा दिया जाए। देहाती क्षेत्राों की होनहार लड़कियों को शिक्षित होने तथा प्रशिक्षण प्राप्त करने के लिए छात्रावृत्ति दी जाए, ताकि वे अध्यापिकाएँ बन सकें।
5. कई महिलाएँ वृत्तिक प्रशिक्षण तथा आगे की सामान्य शिक्षा के लिए पत्राचार सुविध की व्यवसाी होनी चाहिये।
6. मध्य सम्भव ग्रामीण क्षेत्रों में काम करनेवाली अध्यापिकाओं को विशेष भत्ता दिया जाना चाहिए।

निजी कामकाज में लगी महिलाओं के राष्ट्रीय आयोग (1987-88) के नारी शिक्षा संबंधी सुझाव

राष्ट्रीय आयोग की स्थापना भारतीय प्रशासन द्वारा 5 जनवरी 1987 को की गयी।

स्त्री शिक्षा का महत्त्व—आयोग ने स्वीकार किया कि शिक्षा द्वारा न केवल स्त्रियां आत्म निर्भर बन सकती हैं अपितु वे अपने को कई प्रकार के शोषणों से भी बचा सकती है। शिक्षा से स्त्री शक्ति बढ़ती है।

स्त्री शिक्षा के सन्दर्भ में राष्ट्रीय आयोग के सुझाव—स्त्री शिक्षा के सन्दर्भ में राष्ट्रीय आयोग द्वारा दिये गये सुझाव निम्नवत हैं—

1. स्त्रिायों की उचित व्यावसायिक शिक्षा का प्रबंध किया जाए।
2. अभिभावकों को इस बात के लिए जागरूक किया जाए कि वे अपनी पुत्रिायों की शिक्षा में रुचि लें।
3. पाठ्य पुस्तकों में स्त्री संबंधी तथ्यों को उचित रूप में दर्शाया जाए। उनके प्रति किसी प्रकार की अवहेलना की बात न रहे।
4. श्रमिक स्त्रिायों की पाठ्य पुस्तकों में व्यावसायिक तथ्यों को महत्त्व दिया जाय।
5. चूँकि लड़कियाँ घर के कामकाज में हाथ बँटाती हैं, इस लिये यह आवश्यक है कि उनकी शिक्षा के लिए कक्षाएँ उपयुक्त समय पर लगाई जाएँ।
6. प्रौढ़ महिलाओं के लिए छोटे पाठ्यक्रमों का निर्माण किया जाए।

7. ग्रामीण क्षेत्रों में अध्यापिकाएँ पर्याप्त संख्या में उपलब्ध कराने के लिए उनकी न्यूनतम शैक्षिक योग्यताओं में छूट दी जाए।
8. लड़कियों को स्कूल में भेजने के लिए उन्हें अनेक प्रकार की सुविधएँ दी जाएँ।
9. लड़कियों के पाठ्यक्रम ग्रामीण लड़कियों की आवश्यकता के अनुरूप हो।
10. अभिभावकों की लड़कियों की शिक्षा में रुचि जगाने के लिए तथा दूसरी पाली में उन्हें भेजने के लिए एक सहायिका की नियुक्ति की जाए।
11. स्कूल आयु से पूर्व बच्चों की देखभाल की जिम्मेदारी सहायिका पर हो स्कूल में इसके लिए स्थान का प्रबंध किया जाए।

राष्ट्रीय योजना (1988) और स्त्री शिक्षा

भारत सरकार के महिला, युवा तथा खेलकूद मंत्रालय द्वारा एक राष्ट्रीय योजना तैयार की गई। इस योजना का निर्माण निम्नवत उद्देश्यों की प्राप्ति के लिये किया गया है–

1. प्रौढ़ शिक्षा के कार्यक्रम इस प्रकार चलाना, जिनसे प्रौढ़ों की सामाजिक, सांस्कृतिक तथा आर्थिक कुशलताओं का विकास हो सकें।
2. प्रत्येक क्षेत्रा के विकास कार्यों में महिलाओं को सहभागी बनाना।
3. स्त्रियों के प्रति उचित लिंग दृष्टिकोण अपनाना।
4. स्त्रियों के लिए अंशकालिक शिक्षा की सुविधएँ प्रदान करना।
5. छह से चौदह वर्ष की लड़कियों के लिए निःशुल्क शिक्षा का प्रावधन करना।
6. लड़कियों के पढ़ाई बीच में ही छोड़ने की दर को कम करना।
7. जहाँ संभव हो, लड़कियों के लिए अग स्कूलों की व्यवस्था करना।
8. उच्च शिक्षा में प्रवेश के लिए स्त्रायों के लिए तीस प्रतिशत आरक्षण की व्यवस्था करना।
9. लड़कियों को आत्म-निर्भर बनाने के लिये उन्हें माध्यमिक शिक्षा के साथ-साथ व्यावसायिक शिक्षा भी दी जाय।
10. स्त्री शिक्षा में बाधक तत्त्वों को दूर करना।
11. स्त्रियों को पूरी तरह से साक्षर करना।
12. सभी स्तरों पर शिक्षा के लिए महिलाओं को समान अवसर उपलब्ध कराना।

राष्ट्रीय नीति 1986 और स्त्री शिक्षा

भारतीय प्रशासन द्वारा सन् 1986 में निर्धरित राष्ट्रीय शिक्षा नीति में नारी शिक्षा के संबंधें में प्रस्तुत किये गये सुझाव निम्नवत हैं–

महिलाओं की समानता हेतु शिक्षा–राष्ट्रीय शिक्षा नीति में परम्परागत शिक्षा के स्वरूप में परिवर्तन तथा स्त्रियों की भौतिक दशाओं को उन्नत करने पर बल दिया गया। महिलाओं को शक्तिसंपन्न बनाने के लिए शिक्षा पद्धति द्वारा एक ठोस भूमिका निभाई जाएगी और यह हस्तक्षेप के रूप में होगी। नए पाठ्यक्रम, पाठ्य पुस्तकों तथा शिक्षकों, निर्णयकर्ताओं और प्रशासकों के प्रशिक्षण और अनुस्थापन एवं शिक्षा संस्थाओं के सक्रिय सहयोग द्वारा नए मूल्यों के विकास को बढ़ावा दिया जाएगा, परन्तु इसके लिये यह अनिवार्य है कि स्त्रियों में पर्याप्त आत्म विश्वास हो और उनके सामाजिक स्तर उच्च हो महिलाओं से संबंधित अध्ययनों को विभिन्न पाठ्यक्रमों के अंतर्गत प्रोत्साहन दिया जाएगा और शिक्षा संस्थाओं को महिला विकास से संबंधित सक्रिय कार्यक्रम शुरू करने के लिए प्रेरित किया जाएगा। इस राष्ट्रीय नीति के अनुसार महिला शिक्षा के मार्ग में आने वाले अवरोधें को दूर करके उन्हें साक्षर करने के कार्य को प्रोत्साहन दिया जायेगा। खासकर उन महिलाओं की शिक्षा पर ध्यान दिया जायेगा जिनकी प्राथमिक शिक्षा भी पूर्ण नहीं हो पायी है। इस काम के लिए विशेष सहायक सेवाओं की व्यवस्था की जाएगी, लक्ष्य निर्धरित किए जाएँगे और निरीक्षण को कारगर बनाया जाएगा। विभिन्न स्तरों पर जीविका संबंधी तकनीकी और व्यावसायिक शिक्षा में महिलाओं की भागीदारी पर प्रमुख जोर दिया जाएगा। भेदभाव न बरतने की नीति पर जोरदार तरीके से अमल किया जाएगा, ताकि जीविका संबंधी तथा व्यावसायिक पाठ्यक्रमों में लिंग के आधर पर भेदभाव को खत्म किया जा सके तथा गैर-परंपरागत काम-धंधें में महिलाओं की हिस्सेदारी को बढ़ाया जा सके। स्त्रियों की शिक्षा व्यवस्था सीमित दायरे में ही सिमटकर न रह जाय इसके लिये यह अनिवार्य है कि उन्हें तकनीकी व व्यावसायिक शिक्षा ही प्रदान की जाय।

प्रौढ़ शिक्षा–आज कुशलताओं को सतत रूप से बढ़ाना विकास का महत्त्वपूर्ण मुद्‌दा है, ताकि समाज के लिए अपेक्षित जनशक्ति के संसाधन उचित किस्म और मात्रा में तैयार किए जा सकें। विकास संबंधी कार्यक्रमों, जैसे–निर्धनता हटाने, राष्ट्रीय एकता, पर्यावरण संरक्षण, लोगों की सांस्कृतिक क्रियाशीलता को बल प्रदान करने, छोटे परिवार के आदर्श का पालन करने, महिलाओं को बराबरी देने आदि में लाभ उठानेवाले लोगों का सहयोग बहुत महत्त्वपूर्ण है, इसलिए वर्तमान कार्यक्रमों की समीक्षा व मूल्यांकन करके उन्हें मजबूत आधर प्रदान किया जायेगा।

प्रायः देखा जाता है कि निरक्षरता के कारण समाज का एक वर्ग बेरोजगार रहता है। इस समस्या के निराकरण के लिये सम्पूर्ण राष्ट्र के 15 से 35 वर्ष वाले आयु वर्ग के लोगों को शिक्षित करना राष्ट्र की प्रतिबद्धता होनी चाहिये। केंद्रीय

और राज्य सरकारों, राजनीतिक दलों तथा उनके जन संगठनों, जन संचार माध्यमों और शिक्षा संस्थाओं को विविध प्रकार के जन साक्षरता कार्यक्रमों के प्रति स्वयं वचनबद्धता निभानी होगी। इस कार्य में शिक्षकों, छात्राों, युवकों, स्वैच्छिक संस्थाओं, नियोजकों आदि को बड़े पैमाने पर शामिल करना होगा। प्रौढ़ साक्षरता के शैक्षिक आयामों को सुदृढ़ करने के लिये शोध संस्थाओं व शोध कार्यों पर विशेष बल देना होगा। जन साक्षरता कार्यक्रम में साक्षरता के अलावा, कार्यात्मक ज्ञान और कुशलताओं तथा सामाजिक एवं आर्थिक वास्तविकता एवं इसको बदलने और इसमें सुधर करने की संभावना के संबंध में शिक्षार्थियों में जागरूकता पैदा करनी होगी।

विद्यालयों के लिए अनिवार्य सुविधएँ—इस स्तर पर शिक्षा के प्रभावी बनाने के लिये प्राथमिक विद्यालयों में कम-से-कम दो उचित आकार के कमरे जिन्हें प्रत्येक मौसम में प्रयोग किया जा सके, खिलौने, नक्शे, चार्ट तथा ब्लैकबोर्ड और अन्य जरूरी सामान भी मुहैया कराए जाएँगे। प्राथमिक विद्यालयों में छात्रों तथ छात्राओं को उचित शिक्षा प्रदान करने के लिये एक स्त्री एवं पुरुष अध्यापक की नियुक्ति करने का प्रावधन किया गया जिसका उद्देश्य छात्रों को पर्याप्त कुशलता से विद्यालयीय शिक्षा देना है। बाद में प्रत्येक कक्षा के लिए एक-एक शिक्षक का प्रबन्ध किया जाएगा। इसके लिए पर्याप्त संख्या में शिक्षकों की भरती की जाएगी और उनको प्रशिक्षण दिया जाएगा। उसके बाद प्राथमिक स्कूलों की हालत सुधरने के लिए 'ऑपरेशन ब्लैकबोर्ड' नाम की मुहिम शुरू की जाएगी। इसमें सरकार, स्थानीय निकायों, स्वयंसेवी एजेंसियों और व्यक्त्यिों को शामिल किया जाएगा। ताकि इस दिशा में पर्याप्त सपफलता मिल सके। प्राथमिक स्कूलों में जरूरी समस्त सुविधओं की व्यवस्था की जाएगी। सभी मौसमों में उपयोग में आने योग्य पर्याप्त रूप से बड़े तीन कमरों तथा ब्लैकबोर्डों, नक्शों, चार्टों, खिलौनों, अन्य आवश्यक अध्ययन सामग्री और स्कूल पुस्तकालय की व्यवस्थ करने के लिए 'ऑपरेशन ब्लैकबोर्ड' के क्षेत्रा को प्रोत्साहन दिया जाएगा। कम-से-कम तीन अध्यापकों को प्रत्येक स्कूल में कार्य के लिए नियुक्त किया जाएगा। आयोग ने यह भी सुझाव दिया कि यह संख्या यथाशीघ्र एक कक्षा के लिए एक शिक्षक के आधर पर बढ़ा दी जाए। भविष्य में नियुक्त किए जानेवाले शिक्षकों में कम-से-कम पचास प्रतिशत महिलाएँ होंगी। 'ऑपरेशन ब्लैकबोर्ड' का विस्तार कर उसे उच्च प्राथमिक स्तर पर भी अपनाया जाएगा। इसमें यह प्रावधन किया गया कि जहां विद्यालय भवन नहीं है या छात्र संख्या की कमी है वहां 'जवाहर रोजगार योजना निध' से भी सहायता प्रदान की जायेगी।

अप्रत्यक्ष शिक्षा–इस प्रकार की शिक्षा नीति का निर्माण उन बालक, बालिकाओं हेतु किया गया है जो स्कूल की शिक्षा बीच में छोड़ चुके हैं, बिना स्कूल की बस्तियों के बच्चों, उन कामकाजी बच्चों तथा लड़कियों के लिए, जो पूरा दिन स्कूल नहीं जा सकतीं, अनौपचारिक शिक्षा का एक विशाल तथा व्यवस्थिति कार्यक्रम शुरू किया जाएगा।

सन् 1992 की संशोधित शिक्षा नीति और स्त्री शिक्षा

सन् 1992 की संशोधित नीति के शिक्षा के विकास कार्यक्रमों में साक्षरता अभियान के सहयोगी को सम्मिलित करना होगा। इसलिए राष्ट्रीय साक्षरता मिशन को निर्धनता उन्मूलन, पर्यावरण संरक्षण, राष्ट्रीय एकता, छोटे परिवार के आदर्श, महिला एवं पुरुष शिक्षा में समानता को बढ़ावा, प्राथमिक स्वास्थ्य की देखभाल प्राथमिक शिक्षा का सर्वसुलभीकरण, आदि जैसे राष्ट्रीय लक्ष्यों के अनुरूप ढालना होगा। यह लोगों की सांस्कृतिक सृजनात्मकता में गतिशीलता लाने और विकास प्रक्रिया में उनकी भागीदारी को सुचारू भी बनाएगा। स्कूल छोड़नेवालों, बिना स्कूलोंवाली बस्तियों के बच्चों, कामकाजी बच्चों और पूरे दिन स्कूल में न रह सकने वाली बालिकाओं के लिए तैयार किए गए अनौपचारिक शिक्षा कार्यक्रम को सुदृढ़ बनाया जाएगा और विभिन्न माध्यमों से उनका प्रचार-प्रसार किया जायेगा।

राममूर्ति समिति रिपोर्ट–1990 और स्त्री शिक्षा

शिक्षा विभाग, मानव संसाधन मंत्रालय एवं भारत सरकार ने 7 मई 1990 को राममूर्ति की अध्यक्षता में जिस सत्रह सदस्यीय समीक्षा समिति का गठन किया उनका उद्देश्य 1986 की राष्ट्रीय शिक्षा नीति की समीक्षा करना था। समिति ने 26 दिसंबर, 1990 को अपनी रिपोर्ट 'प्रबुद्ध और मानवीय समाज की ओर' प्रस्तुत की।

समिति के कार्य–राममूर्ति समिति को निम्नवत कार्यों के लिये निर्देशित किया गया–

1. नीति के संशोधन के संबंध में संस्तुतिां प्रस्तुत करना।
2. संशोधित नीति के समयबद्ध तरीके से कार्यान्वयन के लिए आवश्यक कार्रवाई की सिपफारिशें करना।
3. राष्ट्रीय शिक्षा नीति (1986) तथा उसके कार्यान्वयन की समीक्षा करना।

स्त्री शिक्षा के विषय में समिति की सिपफारिशें–स्त्रियों की शिक्षा के सन्दर्भ में राममूर्ति समिति ने जा सुझाव दिये वे निम्नवत थे–

पानी, ईंधन आदि की समस्याएं और लड़कियों की शिक्षा—वस्तुतः सामाजिक, आर्थिक और सांस्कृतिक कारणों के अलावा लड़कियों की शिक्षा एकल परिवारों को उपलब्ध पानी, ईंधन, चारे और शिशुओं की देखभाल आदि की सुविधओं से सम्बद्ध है। छोटी लड़कियों के कुल समय का 29 प्रतिशत समय देहातों में लकड़ियाँ बीनने और 20 प्रतिशत समय पानी लाने में लग जाता है। लड़कियों का काफी समय अपने सगे भाई-बहनों की देखभाल में चला जाता है। जहां तक लड़कियों व स्त्रियों के कार्य भार का प्रश्न है तो विहार राज्य के सर्वेक्षण से पता चला कि गृह एवं कृषि कार्य का 50% प्रतिशत भार केवल औरतों पर होता है। इन समस्या के निराकरण के लये राममूर्ति समिति द्वारा दिये गये सुझाव निम्नवत हैं–

1. पानी, चारे और ईंधन को आसानी से सुलभ कराने और लड़कियों के स्कूल जाने में बहुत निकट संबंध है। यह बात सरकार की नीति में स्पष्ट रूप से झलकनी चाहिए ओर इसके लिए कोई व्यावहारिक योजना लागू की जानी चाहिए।
2. आठवीं पंचवर्षीय योजना की में प्रस्तावित स्थानीय क्षेत्रा योजना को लागू करने में वन क्षेत्रा के विकास, पेयजल मुहैया करने और सार्वजनिक भूमि को हरा-भरा बनाने के कार्यक्रम की योजना बनाते समय उपर्युक्त संबंध को भी ध्यान में रखना होगा।
3. इस बारे में कार्रवाई की प्राथमिकताएँ निर्धरित करने में और शिक्षा परिसर को सूक्ष्म स्तरीय संसूचनाएँ उपलब्ध कराने में अध्यापक वर्ग, आँगनबाँड़ी, कार्यकर्ता, अन्य विभागों के ग्राम स्तरीय कार्यकर्ताओं, महिला वर्गों और सामुदायिक स्तर के संगठनों के प्रतिनिधियों को महत्त्वपूर्ण भूमिका अदा करनी चाहिए।
4. ईंध्न, पानी और चारे की समस्या के निराकरण के लिये योजना कार्य अनिवार्य रूप से ब्लॉक या उप-ब्लॉक स्तर पर किया जाना चाहिए। शैक्षिक संस्थाओं के माध्यम से इन कार्यों को सपफलतापूर्वक संचालित किया जा सकता है। इन परिसरों में जहाँ एक ओर सामाजिक कल्याण और विकास से संबंधित विभिन्न एजेंसियों/विभगों के ब्लॉक स्तर के प्रतिनिधि होंगे, वहीं दूसरी ओर अध्यापक लोग, आँगनबाड़ी कार्यकर्ता और गरीब महिला वर्ग के तथा पंचायतीराज संगठनों के प्रतिनिधि भी इसमें शामिल होंगे।
5. इसके लिये यह जरूरी है कि सम्बन्ध्ति विभागों से शिक्षा विभाग पर्याप्त संसाध्न प्राप्त करें। ये कार्यक्रम उन पैरामीटरों पर आधरित हैं, जो किसी

गाँव में लड़कियों की शिक्षा की स्थिति की ओर संकेत करते हैं। इसके लिये राज्य के कम साक्षारता औसत दर वाले क्षेत्रों को प्रत्थामिकता देनी चाहिये।

बालिकाओं की प्राथमिक संबंधी सिपफारिशें—बालिकाओं की प्राथमिक शिक्षा के सन्दर्भ में समिति द्वारा की गयी संस्तुतियां निम्नवत हैं—

1. महिलाओं की शिक्षा संबंधी नीति के अंतर्गत बच्चों की आरम्भिक देखभाल की शिक्षा और लड़कियों के लिए प्रारंभिक शिक्षा की सुलभता के बीच आवश्यक सम्बन्धें को मजबूत बनाया जाय।
2. बाल्यावस्था में आरंभिक देखभाल और शिक्षा की व्यापकता और प्रभावी सेवाएँ प्राइमरी ओर मिडिल स्कूलों में उपलब्ध कराई जाएँ और उन्हें आरंभिक शिक्षा से व्यवस्थित तरीकों से सम्बद्ध किया जाय।
3. 0-3 के आयुवर्ग के बच्चों की देखभाल के लिए विशेषतः समाज के कम सुविधसंपन्न वर्ग के लोगों की दृष्टि से कार्यक्रमों को प्राथमिकता दी जानी चाहिए।
4. बाल्यावस्था में आरंभिक देखभाल केंद्रों के समय में स्कूल का समय शमिल होना चाहिए, ताकि 0-10 आयुवर्ग की लड़कियाँ अपने छोटे भाई-बहन की देखभाल के उत्तरदायित्व से स्वतंत्र हो सकें।
5. आँगनबाड़ी कार्यक्रमों के साथ स्थानीय आवश्यकताओं के अनुकूल दूसरे मॉडलों को भी बढ़ावा देना चाहिए।
6. आँगनबाड़ी और बाल्यावस्था में आरंभिक देखभाल और शिक्षा की प्रबंध व्यवस्था का विकेंद्रीकरण कर देना चाहिए। इसे प्रतिभागिता के आधर पर चलाना चाहिए।

लड़कियों की शिक्षा में क्षेत्रीय विषमताओं को दूर करने के लिए संस्तुतियां—समिति ने लड़कियों की शिक्षा में क्षेत्रीय विषयमताओं को एक समस्या माना एवं उसके निराकरण के लिये निम्नवत सुझाव दिया—

1. शिक्षा संकुलों के स्तर पर शैक्षिक नियोजन ब्लॉक स्तर या उप-ब्लॉक स्तर के खाके पर निर्भर करेगा। ये खाके देहातों से संग्रह की गई सूक्ष्म स्तरीय सूचनाओं पर आधरित होने चाहिए। इन सूचनाओं को उपलब्ध कराने के लिए इसमें अध्यापकों, आँगनबाड़ी कार्यकर्ताओं, अन्य ग्राम स्तरीय कर्मचारियों और निर्धन महिला संगठन तथा समुदाय स्तरीय संगठनों के प्रतिनिधियों को भी शामिल करना चाहिए।

2. लड़कियों की शिक्षा में विकेन्द्रीयकरण सही नियोजन व प्रबन्ध्न एक समस्या है। इसके उचित व्यवस्थापन के द्वारा ही बालिकाओं की शिक्षा को समृद्ध बनाया जा सकता है। विभिन्न रणनीतियाँ और विभिन्न समय-फ्रेम यदि स्थानीय स्तर पर आधरित हों तो सर्वीकरण के लक्ष्य को प्राप्त करने के लिए अत्यंत सुविध रहेगी।
3. क्षेत्राीय असमानताओं के मुद्दे को आरंभिक शिक्षा में लड़कियों के प्रवेश के सर्वीकरण के लिए संक्रियात्मक डिजाइन में शामिल करने की आवश्यकता है।
4. भारत में महिलाओं की शैक्षिक स्थिति को सुधरने के लिए शुरू की जानेवाली किसी भी रणनीति में शैक्षिक दृष्टि से पिछड़े जिलों को प्राथमिकता देनी होगी।

लड़कियों के पाठ्यक्रम संबंधी सुधार—स्कूल के पाठ्यक्रम को दोषपूर्ण मानते हुये समिति ने इसके सुधर के संबंध में निम्नवत सुझाव प्रस्तुत किये—

1. महिलाओं की भूमिका को उभारने और इतिहास में उनकी भूमिका की छवि को अधिक सकारात्मक रूप में प्रदर्शित करने एवं समाज में महिलाओं के विकास के लिये पर्याप्त प्रयास करने पर समिति ने बल दिया। उदाहरणार्थ, राष्ट्रीय इतिहास में महिलाओं द्वारा राष्ट्रीय आंदोलन में दिए गए योगदान को उभारना तथा ऐसे सभी मामलों को अध्यापकों, शिक्षकों और प्रशासकों के प्रशिक्षण और मान वीकरण में सावधनी से सम्मिलित किया जाना चाहिए।
2. लड़कियों में गणित और विज्ञान की शिक्षा को अधिक प्रोत्साहित करने का प्रयास होना चाहिए। लड़कियों के स्कूलों में गणित और विज्ञान को वर्तमान की अपेक्षा अधिक महत्त्व देना चाहिए। ताकि वे इस विषयों से अनभिज्ञ न रहें।
3. लड़कों और लड़कियों की पाठ्यचर्या में समानता स्थापित करना।
4. पुरातन व परम्परावादी सामाजिक संकल्पनाओं को हटाना, जिनमें लिंग संबंधी पूर्वग्रह दिखाई देता हो।
5. ऐसी रूढ़िवादी पुरानी परंपराओं और मिथकों—जो महिलाओं के सही विकास और राष्ट्रीय जीवन में उनकी भूमिका में बाधक हैं—के बारे में लिंग संबंधी वस्तुनिष्ठ आधर पर कक्षा में चर्चा की जानी चाहिए। साथ ही हमारे महाकाव्यों और पौराणिक कथाओं में महिलाओं के चित्राण के बारे में कक्षा में समालोचनात्मक समीक्षा की जानी चाहिए, जिससे वास्तविक व तर्क संगत परिणाम प्राप्त हो सकें।
6. ऐसी आधरभूत सूचनाएँ दी जानी चाहिए, जिनमें बच्चों और महिलाओं के लिए संरक्षात्मक कानून हों जो संवैधनिक एवं बुनियादी सुविधओं को

प्राथमिकता देते हों शारीरिक शिक्षा और खेलों में लड़कियों की भागीदारी बढ़ाने के लिए प्रवेश-प्रयास करने की जरूरत है।

पाठ्य पुस्तकों में स्त्री की सहभागिता—समिति ने पाठ्य पुस्तकों में स्त्री की निम्नवत रूपों में सहभागिता बतायी जाती है—

1. विभिन्न प्रकाशनों यथा एन.सी.ई.आर.टी. तथा दूसरों प्रकाशकों द्वारा प्रकाशित पुस्तकों में जिनका प्रयोग स्कूली पाठ्यक्रम के रूप में किया जा रहा है उनका विधायात्मक प्रस्तुतीकरण करना चाहिये। सभी विषयों के अध्यापन में महिलाओं के परिप्रेक्ष्य को सही ढंग से प्रस्तुत किया जाए। इस समीक्षा में सभी पूरक पठन-सामग्री और स्कूलों व पुस्तकालयों के लिए विशेष रूप से 'ऑपरेशन ब्लैक बोर्ड' द्वारा सिपफारिश की जानेवाली पुस्तकों को भी शामिल किया जाए।
2. विश्वविद्यालय स्तरीय पाठ्यक्रमों में भी यह मानक अपनाया जाना चाहिये। इसकी पहल विश्वविद्यालयी महिला अध्यन केंद्रों और उन व्यक्तियों को करनी चाहिए, जो इन मुद्दों पर पहले से काम कर रहे हैं।
3. तात्कालिक परिस्थितियों में विभिन्न व्यक्ति और समूहों का—जैसे महिला अध्ययन विशेषज्ञों, अनुसंधन संस्थानों और विश्वविद्यालयों के महिला अध्ययन केंद्रों तथा आधर स्तर पर काम करनेवाले महिला संगठनों का—भी सक्रिय सहयोग लेना चाहिए। इस विषय में केवल एन. सी. ई. आर. टी. और एस. सी. ई. आर. टी. पर निर्भर रहना उचित नहीं।

लड़कियों के शिक्षा प्रसार में संचार माध्यमों की भूमिका—बालिकाओं की शिक्षा के प्रचार प्रसार में विभिन्न संचार माध्यम निम्नवत रूपों में अपना योगदा सहयोग प्रदान कर सकते हैं—

1. प्राथमिक एवं व्यावसायिक शिक्षा के सन्दर्भ में स्त्रियों को शिक्षा के महत्त्व को समझना चाहिये।
2. सरकारी या गैर-सरकारी क्षेत्रा के सभी संचार माध्यमों को, माध्यमों की इस भूमिका को गंभीरता से लेना चाहिए और इस बात पर विशेष ध्यान देना चाहिये कि वे राष्ट्रीय शिक्षा नीति में निरूपित लिंग संबंधी समानता और महिलाओं के अधिकारों को प्रोत्साहित करें।
3. एक अंतर्मंत्रालय समिति गठित की जाए, जिसमें शिक्षा विभागों, महिला और बाल विकास, संस्कृति तथा सूचना और प्रसार विभगों के प्रतिनिधि हों। यह समिति ध्यान दे कि राष्ट्रीय शिक्षा नीति और कार्य योजना के नीति निर्देशों का विभिन्न

संचार माध्यमों, विशेषतः रेडियो ओर दूरदर्शन द्वारा समर्थन किया जा रहा है या इनका उल्लंघन किया जा रहा है। इसकी सूचना प्राप्ति के लिये महिला अध्ययन केन्द्रों एवं महिला से गठनों के प्रतिनिध्यिों को भी सम्मिलित किया जाय।

4. इन माध्यमों को महिलाओं की सकारात्मक छवि को उभारना चाहिए। इनमें महिलाओं को डॉक्टरों, इंजीनियरों, वज्ञैानिकों की भूमिका में प्रदर्शित करना चाहिए, ताकि महिलाएँ इन भूमिकाओं को मॉडल बना सकें।
5. विशिष्ट विज्ञापनों में महिलाओं को अपने माल की बिक्री को प्रोत्साहित करने के लिए प्रयोग करने के मामलों को गंभीरता से लेना चाहिए।
6. लिंग सम्बन्धी तथ्यों के सन्दर्भ में एक ऐसी नीति बनायी जाय जिसमें संचार माध्यमों की भूमिका स्पष्ट होती है। इस कार्य में महिलाओं के लिए राष्ट्रीय आयोग को महत्त्वपूर्ण भूमिका अदा करनी चाहिए।
7. सूचना और प्रसारण मंत्राालय को ऐसे तंत्रा का विकास करना चाहिए, जिससे महिलाओं की छवि को उभारकर प्रदर्शित किया जा सके और सभी माध्यमों में महिलाओं को प्रदर्शित करने के लिए एक आचार संहिता तैयार करनी चाहिए।

लड़कियों की व्यावसायिक शिक्षा–लड़कियों की व्यावयायिक शिक्षा के सन्दर्भ में समिति ने निम्नवत सुझाव दिये–

1. स्त्रियों की व्यावसायिक शिक्षा के सन्दर्भ में अध्ुनातन एवं उपयोगी पाठ्यक्रम बनाया जाय।
2. महिलाओं के लिए वोकेशनल प्रशिक्षण की याजना बनाई जाए और उसे राज्य स्तर पर लागू किया जाए। यह काय्र अंशतः प्रस्तावित शैक्षिक संकुलों के माध्यम से किया जाए।
3. लड़कियों के लिए आठवीं कक्षा स्तर (यानी माध्यमिक स्तर) पर वोकेशनल प्रशिक्षण पाठ्यक्रम शुरू किया जाएँ, ताकि वोकेशनल शिक्षा के सामाजिक आधर का विस्तार किया जा सके। इनमें मिडिल स्कूल के बाद स्कूल छोड़नेवालों को विशेष रूप से अवसर दिया जाना चाहिए।
4. स्थानीय स्तर पर नौकरी पाने की संभावना को देखकर पाठ्यक्रमों और व्यावसायिक शिक्षा के स्वरूप पर परिवर्तन वांछनीय है। तकनीकी या शिल्प और कौशल प्रशिक्षण संस्थानों में प्रवेश को प्रोत्साहित करने के लिए अधिक वजीफा, फेलोशिप और उन्हें काम में लगाने की व्यवस्था होनी चाहिए। प्रत्येक जिले में कम-से-कम एक महिला पॉलिटेकनिक होना चाहिए।

5. गैर-परंपरागत पेशों में महिलाओं के लिए वोकेशनल प्रशिक्षण को प्रोत्साहित किया जाए। इसके लिए एक समान कार्यक्रम का अनुसारण किया जाए।

शिक्षिकाओं और दूसरे शिक्षाकर्मियों को प्रशिक्षित करना—शिक्षिकाओं तथा अन्य शिक्षाकर्मियों के प्रशिक्षण के सन्दर्भ में समिति ने निम्नवत सुझाव दिये—

1. इसके लिये समीक्षात्मक मूल्यांकन एवं नवीकरण के लिये शिक्षकों को प्रशिक्षित करना अनिवार्य है। जिसके अन्तर्गत महिलाओं के परिप्रेक्ष्य को शामिल करना इसका आधरभूत आयाम होना चाहिए। इसमें महिलाओं के मामलों में संवेदनशीलता और लड़कियों की शिक्षा की कठिनाइयों के प्रति जागरूकता भी शामिल है।
2. शिक्षक प्रशिक्षण कार्यक्रमों के मूल्यांकन एवं नवीकरण में केन्द्रीय और राज्य स्तर की एजेंसियों के अतिरिक्त शिक्षक-अनुशिक्षकों, विश्वविद्यालयों और दूसरी संस्थाओं के महिला अध्ययन अनुसंधनकर्ताओं समेत महिला सेलों के अनुसंधता और महिला संगठनों और विकास वर्गों के प्रतिनिधियों को शामिल किया जाए।
3. उपर्युक्त कार्यक्रमों से पुनः संरचित शिक्षकों के प्रशिक्षण कार्यक्रम के 'कोर' तत्त्व उभरकर सामने आने चाहिए। इसके अलावा राज्य क्षेत्र स्तर पर डी. आई. ई. टी. और शैक्षिक संकुलों के साथ शैक्षिक संस्थओां, महिला अध्ययन केंद्रों, शिक्षकों, आधर स्तरीय संगठनों को शिक्षक प्रशिक्षण कार्यक्रम की मूल पाठ्यचर्या का विकास करने के लिए इसमें सम्मिलित होना चाहिए। विकेन्द्रीकरण के कारण इस पाठ्यक्रममें दुरुहता नहीं होती।
4. स्कूलों में पहले से कार्यरत शिक्षकों को संवेदन शील बनाने के लिये यह अनिवार्य है कि उनके लिये सेवा कालीन प्रशिक्षण कार्यक्रम चलाये जायें। डी. आई. टी. को शिक्षा संकुलों के साथ विचार विमर्श के पश्चात् इन सेवाकालीन कार्यक्रमों को चलाने के लिए शुरुआत करनी चाहिए।
5. स्त्री व पुरुष प्रशिक्षण भी इसका लाभ उठा सके। इसके लिये यह अनिवार्य है कि पुनरीक्षित पाठ्य क्रम अपनाया जाय।
6. शिक्षक-शिक्षिकाओं के लिए प्राथमिकता के आधर पर अलग प्रशिक्षण और संवेदनशील कार्यक्रम आयोजित करने होंगे।
7. सेवाकालीन प्रशिक्षक कार्यक्रम का स्वरूप क्या हो, यह बात शिक्षा संकुलों के साथ परामर्श के बाद निर्धरित होगी। उदाहरण के तौर पर एक स्कूल 'प्रशिक्षण स्कूल' के रूप में हो सकता है, जहाँ शिक्षक-प्रशिक्षण में प्रशिक्षण अभ्यास भी

सम्मिलित होगा। अन्यत्रा किसी स्कूल में 'इंटर्नशिप मॉडल' की संभावना पर विचार किया जा सकता है।

8. शिक्षा के क्षेत्रा में प्रशासकों और योजना निर्माताओं को (संस्थाओं के अध्यक्षों के साथ) सूचना के प्रसार द्वारा, कार्य गोष्ठियाँ आयोजित करके बार-बार महिला अध्ययन क्षेत्रा के संसाधन विशेषज्ञों के साथ अंतःक्रिया द्वारा महिलाओं के मुद्दों पर अति संवेदनशील बनाया जा सकता है। शैक्षिक निष्कर्ष प्राप्त करने में इस प्रकार के कार्यक्रम विशेष उपयोगी होते हैं।

स्त्री शिक्षा संबंधी शोध एवं विकास—शोध एवं विकास क्षेत्रों में स्त्री शिक्षा को किस प्रकार क्रियान्वित किया जाय इस सम्बन्ध में समिति ने निम्नवत सुझाव दिया—

1. आठवीं पंचवर्षीय योजना में सभी विश्वविद्यालयों और मान्यता प्राप्त सामाजिक विज्ञान अनुसंधन संस्थानों में महिलाओं के अध्ययन केन्द्रों का गठन किया जाना चाहिए।
2. विश्वविद्यालयों के महिलाओं के अध्ययन केंद्रों और शैक्षिक संकुलों के कार्यों के बीच निकट संपर्क को प्रोत्साहित किया जाना चाहिएऋ ताकि उसमें सहभागिता बढ़ सके, अति संवेदनशील किया जा सके और पाठ्यक्रमों का मूल्यांकन हो सके। इससे महिलाों के लिये अध्ययन केन्द्रों का विकास सम्भव होगा परन्तु इस क्षेत्र में नारी शिक्षण की समानता पर विशेष ध्यान देने की अनिवार्यता होगी।
3. महिलाओं के अध्ययनों के अनुसंधन परिणामों को शिक्षा के सभी स्तरों पर पाठ्यचर्या के पुनरीक्षण और विकास में तथा शिक्षक प्रशिक्षण कार्यक्रमों में सम्मिलित कर लेना चाहिए। पाठ्यक्रमों के विकास से सम्बन्धित सरकारी निकायों को विश्वविद्यालयीय स्तर पर महिलाओं के अध्ययन केन्द्रों के प्रतिनिध्यिों को शामिल कर लेना चाहिये।

स्त्री शिक्षा पाठ्यक्रम सम्बन्धी सुझाव—स्त्री शिक्षा के पाठ्यक्रम के सन्दर्भ में समिति ने निम्नवत सुझाव दिये—

1. विज्ञान और प्रौद्योगिकी, औषधि विज्ञान, विधि, कृषि और पशु चिकित्सा विज्ञान के क्षेत्र में विद्यमान लैगिक असमानता पर भी ध्यान देना चाहिए।
2. पाठ्यचर्या के पुनरीक्षण और महिलाओं के अध्ययनों के विकास संबंधित मामलों को अध्यापकां के नवीकरण में भी जोड़ा जाना चाहिए।

3. आधर पाठ्यक्रमों की समीक्षा एवं उनमें विद्यमान दोषों का निराकरण करके स्त्रियों की शिक्षा से सम्बन्धित आयामों को उनमें जोड़ना अनिवार्य होता है। यह उप-स्नातक स्तर पर छात्राों के कुल मूल्यांकन का अंग होना चाहिए। इस पाठ्यक्रम को महिलाओं के अध्ययनों के अनुसंधन और विकास संगठनों और आधर स्तर पर काम करनेवाले महिला संगठनों के सक्रिय सहयोग से ध्यानपूर्वक बनाया जाना चाहिए। पाठयक्रम में उन समस्त सामाजिक समस्याओं का भी समावेश किया जाना चाहिए जो स्त्रियों की शिक्षा पर प्रतिकूल प्रभाव डालते हैं।

स्त्री सेवाओं से सम्बन्धित सिपफारिशें–आयोग ने स्त्री सेवाओं के सन्दर्भ में निम्नवत संस्तुतियां प्रस्तुत की–

1. इन केंद्रों को जागरूकता (बढ़ाने के लिए) कार्यशालाएँ/सेमिनार आदि चलाने के लिए धन दिया जाना चाहिए। ये कार्यशालाएँ/सेमिनार स्कूल और सामुदायिक केंद्र स्तर पर चलाए जाने चाहिए।
2. महिलाओं के विकास केंद्र, जैसे कि कुछ केंद्र विश्वविद्यालय कॉलेजों में विद्यमान हैं वैसे ही सभी कॉलेजों और उच्च शिक्षा संस्थानों में भी स्थापित किए जाएँ।

शैक्षिक व्यवस्था में स्त्रियों का प्रतिनिधित्व–शैक्षिक व्यवस्थाओं में स्त्रियों की भागीदारी के सम्बन्ध में समिति ने निम्नवत सुझाव दिया हैं–

महिला शिक्षकों का अनुपात प्राइमरी, मिडिल और हाईस्कूल में बढ़ाकर पचास प्रतिशत कर देना चाहिए। इसकी सपफलता के लिए यह आवश्यक है कि महिला शिक्षण को उसी ग्रामीण इलाके के पास से चुना जाए जिस इलाके में उसे पढ़ाना है। कभी-कभी स्थानीय महिला शिक्षिका नहीं होती ऐसी स्थिति में निम्नवत बातें विशेष महत्त्वपूर्ण होती हैं। महिला शिक्षिका के रहने के लिये सामान्य सुविध युक्त आवास का प्रबंध किया जाय, यह आवास संबंधित क्षेत्र में हो तथा सुरक्षात्मक हो, महिला कर्मचारियों के आवास अलग परन्तु समीप होने चाहिये। ताकि उनमें पारस्परिक सहयोग बना रहे–

1. जहाँ महिलाएँ और पुरुष शिक्षा के व्यवस्था तंत्रा और लोक प्रशासन में योजना निर्माण, निर्णय करने की स्थिति में हों तो वहाँ अधिकारियों को महिलाओं के मुद्दों पर अति संवेदनशील बना दिया जाए, ताकि वे एक सपफल नेतृत्वकर्त्ता की भूमिका अदा कर सकें
2. महिलाओं को शिक्षित करने के लिये उनकी भरती, सेवा प्रक्रिया, मूल्यांकन के मापदंड, पदोन्नति के लिए दिशा-निर्देश आदि निर्धरित करने के लिए और

महिलाओं की आवश्यकताओं के अनुरूप विशेष प्रावधन करने होंगे। इस प्रक्रिया का एक उदाहरण यह हो सकता है कि चयन समिति और विभागीय पदोन्नति समिति में महिला सदस्य को नामित किया जाए। इससे वे सामाजिक तथा सांस्कृतिक कारक उनके विकास को प्रभावित नहीं कर पायेगे तथा उनकी शिक्षा सुचारू रूप से चल सकेगी।

3. शिक्षा के क्षेत्र में महिलाओं की अनिवार्यता समझते हुये यह अनिवार्य है कि महिलाओं शैक्षिक व्यवस्थाक्रम में उनके लिए पदोन्नति के अवसर भी होने चाहिए। महिलाओं संबंधी निर्णय लेनेवाले निकायों में स्त्रियों के पर्याप्त प्रतिनिधित्व के लिए विशेष उपाय करने की आवश्यकता है।

महिलाओं को अधिकार देना—महिलाओं के आधरों के सम्बन्ध में आयोग द्वारा निम्नवत सुझाव दिये गये–

1. महिला समाख्या को इस ढंग से लागू करें कि इसका प्रा. बा. दे. शि. कार्यक्रम से सहज संपर्क स्थापित हो जाए और ऐसा प्रयास हो कि लड़कियों की आरंभिक शिक्षा का विकास व्यापक स्तर पर हो सके।
2. विकेंद्रीकृत और सहभागितावाली प्रबंध व्यवस्था में महिला समाख्या का विकास किया जाए, जिसमें निर्णय लेने का अधिकार ब्लॉक या जिला स्तर के सुपुर्द हो और अंततः वह निर्धन महिलाओं के वर्ग के पास ही रहें।

जनार्दन शिक्षा समीक्षा समिति 1992 और स्त्री शिक्षा

मई 1986 में राष्ट्रीय शिक्षा नीति का निर्धरण किया गया तथा नीति की कार्ययोजना को संसद द्वारा अगस्त 1986 में पारित किया गया इस कार्य योजना में इसका अनुसरण किया गया। विस्तार से अनुसरण किया गया था। राष्ट्रीय शिक्षा नीत के पैरों 11.5 में नीति के विभिन्न मानदंडों के कार्यान्वयन की प्रत्येक पाँच वर्षों में पुनरीक्षण करने की परिकल्पना की गई है।

आचार्य राममूर्ति की अध्यक्षता में मई 1990 में केन्द्र सरकार ने राष्ट्रीय शिक्षा नीति की पुनर्राक्षण के लिये एक समिति का गठन किया समिति ने अपनी रिपोर्ट 26 दिसंबर, 1990 को प्रस्तुत की। रिपोर्ट संसद् के दोनों सदनों के समक्ष 9 जनवरी, 1991 को रखी गई थी। केंद्रीय शिक्षा सलाहकार बोर्ड ने 8-9 मार्च, 1991 को हुई अपनी बैठक में एन. पी. ई. आर. सी. की रिपोर्ट के विचार हेतु अपनाई जानेवाली प्रक्रिया की जाँच की तथा निर्णय लिया कि एन. पी. ई. आर. सी. की संस्तुतियों

पर विचार करने के लिए अध्यक्ष (मानव संसाधन विकास मंत्राी) द्वारा के. शि. स. बो. समिति गठित की जाए।

31 जुलाई, 1991 को केन्द्रीय शिक्षा समिति बोर्ड के अध्यक्ष ने एन. पी. ई. आर. सी. की रिपोर्ट को ध्यान में रखते हुए राष्ट्रीय शिक्षा नीति के विभिन्न मानदण्डों के कार्यान्वयन के लिये सन्दर्भ में अपनी संस्तुति दी समिति के अध्यक्ष श्री एन. जनार्दन रेड्डी, तथा आंध्र प्रदेश के शिक्षा मंत्री व मुख्यमंत्री थे। इन्होंने इस सम्बन्ध में निम्नवत तथ्यों का उल्लेख किया।

1. एन. पी. ई. आर. सी. ने इस बात को स्वीकार किया कि शिक्षा के स्त्रियों तथा पुरुषों के मध्य किसी प्रकार का भेद-भाव नहीं किया जाना चाहिये इसने महिला शिक्षा के संबंध में स्त्री शिक्षा से जुड़ी कठिनाइयों का वास्तविक विवरण प्रस्तुत किया है। जैसे कि पुरुष व्यवहार की विद्यमान सांस्कृतिक मान्यताएँ, जो महिलाओं की घरेलू व उत्पादक भूमिका को महिलाओं की शिक्षा तक पहुँच में बाध डालती है। एन. पी. ई. आर. सी. ने केंद्रीय सरकार, राज्य सरकारों और स्थानीय निकायों के सभी प्रदर्शनों में महिलाओं की ओर से राज्य सरकारों के हस्तक्षेप का अनुमोदन किया। एन. पी. ई. आर. सी. ने राष्ट्रीय शिक्षा नीति के प्रावधनों को अपर्याप्त बताया तथा कहा कि विद्यालयीय शिक्षा के बाद भी स्त्रियों पर विभिन्न प्रकार से सामाजिक तथा सांस्कृतिक कारकों का प्रभाव पड़ता है। ऐसी स्थिति में यह अनिवार्य है कि इसमें इन कारकों का भी उल्लेख होना चाहिऐ, परन्तु इस नीति में इसकी उपेक्षा की गयी है। सारांश में, एन. पी. ई. आर. सी. का सापेक्ष महत्त्व राष्ट्रीय शिक्षा नीति में महिलाओं की शिक्षा के संबंध में की गई परिकल्पना से बहुत अधिक मिलता है। राष्ट्रीय शिक्षा नीति के अनुच्छेदों 4.2 व 4.3 में शिक्षा के अंतरायक व अधिकारयुक्त भूमिका का प्रभावी उल्लेख किया गया है। दूसरी प्रमुख बात यह है कि इसमें उल्लेखित विशिष्ट सहाता सेवाएं वही हैं जो एन.पी.ई.आर.में हैं
2. समिति ने अपनी संस्तुतियों में स्कूली शिक्षा में महिलाओं की शिक्षा में विशेष सुधर तथा सम्बन्धित विभागों में समन्वय पर विशेष बल दिया तथा जल, भोजन व ईंधन की पूर्ति की अनिवार्यता भी बताया। एन. पी. ई. आर. सी. द्वारा स्पष्ट किए गए संबंध की बढ़ा-चढ़ाकर आलोचना नहीं की जा सकती; तथापि योजना आयोग द्वारा केंद्र में, राज्य में उसी के अनुसार कुछ एजेन्सियों जैसे राज्य आयोजना बोर्ड अथवा राज्य आयोजना विभाग और जिला तथा उप-जिला स्तर पर समेकित आयोजना और विकास के लिए उत्तरदायी

एजेंसियों में सकेकित भूमिका को बेहतर ढंग से निभाया जाता है। शिक्षा विभाग चाहे केंद्र में हो अथवा राज्यों में, अपेक्षा करना वास्तविक नहीं होगा कि वह यह सुनिश्चित करने के लिए प्रमुख भूमिका निभाए कि महिलाओं का विकास समग्र ढंग से हो। पाठ्यचर्या और पाठ्य पुस्तकों में महिला-पुरुष पक्षों से संबंधित एन. पी. ई. आर. सी. की सिपफारिशें (सिपफारिश सं. 17 से 20), जनसंचार माध्यम (सिपफारिश सं. 21 से 27), महिलाओं की पढ़ाई (सिपफारिश सं. 41 से 48) और शैक्षिक क्रम व्यवस्था में महिलाओं का प्रतिनिधित्व (सिपफारिश सं. 49 से 52) में महिला समाख्या दृष्टिकोण का समर्थन किया गया है, जो कि राष्ट्रीय शिक्षा नीति की देन है।

3. आयोग ने अपनी संस्तुति की सिपफारिश सं. 58 से 62 तक में न केवल प्रारंभिक, माध्यमिक, व्यावसायिक तथा उच्चतर शिक्षा के आवंटनों में, बल्कि अनुसूचित जातियों के लिए विशेष घटक योजना और अनुसूचित जनजातियों के लिए जनजातीय उप-योजना में महिला शिक्षा के लिए संसाधन निर्धरित करने की माँग की गई। इसके बाद की विभिन्न कारणों से महिलाओं की शिक्षा में जो आधारभूत अन्तर है, उसकी समाप्ति वांछनीय है। स्त्री शिक्षा को खासतौर से जातीय एवं क्षेत्रीय रुकावटों का सामना करना पड़ता है, इसके लिये जब तक स्त्रियों की शिक्षा सम्बन्धी समस्या का निराकरण नहीं होगा तब तक इसका सुधर संभव नहीं है।

4. संक्षेप में, हमारा विचार है कि एन. पी. ई. आर. सी. ने महिला शिक्षा के महत्त्व पर सही जोर दिया था। राष्ट्रीय शिक्षा नीति ढाँचा पर्याप्त है परन्तु अभी भी योजना में एन. पी. ई. आर. सी. की सिपफारिशों को ध्यान में रखने के लिए संशोधन किया जाना चाहिए ताकि महिलाओं को व्यापक पैमाने पर शिक्षित करना संभव हो सके।

5
सती प्रथा कानून

पतिव्रता स्त्री को सती कहा जाता है। पति के मरने के पश्चात पत्नी भी पति के साथ चिता में जल जाती थी। भारतीय संस्कृति और साहित्य में सीता, सावित्री, अनुसूइया, दमयंती आदि नारियों को सती नारी माना गया है। पति के प्रति निष्ठा और समर्पण की गहरी भावना के कारण पति के शव के साथ जल जाने वाली स्त्री को सती कहा जाने लगा। जो अपने प्राणों की बाजी लगाकर अपने प्राणों की आहुति दे देती थी।

भारत में सती-प्रथा का प्रचलन प्राचीन काल में भी रहा। प्राचीन काल में इसके अनेक उदाहरण मिलते हैं। रामायण में मेघनाथ की पत्नी सुलोचना अपने पति के शव के साथ सती हो गई थी। महाभारत में पांडु की दूसरी पत्नी माद्री पांडु के शव के साथ सती हो गई थी। मुस्लिम शासकों ने सती प्रथा का विरोध किया। कश्मीर के शासक सिकन्दर ने पन्द्रहवीं सदी के शुरू में सती-प्रथा को बंद करने की कोशिश की थी, लेकिन उसके बेटे जैन-उल-आबिदीन ने इस प्रथा को फिर से शुरू कर दिया था। 1510 में अलबुकर्क ने गोआ मे सती प्रथा बंद कर दी थी। मुगल सम्राट् अकबर और जहांगीर ने भी इस अमानवीय प्रथा को बन्द करने का प्रयास किया, लेकिन उनको इनमें सफलता नहीं मिल पायी। पेशवा बाजीराव भी इस दिशा में असफल रहे थे। भारत में यह क्रूर प्रथा दो हजार साल तक चलती रही, इससे यह साफ पता चलता है कि कभी-कभी धार्मिक अंध-विश्वास आदमी की बुद्धि को कितना कुंठित कर देते हैं इससे पता लगाया जा सकता है कि हमारे देश की कितनी माँ बहने सती हुई होंगी तथा कितने अनाथ हुए होंगे।

प्रारम्भ में ब्रिटिश शासकों ने इस सती प्रथा को समाप्त करने में रूचि नहीं दिखलायी, इसका प्रमुख कारण हिन्दू और मुस्लिम के धार्मिक मामलों में ये नहीं आना चाहते थे। इसीलिए बंगाल, बम्बई और मद्रास की ईस्ट इंडिया कंपनी की सरकारों

ने सती के मामलों में निष्पक्षता का रूख अपनाया। सामान्यतया उस समय के यूरोपीय लोग इस प्रथा को सहन नहीं कर सके। फ्रांसीसियों और डचों ने अपने-अपने क्षेत्रों में इस प्रथा पर अंकुश लगाने की कोशिश की लेकिन इससे सती की घटनाओं में कोई विशेष अन्तर नहीं आया।

सन् 1789 ईस्ट इंडिया कंपनी की सर्वोच्च सरकार से कुछ अंग्रेज अधिकारियों ने सती-प्रथा पर रोक लगाने के लिए अनुमति मांगी थी। लेकिन सरकार ने उन्हें सिर्फ यह आदेश दिया कि वे सती-प्रभा को रोकने के लिए लोगों को समझा-बुझा तो सकते हैं पर इस विषय में बल का प्रयोग नहीं कर सकते। सिरामपुर के ईसाई मिशनरियों की एक रिपोर्ट के अनुसार 1804 में 3 महीनों से भी कम समय में कलकत्ते के 30 मील के आस-पास के क्षेत्रों में कम से कम 300 महिलाएं सती हो गई थी। इन क्षेत्रों में इसका प्रभाव अधिक था।

कुछ स्त्रियां तो अपनी खुशी से सती हो जाती थी कुछ को जबरदस्ती सती होने के लिए बाध्य किया जाता था, जो सती होती थी। उनका विश्वास था कि अपने पति के शव के साथ जल कर मर जाने से उन्हें मृत्यु के बाद भी अपने पति के साथ रहने को मिलेगा। स्त्रियों के मन में यह संस्कार सा बन गया था। हजारों साल की परम्परा ने यह विश्वास और गहरा कर दिया था। इस प्रथा का सबसे जघन्य पहलू यह था कि जो स्त्रियां अपने पति के शव के साथ सती नहीं होना चाहती थीं, उन स्त्रियों को जबरदस्ती सती होने के लिए मजबूर किया जाता था। उनके शव के साथ बांध दिया जाता था और चिता पर चढ़ा दिया जाता था। अग्नि संस्कार के समय घंटे-घड़ियाल बजाए जाते थे, जिनके कोलाहल में स्त्री के चिखने-चिल्लाने की आवाज दब जाती थी जिससे उसकी संवेदना लुप्त हो जाती थी। परिवार के लोगों द्वारा विधवा स्त्रियों को बलपूर्वक पति के शव के साथ जलाने का एक कारण यह भी था कि वे मृत पति की संपत्ति में कोई भाग न पा सकें।

इस प्रथा को समाप्त करने के लिए सरकार के समक्ष कई याचिका दायर की गई। 5 फरवरी, 1805 को तत्कालीन गवर्नर जनरल लार्ड वैल्जली ने सती प्रथा के बारे में निजामत अदालत से सलाह मांगी। निजामत अदालत ने हिन्दू पंडितों से सलाह-मशविरा किया और अपनी राय गवर्नर जनरल के पास भेज दी। पंडितों का मंतव्य था कि उन विधवाओं को तो पति के शव के साथ नहीं जलना चाहिए, जिनकी आयु बहुत कम हो, जो गर्भवती हों अथवा जिनके ऐसे छोटे-छोटे बच्चे हों जिनकी परवरिश करने वाला कोई न हो। जिनकी अवस्था अधिक है उनको पति के साथ जल जाना चाहिए। लेकिन किसी स्त्री को नशा कराके सती होने की प्रेरणा देना शास्त्र

विरुद्ध है। निजामत अदालत की सम्मति थी कि जिन क्षेत्रों में सती का कम चलन है, वहां तो वह बंद की जा सकती है। अन्य स्थानों पर पंडितों की सिफारिशों के अनुसार उसे मर्यादित किया जा सकता है। लेकिन अगर सरकार सामान्य आदेश द्वारा सती-प्रथा को बंद करने की कोशिश करती है, तो इससे हिन्दुओं की धार्मिक भावना को धक्का पहुँचेगा।

सरकार ने सात साल तक पंडितों की सिफारिशों पर कोई कार्यवाही नहीं की। 1812 में सरकार ने सती-प्रथा के बारे में कुछ आदेश निकाले। इन आदेशों में कहा गया कि किसी विधवा को उसकी इच्छा के विरुद्ध सती नहीं किया जा जाएगा, उसे नशा नहीं कराया जाएगा। 1815 और 1817 में सती-प्रथा के बारे में कुछ और आदेश निकाले गए। इन आदेशों के अनुसार जिला मजिस्ट्रेटों के लिए आवश्यक हो गया था कि वे अपने इलाके में होने वाली सती की घटनाओं के बारे में सरकार को वार्षिक रिपोर्ट भेजें, रिश्तेदार थानों में सती कांड की पूर्व-सूचना दें और गर्भवती तथा कम उम्र की विधवाएं सती न हो।

इस आदेश का सती प्रथा के ऊपर कोई प्रभाव नहीं पड़ा। शिक्षा के प्रचार के साथ-साथ सती-प्रथा का विरोध भी तीव्र होता गया। आंकड़ों के आधार पर ज्ञात हुआ कि सती प्रथा हिंन्दू धर्म का अंग नहीं थी, वह एक स्थानीय प्रथा थी। 1815-17 में बंगाल के पांच जिलों में सती की 864 घटनाएं हुई थीं। शेष ब्रिटिश भारत में यह संख्या 663 थी। इस प्रथा का सबसे अधिक प्रभाव बंगाल पर पड़ा।

सती प्रथा से कोई खुश नहीं था, सभी लोग प्रत्यक्ष अथवा परोक्ष रूप से असंतुष्ट थे। ईस्ट इंडिया कंपनी सरकार सती की प्रथा से क्षुब्ध थी। लेकिन वह कानून द्वारा इस प्रथा को बंद करने का इसलिए साहस नहीं जुटा पा रही थी कि कहीं इससे आम जनता तथा सेना में असंतोष न फैल जाए। लार्ड हैस्टिंग्ज और लार्ड एमहर्स्ट ब्रिटिश शासन के लिए इस तरह का खतरा उठाने के लिए तैयार न थे। सरकार का यह विचार था कि शिक्षा के प्रचार के साथ स्वयं भारतीय ही सती-प्रथा के विरूद्ध आवाज उठाने लगेंगे और तब सती प्रथा का कानून बंद करना आसान हो जाएगा। ब्रिटिश शासन की इस प्रकार की सोच व्यर्थ हुई इसका कोई प्रभाव नहीं पड़ा। शिक्षित भारतीयों में सती-प्रथा के विरुद्ध सचमुच आक्रोश था। राजा राममोहन राय ने अन्य सामाजिक सुधारों की भांति सती-प्रथा विरोधी आंदोलन को भी निश्चित दिशा प्रदान की।

सरकार ने 1812, 1815 और 1817 में सती-प्रभा के विरोध में जो आदेश निकाले थे, कलकत्ते के रूढ़िवादी हिन्दुओं ने उन आदेशों के विरोध में सरकार की

सेवा में एक याचिका प्रस्तुत की और उससे इन आदेशों को रदद् करने की प्रार्थना की। इसी अवसर पर अगस्त, 1816 में राममोहन राय और उनके सहयोगियों ने सरकार की सेवा में एक जवाबी याचिका प्रस्तुत की और उसमें सती-प्रथा के वीभत्स पहलुओं की तरफ सरकार के ध्यान को आकर्षित किया।

सती प्रथा की भयंकरता को राजा राममोहन राय ने बंगाली भाषा में छोटी-छोटी पुस्तकों को निकालकर दूर करने का प्रयास किया। इनमें से कुछ पुस्तिकाओं का अंग्रेजी में अनुवाद भी हुआ था। उन्होंने अपनी पत्रिका संवाद कौमुदी में भी सती-प्रथा के विरोध में अनेक लेख प्रकाशित किए। रूढ़िवादी हिन्दुओं ने राममोहन राय का तीव्र विरोध किया था इन रूढ़िवादी हिन्दुओं के नेता राजा राधाकांत देव थे। कुछ समय के लिए राजा राममोहन राय का जीवन संकट में पड़ गया था, लेकिन इन्होंने सती-प्रथा के विरोध में अपना आंदोलन जारी रखा। सती प्रथा के विरोध में लोगों का समर्थन मिलने लगा।

लार्ड विलियम बैंटिग 1826 में भारत के गवर्नर जनरल बनकर आए। उन्हें कोर्ट आफ डायरेक्टर्स ने सती-प्रथा को तत्काल या धीरे-धीरे समाप्त करने का निश्चित रूप से आदेश दिया था। इंगलैड में इन दिनों उदारवादी विचारधारा का जोर था और बोर्ड आफ डायरेक्टर्स पर भी इस विचारधारा का प्रभाव था। बैंटिक स्वभाव से सुधरवादी थे और उन्होंने सती-प्रथा के संबंध में कोई निश्चित कदम उठाने से पहले इस बात की भी गुप्त रूप से जांच करा ली कि सैनिक और असैनिक अधिकारियों का इस पक्ष में क्या रूख है। बैंटिग ने इस पक्ष में अधिकारियों को पत्र लिखे थे। इनमें से 24 अधिकारियों की राय थी कि सती-प्रथा को तत्काल और समग्र रूप से बंद कर देना चाहिए। 20 अधिकारियों की राय थी कि इस प्रथा को परोक्ष साधनों द्वारा समाप्त करना ज्यादा अच्छा होगा। सरकारी अधिकारियों का मत था कि इस प्रथा को समाप्त किया जाय, इसमें सरकार को बीच में नहीं आना चाहिए। पुलिस अधीक्षक और देहात के नब्बे प्रतिशत अफसर सती-प्रथा को बंद करने के पक्ष में थे। बैंटिक ने सती-प्रथा के संबंध में जिन 15 असैनिक अधिकारियों से सलाह-मशवरा किया था उनमें 8 इस प्रथा को तत्काल समाप्त करने के पक्ष में थे। निजामत अदालत के पाँचों न्यायाधीशों ने सती-प्रथा को तुरन्त समाप्त करने के पक्ष में राय दी थी। राजा राममोहन राय और प्राच्यविद् एच. एच. विल्सन ने लार्ड बैंटिग को सलाह दी कि सती-प्रथा को कानून द्वारा नहीं बल्कि लोगों को इसके दोषों को बताकर समाप्त किया जाए। उनका विचार था कि पुलिस सती-प्रथा के मार्ग में रुकावटें डाल सकती है। यदि सरकार इसे कानून द्वारा बंद करना चाहेगी, तो इससे लोगों में विद्रोह उ़ठ सकता है।

सती प्रथा को कानून द्वारा समाप्त किये जाने का मन भारत के गवर्नर जनरल बैंटिग ने बना लिया था। उन्होंने 8 नवंबर, 1829 को अपनी परिषद के सामने इस बारे में अपने विचार प्रस्तुत किए। उन्होंने कहा कि सती-प्रथा मुख्य रूप से बंगाल, बिहार और उड़ीसा में ही और उसमें भी विशेष रूप से कलकत्ता डिवीजन में ही प्रचलित है। इस इलाके के लोगों में इतना साहस नहीं है कि वे सरकार का ये लोग अवमानना कर सके।

कम्पनी के एक प्रतिष्ठित अधिकारी और परिषद् के सबसे प्रमुख सदस्य सर चार्ल्स, मैटकाफ के मन में सती-विरोधी प्रस्तावित कानून की सार्थकता के बारे में कुछ शंका थी। लेकिन अंततः वे भी बैंटिक के विचार से सहमत हो गए। कौंसिल ने बैंटिक के प्रस्ताव को सर्वसम्मति से पास कर दिया।

4 दिसम्बर, 1829 को सरकार ने बंगाल प्रेसीडेन्सी में सती को गैर कानूनी घोषित कर दिया। काननू में कहा गया था कि जो लोग किसी विधवा को उसकी इच्छा के विरुद्ध जलायेंगे उन्हें दडित किया जायेगा। कुछ समय बाद मद्रास और बम्बई में भी इसी प्रकार के सती-विरोधी कानून पास कर दिए गए। सती विरोधी कानून पास होने से जनता में किसी प्रकार का असंतोष पैदा नहीं हुआ। लेकिन रूढ़िवादी हिन्दुओं ने हिम्मत नहीं हारी। 19 दिसम्बर, 1829 में उन्होंने कानून को रद्द करने के लिए लार्ड बैंटिग की सेना में एक आवेदन-पत्र पेश किया। आवेदन-पत्र पर कलकत्ते के 800 व्यक्तियों ने हस्ताक्षर किए थे। हस्ताक्षर कर्त्ताओं में अनेक प्रतिष्ठित हिन्दू जमींदार और धनी-मानी व्यक्ति थे। 14 जनवरी, 1830 को लार्ड बैंटिग ने उनके कुछ नेताओं राधाकांत देव और महाराजा काली कृष्ण बहादुर आदि से मुलाकात की और उन्हें सलाह दी कि यदि वे चाहे तो सम्राट् की कौंसिल में अपील कर सकते हैं। 16 जनवरी, 1830 को राजा राममोहन राय तथा उनके सहयोगियों ने लार्ड विलियम बैंटिग को एक पत्र लिखकर सती विरोधी कानून पास करने के लिए उन्हें बधाई दी तथा आभार व्यक्त किया। इस पत्र पर 300 व्यक्तियों ने हस्ताक्षर किए थे। गवर्नमेंट हाउस, कलकत्ता में एक सभा का आयोजन किया गया। सभा में 600 से अधिक व्यक्ति उपस्थित थे। उस समय के एक विख्यात पंडित ने सती-प्रथा के विरोध में भाषण दिया। कुछ कार्य तो अंग्रेजों ने भारत के लिए बहुत अच्छा किया, जो यहाँ के लोग नहीं कर सकते थे। उसी क्रम में सती प्रथा की समाप्ति भी प्रमुख कार्यों में से एक था।

भारत के लोगों में कुछ रूढ़िवादी पक्ष ने सम्राट् की कौंसिल की सेवा में सती-विरोधी कानून को रद्द करने के लिए एक अपील भेजी। राममोहन राय ने एक

जवाबी अपील तैयार की और उसे वे अपने साथ इंगलैंड लेते गए। उन्होंने अपनी जवाबी अपील डाउस ऑफ कामन्स के सामने पेश की। जब प्रिवी कौंसिल ने रूढ़िवादी पक्ष की अपील पर विचार किया तब राममोहन राय भी मौजूद थे। प्रिवी कौंसिल ने रूढ़िवादी पक्ष की अपील को अस्वीकार कर दिया। इस तरह, राममोहन राय के प्रयत्नों से भारत में सती-प्रथा समाप्त हुई। इसके बाद सती की छिटपुट घटनाएं अवश्य हाती रहीं, जैसे-जैसे शिक्षा का स्तर बढ़ने लगा यह प्रथा समाप्त होने लगी अब यह प्रथा अब पूर्णतः समाप्त हो गयी है। इस प्रथा को समाप्त करने में विलियम बैंटिक के साथ राजा राममोहन राय का भी प्रमुख योगदान रहा है।

सती प्रथा हटाने को आन्दोलन

राजा राममोहन राय ने सती प्रथा को मिटाने के लिए भी प्रयत्न किया। उन्होंने इस अमानवीय प्रथा के विरुद्ध निरन्तर आन्दोलन चलाया। यह आन्दोलन समाचार पत्रों तथा मंच दोनों माध्यमों से चला। इसका विरोध इतना अधिक था कि एक अवसर पर तो उनका जीवन ही खतरे में था। वे अपने शत्रुओं के हमले से कभी नहीं घबराये। उनके पूर्ण और निरन्तर समर्थन का ही प्रभाव था, जिसके कारण लार्ड विलियम बैंटिक 1829 में सती प्रथा को बन्द कराने में समर्थ हो सके। जब कट्टर लोगों ने इंग्लैंड में शप्रिवी कॉउन्सिलश में प्रार्थना पत्र प्रस्तुत किया, तब उन्होंने भी अपने प्रगतिशील मित्रों और साथी कार्यकर्ताओं की ओर से ब्रिटिश संसद के सम्मुख अपना विरोधी प्रार्थना पत्र प्रस्तुत किया। उन्हें प्रसन्नता हुई जब प्रिवी कॉउन्सिल ने सती प्रथा के समर्थकों के प्रार्थना पत्र को अस्वीकृत कर दिया। सती प्रथा के मिटने से राजा राममोहन राय संसार के मानवतावादी सुधारकों की सर्वप्रथम पंक्ति में आ गये।

सती प्रथा का अंत

15वीं शताब्दी में कश्मीर के शासक सिकन्दर ने इस प्रथा को बन्द करवा दिया था। बाद में पुर्तगाली गर्वनर अल्बुकर्क ने इस प्रथा को बन्द करवा दिया। भारत मे अकबर (मुगल सम्राट) व पेशवाओं के अलावा कम्पनी के कुछ गर्वनर जनरलों जैसे लार्ड कार्नवालिस एवं लार्ड हैस्टिंग्स ने इस दिशा में कुछ प्रयत्न किये, परन्तु इस क्रूर प्रथा को कानूनी रूप से बन्द करने का श्रेय लार्ड विलियम बैंटिक को जाता है। राजा राममोहन राय ने बैंटिक के इस कार्य में सहयोग किया। राजा राममोहन राय ने अपने पत्र 'संवाद कौमुदी' के माध्यम से इस प्रथा का व्यापक विरोध किया। राधाकान्त देव

तथा महाराजा बालकृष्ण बहादुर ने राजा राममोहन राय की नीतियों का विरोध किया। 1829 ई. के 17वें नियम के अनुसार विधवाओं को जीवित जिन्दा जलाना अपराध घोषित कर दिया। पहले यह नियम बंगाल प्रेसीडेंसी में लागू हुआ, परन्तु बाद में 1830 ई. के लगभग इसे बम्बई और मद्रास में भी लागू कर दिया गया।

सती प्रथा पर कानून (सती प्रथा निवारण अधिनियम, 1787)

यदि कोई स्त्री सती होने की कोशिश करती है उसे छः महीने कैद तथा जुर्माने की सजा होगी। सती होने के लिए प्रेरित करना या सहायता करना यदि कोई व्यक्ति किसी महिला को सती होने के लिए प्रत्यक्ष या अप्रत्यक्ष रूप से प्रेरित करे या उसको सती होने में सहायता करे तो उसे मृत्यु दण्ड या उम्रकैद तक की सजा होगी। समान काम, समान वेतन समानता का अधिकार संविधान के अनुच्छेद 14 से 18 में है पर यह लैंगिक न्याय के दायरे में श्समान काम, समान वेतनश के दायरे में महत्वपूर्ण है। श्समान काम, समान वेतनश की बात संविधान के अनुच्छेद 39 (घ) में कही गयी है पर यह हमारे संविधान के भाग चार श्राज्य की नीति के निदेशक तत्वश के अन्दर है। महिलायें किसी भी तरह से पुरुषों से कम नहीं है। यदि वे वही काम करती है जो कि पुरुष करते हैं तो उन्हें पुरुषों के समान वेतन मिलना चाहिये। यह बात समान पारिश्रमिक अधिनियम में भी कही गयी है।

6

वैवाह्कि अधिकार

घरेलू हिंसा मुकद्दमेबाजी में पत्नी का अपने पति के घर को छोड़ना और इस प्रकार अपने पति को वैवाहिक आनंद से वंचित करना एक बड़ी आम सी बात है। यदि आप के साथ कुछ ऐसा हो जाता है तो कई वकील हिन्दू विवाह अधिनियम की धारा 9 (अर्थात वैवाहिक अधिकारों की भरपाई) के अंतर्गत याचिका डालने का सुझाव आप को दे सकते हैं। ऐसे वकील आप को एक व्यर्थ प्रयास में फंसाने की कोशिश कर रहे होते हैं। एक ऐसा निरर्थक प्रयास जो उनके लिए धनार्जन का निमित्त बन जायेगा और आप की जिन्दगी बर्बाद कर देगा। ऐसे वकीलों से अपनी जान छुड़ा के भागें। यह लेखक ऐसा क्यों सोचता है, इस के बारे में जानने के लिए आगे पढ़िए।

वैवाहिक अधिकार भरपाई याचिका हर याचिका की तरह अदालत से एक निवेदन होती है। निवेदन यह है कि अदालत पत्नी को आदेश दे कि वह वापस अपने पति के पास रहने के लिए जाए और उसे फिर से (या किन्ही मामलों में पहली बार) वैवाहिक सुख देना शुरू करे। यह पार्किकाल्पनिक रूप से किसी वैवाहिक सम्बन्ध विशेष के उस साझेदार का वैवाहिक सम्बन्ध को बचाने का प्रयत्न है जो वैवाहिक सम्बन्ध को बचाना चाहता है। विधान के रचयिताओं ने इस धरा को हिन्दू विवाह अधिनियम में क्यों सम्मिलित किया यह अपने आप में एक बहुत बड़ा रहस्य है। ऐसा नहीं हो सकता कि उन्हें इस बात का ज्ञान नहीं था कि अनिच्छुक विवाहित को इच्छुक विवाहित के साथ हमबिस्तर होने पर भी प्रेम सम्बन्ध में आने को बाध्य नहीं किया जा सकता।

इसके अलावा भारतीय न्यायपालिका की धीमी रफ्तार की वजह से ऐसी किसी भी याचिका पर अंतिम निर्णय घोषित होने से बहुत पहले ही एक दूसरे से बिछुड़े हुए दंपत्ति का विवाह सम्बन्ध काल्पनिकता के दायरे में पहुँच चूका होता है। ऐसी याचिका से जुड़ा हुआ कोई भी प्रयत्न आपके जीवन के अनेक मूल्यवान वर्षों को और

आप की गाढ़ी कमाई के लाखों रुपयों को खा जायेगा। इतना सब सहने के बाद यदि आप ऐसे मुकद्दमे को जीत भी जाते हैं तो भी आप को आप की पत्नी से कोई भी नहीं मिला सकता। भारत का मुख्य न्यायधीश भी नहीं, और यहाँ तक कि उच्चतम न्यायालय का सम्पूर्ण न्यायालय भी नहीं। सबसे ऊंची अदालत का आदेश होने के बावजूद भी कोई भी आप की भार्या को आप के पास वापस आने को मजबूर नहीं कर सकता।

यह कह के कि वैवाहिक अधिकार भरपाई याचिका आप को 498अ (498) से बचा सकती है, आप का अनैतिक वकील आप को बरगला सकता है। ये सरासर बकवास है। वैवाहिक अधिकार भरपाई याचिका आपको 498अ (498) सम्बंधित आरोपों से किसी भी प्रकार से कतई नहीं बचा सकती। ध्यान रहे कि ऐसी याचिका प्रेषित करने वाले आप अपनी पत्नी को वापस बुला रहे हैं, पत्नी आप के पास आने की इच्छा कानूनी रूप से बिलकुल प्रकट नहीं कर रही है। ऐसे में उस के लिए आप पर दहेज प्रताड़ना का आरोप लगाना पहले की तरह आसान होता है, और आम तौर पर ऐसी पत्नियां ऐसे ही आरोप लगाती हैं। आप ही बताएं कि यदि पत्नी से अदालत की मार्फत आप उस से अपने आप को छोड़ने की वजह पूछते हैं, और वो (पत्नी) आप से नाराज है, तो वो प्रताड़ना के आरोप लगाने के अतिरिक्त और कौन सा रास्ता अख़्तियार कर सकती है?

आपराधिक सतह पर वैवाहिक अधिकार भरपाई याचिका दायर करना पति की ओर से एक जबरदस्त भूल है। ऐसी याचिका डालने का सीधा सीधा कानूनी मतलब यह निकलता है कि आप ने अपनी पत्नी के सभी अत्याचारों को माफ कर दिया है, यहाँ तक कि आप को इस बात पर कोई नाराजगी नहीं है कि वह आप को छोड़ के चली गयी हैय आप को शारीरिक भोग और प्रेम से वंचित कर रही हैय आप पर और आप के परिवारजनों पर घरेलू हिंसा का आक्षेप लगा चुकी हैय और अन्य समरूपी नालिशें दायर कर चुकी है, आरोप लगा चुकी है, कृत्य कर चुकी है। क्रूरता के आधार पर तलाक की याचिका दायर करने का अधिकार आप उसी क्षण खो देते हैं जब आप वैवाहिक अधिकार भरपाई याचिका प्रेषित करते हैं। व्यवहारतः ऐसी याचिका डालते ही याचिका का अंतिम फैसला हो जाने के महीनों बाद तक, या फिर हो सकता है सालों बाद तक आप नितांत रूप से किसी भी आधार पर विवाह विच्छेद याचिका प्रेषित करने का अधिकार खो बैठते हैं।

इतना ही नहीं, आप को अपनी याचिका पर डाली गयी अपीलें उच्चतम न्यायालय तक लड़नी पड़ेगी, और उस के बाद यदि फैसला आप के हक में होता

है तो आदेश को लागू कराने के लिए फिर से निचली अदालत से ले कर उच्चतम न्यायालय तक लड़ाई लड़नी पड़ेगी। इतना सब करने के बाद भी आपको मिला आदेश लागू दुनिया की कोई ताकत जबरन लागू नहीं करवा सकती।

हिन्दू विवाह अधिनियम में एक ऐसा प्रावधान भी है जिस के अंतर्गत वैवाहिक अधिकार भरपाई याचिका के फलस्वरूप याचक को सकारात्मक निर्णय प्राप्त होने के बाद एक साल के अंदर पति पत्नी को दुबारा साथ रहना शुरू करना पड़ता है। यदि ऐसा नहीं हो पाटा है तो दोनों में से कोई भी न्यायालय के समक्ष आवेदन प्रेषित कर के विवाह विच्छेद आदेश प्राप्त कर सकता है। इस प्रावधान की वजह से वैवाहिक अधिकार भरपाई का विधान में विद्यमान पूरा सिद्धांत निरर्थक हो जाता है, क्यूंकि जिस पक्ष को तलाक चाहिए वह दुसरे पक्ष को अपनी मंशा से अनभिज्ञ रख के मुकद्दमा जीतने दे सकता हैय तत्पश्चात एक साल तक सहवास करने से इंकार कर सकता हैय और फिर ऐसी विवाह विच्छेद याचिका प्रेषित कर सकता है जिसकी कामयाबी की शत प्रतिशत गारंटी है। इस प्रकार से साफ मंशा रखने वाले पक्ष के द्वारा धारा 9 के लापरवाह इस्तेमाल होने के कारण विवाह सम्बन्ध को छोड़ने वाला पक्ष उसे बड़ी आसानी से तोड़ भी सकता है।

उपरोक्त अनुच्छेद से यह भी साफ हो जाता है की धारा 9 का प्रयोग करने से आप को आप की पत्नी द्वारा प्रेषित की गयी किसी भी विवाह विच्छेद याचिका को कुंठित करने का कोई भी रास्ता कतई नहीं मिलता है। ऐसा कहना भी मूर्खता हैय और सच्चाई इसके ठीक विपरीत है, क्यूंकि आप की वैवाहिक अधिकार भरपाई याचिका आप की पत्नी को ऐसी परिस्थिति में एक के बजाय दो मार्ग प्रदान कर देती है।

एक और मजे की बात यह है कि हमारे देश में कानून पत्नी को साथ साथ वैवाहिक अधिकार भरपाई याचिका और 498अ (498) आक्षेप प्रेषित करने का अधिकार देता है। ऐसी भयंकर कानूनी विडम्बना का कारण हमारे देश में अदालतों द्वारा कानून की एकतरफा व्याख्या है। उपरोक्त स्थिति में अदालत यह नहीं मानती है की वैवाहिक अधिकार भरपाई याचिका प्रेषित कर के पत्नी ने अपने पति की तथाकथित क्रूरता को अनदेखा कर दिया है। 498अ (498) आक्षेप को भी वे स्वीकार कर लेते हैं, जिस का सीधा सीधा कानूनी अर्थ ये निकलता है कि एक पत्नी अपने पति को एक ही समय पर एक तरफ से अपने शयनकक्ष में लाने की कोशिश और दूसरी ओर से जेल भेजने की कोशिश करने का तर्कहीन कानूनी अत्याचार कानून की ही मदद से कर रही है।

धारा 9 के अंतर्गत प्रेषित याचिका आप के रख रखाव खर्चे को भी काम नहीं कर सकती है, क्यूंकि आप की पत्नी के पास आप से भरण पोषण की मांग करने के एक से अधिक कानूनी रास्ते हैं। भारत विश्व का एक मात्र देश है जिस में नाराज पत्नी के पास पति से रख रखाव लेने के चार चार कानूनी रास्ते हैं। यदि उस ने आप को परेशान करने की ठान ली है तो आप उस के द्वारा परेशान होने से नहीं बच सकते हैं। इस के अलावा यह भी ध्यान रहे कि हिन्दू विवाह अधिनियम की धारा 24 उसे आप के खिलाफ मुकद्दमा लड़ने के पैसे आप ही से उगाहने का अधिकार देती है। इस सब के बाद यह भी गौर तलब है की यद्यपि आप को अपने शहर में वैवाहिक अधिकार भरपाई याचिका प्रेषित करने का अधिकार है, तथापि कानूनी इतिहास साफ साफ दर्शाता है कि कानूनी लड़ाई आप के शहर के बजाय उस के शहर में होने की सम्भावना अधिक है।

बाल विवाह

भारत देश का ये दुर्भाग्य हें की जिन लड़कियों ध्बच्चियों की गुडियों से खेलने की उम्र अभी गई नहीं। चाकलेट तो दूर लेमन चूस पर भी चहक उठती हैं यह। पर परंपरा कहें या माँ-बाप की उल्टी सोच, ये अभी उस विवाह बंधन में बांध दी गई जिनकी उन्हें समझ नहीं।भारत के लगभग सभी राज्यों के ग्रामीण क्षेत्रों में यह प्रथा बड़े आराम से ,बिना किसी रोकधाम के चलती आ रही हें..

देश में बाल विवाह के खिलाफ भले ही कानून बन गया हो, शादी के लिए वैध उम्र की सीमा भले ही तय कर दी गई हो, लेकिन ये सारे बंधन परिणय सूत्र में बंधने वालों के लिए बेमानी हैं। देश में बाल विवाह अभी भी धड़ल्ले से हो रहे हैं।

तमाम प्रयासों के बाबजूद हमारे देश में बाल विवाह जैसी कुप्रथा का अंत नही हो पा रहा है।अभी हाल ही में आई यूनिसेफ की एक रिपोर्ट में यह खुलासा किया गया है।रिपोर्ट के अनुसार देश में 47 फीसदी बालिकाओं की शादी 18 वर्ष से कम उम्र में कर दी जाती है। रिपोर्ट में यह भी बताया गया है कि 22 फीसदी बालिकाएं 18 वर्ष से पहले ही माँ बन जाती हैं। यह रिपोर्ट हमारे सामाजिक जीवन के उस स्याह पहलू कि ओर इशारा करती है ,जिसे अक्सर हम रीति-रिवाज व परम्परा के नाम पर अनदेखा करते हैं। तीव्र आर्थिक विकास ,बढती जागरूकता और शिक्षा का अधिकार कानून लागू होने के बाद भी अगर यह हाल है ,तो जाहिर है कि बालिकाओं के अधिकारों और कल्याण की दिशा में अभी काफी कुछ किया जाना शेष है।क्या

बिडम्बना है कि जिस देश में महिलाएं राष्ट्रपति जैसे महत्वपूर्ण पद पर आसीन हों ,वहाँ बाल विवाह जैसी कुप्रथा के चलते बालिकाएं अपने अधिकारों से वंचित कर दी जाती हैं।

बाल विवाह न केवल बालिकाओं की सेहत के लिहाज से ,बल्कि उनके व्यक्तिगत विकास के लिहाज से भी खतरनाक है।शिक्षा जो कि उनके भविष्य का उज्ज्वल द्वार माना जाता है ,हमेशा के लिए बंद भी हो जाता है।शिक्षा से वंचित रहने के कारण वह अपने बच्चों को शिक्षित नहीं कर पातीं द्यऔर फिर कच्ची उम्र में गर्भ धारण के चलते उनकी जन को भी खतरा बना रहता है।

जहां हिन्दू समाज में खासतौर पर राजस्थान और मध्यप्रदेश में अखातीज पर बाल-विवाह धड़ल्ले से होते हैं, वहीं राजस्थान की सीमा से सटे हरियाणा के मेवात जिले में तो हररोज अखातीज (अक्षय तृतीया) होती है।

मुस्लिम सम्प्रदाय बाहुल्य इस इलाके में छोटी उम्र में विवाह का प्रचलन है। जिस उम्र में बच्चों को अपने स्कूल में होना चाहिए या फिर खेल के मैदान में जाकर खेलते हुए होना चाहिए, बेफिक्री उनके चेहरे पर झलकनी चाहिए, उसी उम्र में मां-बाप उन्हें शादी के बंधन में बांध देते हैं। यूनीसेफ द्वारा दुनिया में बच्चों के हालात पर तैयार की गई 2009 की रिपोर्ट इस बात का साफ संकेत करती है कि अपने देश में बाल विवाह निरोधक कानून का किस तरह व्यापक पैमाने पर उल्लंघन हो रहा है। रिपोर्ट के अनुसार, देश की 20 से 24 वर्ष की 47 प्रतिशत महिलाओं की शादी 18 वर्ष से पहले ही हो चुकी है। इनमें से 56 प्रतिशत मामले ग्रामीण इलाकों के हैं। हरियाणा में मेवात जिला अन्य सभी जिलों से आगे खड़ा है। रिपोर्ट में इस बात का भी खुलासा किया गया है कि दुनिया का 40 प्रतिशत बाल विवाह भारत में होता है। मध्य प्रदेश में यूनीसेफ की प्रमुख, डॉ. तानिया गोल्डनर ने कहा, बाल विवाह बाल अधिकारों का उल्लंघन है। कम उम्र की शादी बच्चों को स्वास्थ्य, पोषण, शिक्षा, तथा हिंसा, दुर्व्यवहार व शोषण मुक्ति से वंचित कर देती है और बचपन को निगल जाती है। एक अनुमान के अनुसार विश्वभर में हर वर्ष 10 से 12 मिलियन नाबालिक लडकियों की शादी कर दी जाती है। ऐसी ही एक भुक्तभोगी यमन की रहने वाली तहानी कहती है, वह जब भी अपने पति को देखती है, उसे घृणा होने लगती है। वह उससे नफरत करती है, पर साथ रहना और जुल्म सहना उसकी विवशता है। यमन, अफगानिस्तान, इथोपिया और ऐसे ही कुछ अन्य देशों में तो युवा या विधुर उम्रदराज व्यक्ति किसी बच्ची का बलात्कार करते है और फिर उससे विवाह करने का दावा ठोंक देते हैं। वहां की सामाजिक व्यवस्था के अनुसार उनकी शादी

भी हो जाती है। भारत की बात करें, तो यहां बालविवाह पर कानूनन रोक है, लेकिन रात के अंधेरे में आज भी हजारों बालविवाह हो रहे हैं।

दरअसल यह कुप्रथा गरीब तथा निरक्षर तबके में जारी है।पश्चिम बंगाल के कुछ जिलों के लोग अपनी लड़कियों कि शादी कम उम्र में सिर्फ इस लिए कर देते हैं कि उनके ससुराल चले जाने से दो जून की रोटी ही बचेगी। वहीं कुछ लोग अंध विश्वास के चलते अपनी लड़कियों की शादी कम उम्र में ही कर रहे हैं। जो भी हो इस कुप्रथा का अंत होना बहुत जरूरी है।वैसे हमारे देश में बालविवाह रोकने के लिए कानून मौजूद है। लेकिन कानून के सहारे इसे रोका नहीं जा सकता द्यबालविवाह एक सामाजिक समस्या है।अतरूइसका निदान सामाजिक जागरूकता से ही सम्भव है। सो समाज को आगे आना होगा तथा बालिका शिक्षा को और बढ़ावा देना होगा द्य

बाल विवाह के पक्षधरों द्वारा एक तर्क यह भी दिया जाता है कि भले ही विवाह कम उम्र में किया जाता है परन्तु पति पत्नी साथ साथ रहना तो बालिग होने के बाद शुरू करते हैं इसका खण्डन भी राष्ट्रीय सर्वेक्षण का तृतीय चक्र करता है। ऑकड़े बताते हैं कि भारत में 15-19 वर्ष की महिलाओं में 16 प्रतिशत् या तो मॉ बन चुकी थी या पहली बार गर्भवती थी। इनमें सर्वाधिक भयावह स्थिति झारखण्ड, प6चिमी बंगाल व बिहार की है जहाँ क्रमश275, 25 व 25 प्रतिशत् महिलाये 15-19 वर्ष के मध्य माँ बन चुकी थी या बनने जा रही थी। जबकि इससे विपरीत स्थिति हिमाचल प्रदेश (123 प्रतिशत) गोवा (121 प्रतिशत) व जम्मू एवं क6मीर (42 प्रतिशत) पाई गई।

यह माना जाता है कि किसी भी कुरीति को दूर करने में शिक्षा का बहुत बड़ा योगदान होता है परन्तु ऑकड़ों का वि6लेषण करने से ज्ञात होता है कि केरल राज्य, जहॉ शिक्षा का स्तर सर्वोच्च है, में भी 18 वर्ष से कम उम्र में 154 प्रतिशत महिलाओं की शादी हो चुकी थी व 58 प्रतिशत महिलाये 15-19 वर्ष के मध्य या तो मॉ बन चुकी थी या वे मॉ बनने जा रही थी।

इसका सीधा तात्पर्य है कि यदि इस कुरीति को दूर करना है या बच्चों के सुरक्षा, पोषण, स्वास्थ्य व शिक्षा के अधिकार को सुनिश्चित करना है। शिक्षा से अधिक जोर अभिभावकों को जागरूक बनाने पर देना होगा व कड़े कानून बनाकर उनका कड़ाई से पालन करवाना होगा।

अंतरराष्ट्रीय संगठन द एल्डर्स का मानना है कि बाल विवाह के खात्मे के लिए समाज को आगे आना होगा। सिर्फ सरकारी योजनाओं व कानून से इसका खात्मा

मुश्किल हैं। द एल्डर्स के दक्षिण अफ्रीका के अध्यक्ष आर्कबिशप डेसमंड टुटु ने कहा कि बाल विवाह एक पारंपरिक प्रथा है। इसका किसी क्षेत्र विशेष से संबंध नहीं है। यह पूरे विश्व की समस्या है। विश्व का एक तिहाई बाल विवाह भारत में होता है। बिहार में सबसे अधिक बाल विवाह होते हैं। यहां 69 फीसदी बच्चियों की शादी 18 वर्ष से कम उम्र में होती है। राष्ट्रीय स्तर पर यह आंकड़ा 47 फीसदी है। मेवात में राष्ट्रीय आंकड़े से कहीं अधिक संख्या में बाल विवाह होते हैं। हालांकि कोई ठोस आंकड़ा तो इस बारे में नहीं है, लेकिन गांवों की परिस्थितियां और यहां के अलग-अलग चर्चा में आए आंकड़े बताते हैं कि तीन चौथाई से ज्यादा की शादी कच्ची उम्र में ही कर दी जाती है। ऐसे में बचपन तो उससे छीन ही जाता है साथ ही अल्हड़ता और मनमौजी की उम्र में ही लडके पर परिवार चलाने का बोझ पड़ जाता है और लडकघी मां बनने के कागार पर आ जाती है। यह बड़ी विडम्बना है कि इस बारे में बने कानून भी बाल विवाह को रोकने में पूरी तरह से विफल रहे हैं। बाल विवाह की गलत परम्परा के कारण केवल एक शादी या परिवार ही तबाह नहीं हो रहा है, बल्कि इसके कारण अनेक अन्य समस्याएं भी पैदा हो रही हैं। शिक्षा का अभाव भी किसी न किसी रूप में इसी से जुड़ा नजर आता है। कुपोषण की समस्या, लड़कियों में खून की कमी, लडकघें में बढ़ती अपराधिक प्रवृति भी कहीं न कहीं किसी न किसी रूप में इस जड़ से जुड़ी है। ताज्जुब की बात यह है कि समाजसेवी और स्वंयसेवी संगठन इस बारे में बात तो बहुत करते हैं, लेकिन हकीकत में ये संगठन ठोस कदम नहीं उठाते। सरकार ने कानून बना दिया। लेकिन मेवात में लगता है कि यह कानून बना ही टूटने के लिए है। प्रशासन को कोई सपना तो आ नहीं रहा है कि अमुक गांव में बाल विवाह हो रहा है। वह तभी जागता है, जब उसके पास कोई ठोस सूचना पहुंचती है। जब पूरा गांव ही बाल विवाह का पक्षधर हो तब कौन किसकी शिकायत करेगा? निश्चित तौर पर यह स्थिति प्रशासन के लिए चिंता की बात हो सकती है। गांव में तैनात सरकारी कर्मचारी भी अपनी डयूटी बजाते नजर आते हैं।

कानून भी कम लचीला नहीं 1978 में हिन्दू विवाह अधिनियम और बालिववाह अधिनियम में संशोधन किया गया। संशोधित कानून के तहत लडकघि की उम्र शादी के वक्त 15 से बढ़ाकर 18 साल और लडकद्दे की उम्र 18 से बढकघ्र 21 साल कर दी गई। लेकिन दूसरी ओर इससे संबंधित जो जरूरी व्यवस्थाएं अन्य कानूनों में हैं, उन्हें यूं ही छोड़ दिया गया। मसलन हिन्दू विवाह अधिनियम और बाल-विवाह अधिनियम में तो लडकघि की शादी की उम्र 18 साल कर दी गई, लेकिन

भारतीय दंड संहिता को संशोधित नहीं किया गया, जिसकी धारा-375 में पति-पत्नी के रिश्ते की उम्र 15 साल है। इसी तरह धारा- 376 में उल्लेखित है कि 12 साल से ज्यादा और 15 साल से कम उम्र की विवाहित युवती से शारीरिक संबंध रखने वाला पति बलात्कार का आरोपी होगा और उसे दो साल की कैद या जुर्माना हो सकता है, जबकि दूसरी ओर साधारण बलात्कार के मुकदमों में अधिकतम सजा आजीवन कारावास और न्यूनतम 7 साल की कैद का प्रावधान है। इस तरह परस्पर विरोधी बातें स्पष्ट दिखाई देती हैं।

हिन्दू विवाह अधिनियम में एक और विसंगति है- 18 साल से कम उम्र की लडकघे के साथ विवाह वर्जित है और ऐसा करने वाले व्यक्ति को 15 दिन की कैद या सजा या 100 रुपए का जुर्माना हो सकता है। लेकिन जो मुकदमे आज तक निर्णीत हुए हैं, उनमें देखा गया है कि इस तरह के विवाह भले ही दंडनीय अपराध हैं लेकिन अवैध नहीं हैं। सवाल उठता है कि जब विवाह अवैध नहीं है, तो सजा क्यों? इतना ही नहीं, हिन्दू विवाह अधिनियम और बाल-विवाह अधिनियम की और भी विसंगतियां हैं। प्रावधान यह है कि अगर किसी लडकघे का 15 साल से पहले विवाह रचा दिया गया तो वह लडकघे 15 साल की होने के बाद मगर 18 वर्ष से पहले इस विवाह को अस्वीकृत कर सकती है। यानी कानून खुद मान रहा है कि 15 साल से कम उम्र की लडकघे की शादी उसके घरवाले कर सकते हैं। अमीना प्रकरण को ही लें तो 15 साल की होने के बाद वह तलाक ले सकती है। पहले तो वह 15 साल की होने का इंतजार करे, उसके बाद अदालतों के चक्कर लगाए। सवाल उठता है कि इतनी उम्र में लडकघे के पास मुकदमे के खर्च के लिए पैसा कहां से आएगा? यह भी उस स्थिति में जब उसके घरवाले उसके विरुद्ध थे और घर वाले चाहते हैं कि यह शादी कायम रहे। अब वह अपने बलबूते पर तलाक लेना चाहती है तो कैसे ले?

इस तरह के सैकड़ों विरोधाभास हमारे कानूनों में हैं। जब हमारी विधायिका ही इस तरह के कानून बनाती है तो न्यायपालिका भी क्या करेगी? उसकी अपनी सीमाएं भी तो हैं जिन्हें लांघना मुमकिन नहीं। बहुचर्चित सुधा गोयल हत्याकांड के अपराधी, अगर दिल्ली में रहकर सजा के बावजूद जेल से बच सकते हैं तो फिर अचर्चित दूरदराज के इलाकों में तो कुछ भी हो सकता है। (एआईआर-1986 सुप्रीम कोर्ट 250) और क्या ऐसा सिर्फ इसी मामले में हुआ होगा? हो सकता है और बहुत से मामलों में अपराधी फाइलें गायब करवा जेल से बाहर हों? दहेज हत्याओं के मामले में अभी तक एक भी सजा-ए-मौत नहीं, क्यों? मथुरा से लेकर

भंवरी बाई और सुधा गोयल से लेकर रूप कंवर सती कांड तक की न्याय-यात्रा में हजारों-हजार ऐसे मुकदमे, आंकड़े, तर्क-कुतर्क, जाल-जंजाल और सुलगते सवाल समाज के सामने आज भी मुंह बाए खड़े हैं। अन्याय, शोषण और हिंसा की शिकार स्त्रियों के लिए घर-परिवार की दहलीज से अदालत के दरवाजे के बीच बहुत लम्बी-चौड़ी गहरी खाई है, जिसे पार कर पाना बेहद दुसाध्य काम है। स्वतंत्रता की हीरक जयंती की तैयारियों के शोर में घ्बेबस औरतों और भूखे बच्चों की चीख कौन सुनेगा? कात्यायनी के शब्दों में- हमें तो डर हैध्कहीं लोग हमारी मदद के बिना हीध न्याय पा लेने कीध्कोशिश न करने लगें।घ अदालत के बाहर अंधेरे में खड़ी आधी दुनिया के साथ न्याय का फैसला कब तक सुरक्षित रहेगा या रखा जाएगा? कब, कौन, कहां, कैसे सुनेगा इनके दर्दों की दलील और न्याय की अपील? क्या कहते हैं न्यायाधीश राजस्थान राज्य विधिक सेवा प्राधिकरण के कार्यकारी अध्यक्ष एवं न्यायाधीश दलीपसिंह का कहना है कि बाल विवाह रोकथाम के लिए जिला, तालुका स्तर, पंचायत समिति एवं ग्राम पंचायत क्षेत्रों में बाल विवाह प्रतिषेध अधिनियम के संबंधित प्रावधानों की जानकारी आमजन को दी जाएगी। इसके अलावा विधिक साक्षरता शिविरों में न्यायिक अधिकारी पीडित प्रतिकर स्कीम 2011 तथा पीसीपीएनडीटी एक्ट के प्रावधानों की जानकारी भी दी जाए। गत वर्ष के प्रयासों से बाल विवाह पर नियंत्रण में काफी हद तक सफलता प्राप्त हुई।

सरकार ने उपखण्ड अधिकारी को संबंधित अधिनियम में बाल विवाह प्रतिषेध अधिकारी घोषित किया है। तालुका स्तर पर प्रत्येक ग्राम की एक-एक प्रशासनिक समिति गठित की जाएगी। आहत प्रतिकर योजना 2011 की सीआरपीसी की धारा 357 ए में इस बारे में प्रावधान किया गया है। पीडित या उसके वारिस द्वारा जिला न्यायाधीश के समक्ष आवेदन करने पर 60 दिन में मुआवजा प्राप्त होगा।

क्या कहते हैं पुलिस अधिकारी पुलिस ने बाल विवाह करवाने में सहयोगी रिश्तेदारों के विरूद्ध भी कार्रवाई का प्रावधान करने का सुझाव दिया है। उनका कहना है कि केवल मां-बाप ही नहीं बल्कि अन्य रिश्तेदारों को भी इसमें शामिल किया जाना चाहिए, ताकि कोई भी व्यक्ति इस प्रकार के मामलों में शामिल होने से बचे। उनका मानना है कि रिश्तेदारों को धारा 120बी में लिया जा सकता है। आखिर रिश्तेदारों को पता तो होता ही है कि यह बाल विवाह है और लडकध्े तथा लडकघ्ी की उम्र शादी के योग्य नहीं है।

प्रसिद्ध चिकित्सा शास्त्री धनवन्तरी ने कहा था कि बाल-विवाहित पति-पत्नी स्वस्थ एवं दीर्घायु सन्तान को जन्म नहीं दे पातेद्यकच्ची उम्र में माँ बनने वाली ये बालिकाएं न तो परिवार नियोजन के प्रति सजग होती हैं और न ही नवजात शिशुओं के उचित पालन पोषण में दक्ष। कुल मिलाकर बाल विवाह का दुष्परिणाम व्यक्ति ,परिवार को ही नहीं बल्कि समाज और देश को भी भोगना पड़ता है। जनसंख्या में वृद्धि होती है जिससे विकास कार्यों में बाधा पड़ती है

आखिर बालविवाह क्यों

बालविवाह का सीधा संबंध बालक-बालिका पर असमय जिम्मेदारी लादने से शुरु होता है और बाद में स्वास्थ्य संबंधी दिक्कतों पर जा ठहरता है। बालविवाह बच्चों को उनके बचपन से भी वंचित कर देता हैं। आखिर क्यों किये जाते हैं बाल विवाह। बालविवाह के पक्षधर इस संबंध में तर्क देते हैं कि

बड़ी होने पर लड़की की सुरक्षा कौन करेगा ? बालिकाओं की सुरक्षा एक गंभीर मामला है।

कम उम्र में चूंकि लड़का भी कम पढ़ा लिखा होगा तो वर पक्ष की दहेज संबंधी मांग भी कम रहेगी।

छोटी उम्र में चयन के विकल्प (वर तथा परिवार) खुले होते हैं।

लड़की तो बोझ होती है जितनी जल्दी यह जिम्मेदारी खत्म हो सके उतना ही अच्छा है।

यदि बड़ी होकर लड़की ने कोई गलत कदम उठा लिया (स्वयं वर ढूंढ लिया) तो समाज को कौन समझायेगा ?

विवाह चाहे कम उम्र में करते हैं पर विदा तो लड़की को समझदार होने के बाद ही करेंगें।

लड़की दूसरे घर में जल्दी सामंजस्यता बिठा लेती है।

इन सब कारणों से बाल विवाह हमारे समाज में अभी तक किये जाते रहे हैं व इन तर्कों के आगे इन बच्चों का शारीरिक, मानसिक, सामाजिक व शैक्षणिक विकास कहीं गौण हो जाता है। दरअसल में यह समस्या एक जटिल रुप धारण किये हुये हैं। गरीबी और अशिक्षा भी इसका एक प्रमुख कारण है। इस कुरीति के पीछे कई और कुरीतियां भी हैं जैसे दहेज प्रथा। दहेज प्रथा के कारण भी लोग जल्दी शादी कर देते हैं क्योंकि इस समय तक वर की अपनी इच्छायें सामने नहीं आती हैं और शादी सस्ते में निपट जाती है।

बाल विवाह के दुष्परिणाम

कम उम्र में शादी होने से बच्चे के न सिर्फ सुरक्षा के अधिकार का उल्लंघन होता है वरन् अच्छा स्वास्थ्य, पोषण व शिक्षा पाने का अधिकार का भी हनन होता है। इसके अलावा जो दिक्कतें उन्हें आती हैं उनमें प्रमुख है। बाल विवाह के कारण बालिकायें कम उम्र में असुरक्षित यौन चक्र में सम्मिलित हो जाती है क्योंकि यह तो सिर्फ शादी तक ही कहा जाता है कि शादी जल्दी कर देते हैं विदा बाद में करेंगें या करवायेंगें। परन्तु शादी के कुछ समय बाद ही लड़की के परिवार पर जोर दिया जाने लगता है कि लड़की की विदा जल्दी की जायें। अतरू जिस तरह कच्ची मटकी में पानी ठहर नहीं पाता है व न ही मटकी ही साबुत रह पाती है। उसी तरह कम उम्र में यौन संबंधों के तात्पर्य है अपरिपक्व शरीर में बालिका द्वारा गर्भधारण करना। परिणामतरू भ्रूण का पूर्ण रूप से विकसित न हो पाना न ही माता के शरीर का विकसित हो पाना। कुछ और परिणामों में गर्भपात, कम वजन के बच्चे का जन्म, बच्चों में कुपोषण, माता में कुपोषण, खून की कमी होना, मातृ मृत्यु, माता में प्रजनन मार्ग संक्रमणयौन संचरित बीमारियॉएचआईवी संक्रमण की संभावना में वृद्धि होना आदि। अध्ययनों से यह सिद्ध हो चुका है कि 15 वर्ष की उम्र में माँ बनने से मातृ मृत्यु की संभावना 20 वर्ष की उम्र में माँ बनने से पांच गुना अधिक होती है।

बाल विवाह में कहां है प्रदेश ?

राष्ट्रीय परिवार स्वास्थ्य सर्वेक्षण के तृतीय चक्र के आंकड़ों (2005-06) की मानें तो हम पाते हैं कि भारत में 474 प्रतिशत महिलाओं का विवाह 18 साल के पूर्व हो गया था। प्रदेश के स्तर पर जायें तो बाल विवाका सर्वाधिक प्रचलन बिहार (690 प्रतिशत), राजस्थान (652 प्रतिशत) तथा झारखण्ड (632 प्रतिशत) में पाया गया। मध्यप्रदेश बालविवाह के संदर्भ में 573 प्रतिशत के साथ चौथे स्थान पर है। बालविवाह का सबसे कम प्रचलन गोवा (121 प्रतिशत) हिमाचल प्रदेश (123 प्रतिशत) व मणिपुर में (129 प्रतिशत) में पाया गया।

बाल विवाह निषेध अधिनियम 2006

बाल विवाह वह है जिसमें लडके या लडकी की कम उम्र में शादी की जाती है। यह प्रथा पुराने जमाने से हमारे देश में चली आ रही है। बच्चा एक ऐसा व्यक्ति है जो अभी 18 साल का नहीं हुआ है।

एक ऐसी लडकी का विवाह जो 18 साल से कम की है या ऐसे लडके का विवाह जो 21 साल से कम का है। बाल विवाह कहलाएगा ओर इसे बाल विवाह निषेध अधियिम 2006 द्वारा प्रतिबंधित किया गया है।

बाल विवाह के लिए दोषी

18 साल से अधिक लेकिन 21 साल से कम उम्र का बालक जो विवाह करता है। जिस बालक या बालिका का विवाह हो उसके माता पिता संरक्षक अथवा वे व्यक्ति जिनके देखरेख में बालकध्बालिका है। वह व्यक्ति जो बाल विवाह को सम्पन्न संचालित करे अथवा दुष्प्रेरित करे। जैसे बाल विवाह कराने वाला पंडित आदि। वह व्यक्ति जो बाल विवाह कराने में शामिल हो या ऐसे विवाह करने के लिए प्रोत्साहित करे निर्देश दे या बाल विवाह को रोकने में असफल रहे अथवा उसमें सम्मिलित हो। जैसे बाल विवाह में शामिल बाराती, रिश्तेदार आदि। वह व्यक्ति जो मजिस्ट्रेट के विवाह निषेध संबंधी आदेश की अवहेलना करे।

बाल विवाह के लिए दण्ड

बाल विवाह के आरोपियों को दो साल तक का कठोर कारावासए या एक लाख रूपये तक का जुर्माना अथवा दोनो एक साथ हो सकते हैं। बाल विवाह कराने वाले माता पिता, रिश्तेदार, विवाह कराने वाला पंडित, काजी आदि भी हो सकता है। जिसको तीन महीने तक की कैद और जुर्माना हो सकता है।

बाल विवाह कानून के तहत किसी महिला को कारावास की सजा नहीं दी जा सकती। माता पालक को भी इस जुर्म में कैद नहीं किया जा सकता केवल जुर्माना भरना पडेगा।बालक या बालिका जिसका विवाह हुआ हो और चाहे इसमें उसकी सहमति हो या न हो।

बाल विवाह की शिकायत

जिस व्यक्ति का बाल विवाह करवाया जा रहा हो उसका कोई रिश्तेदार दोस्त या जानकार बाल विवाह के बारे में थाने जाकर पूरी जानकारी दे सकता है।

इस परपुलिस पूछताछ करके मजिस्ट्रेट के पास रिपोर्ट भेजेगी। मजिस्ट्रेट के कोर्ट में केस चलेगा औरबाल विवाह साबित होने पर अपराधी व्यक्तियों को सजा दी जाएगी।

बाल विवाह निषेध अधिकारी

इस कानून के तहत राज्य सरकार द्वारा नियुक्त अधिकारी, अक्षय तृतीया जैसे सामूहिक बाल विवाहो के अवसर पर जिला मजिस्टेरट के पास बाल विवाह निषेध अधिकारी की शक्तियां दी जायेगी।

आवश्यकता पडने पर राज्य सरकार द्वारा अधिसूचना जारी करके बाल विवाह निषेध अधिकारी को पुलिस अधिकारी की शक्तियां दी जायेगी।

बाल विवाह निषेध कानून का पालनकरने के उद्देश्य से उठाये गये किसी कदम के लिए बाल विवाह निषेध अधिकारी के खिलाफ कानूनी कार्यवाही नहीं की जा सकती।

बाल विवाह निषेध अधिकारी के कर्तव्य

उचित कार्यवाही से बाल विवाह रोकना।

कानून का उल्लंघन करने वाले व्यक्तियों के विरूद्ध प्रकरण के लिए प्रमाण इकटठे करना।

समुदाय में लोगो से सलाह मशवरा करना।

समुदाय के लोगो में जागरूकता पैदा करना।

बाल विवाह निषेध अधिकारी के पास बच्चो की अभिरक्षा भरण पोषण और न्यायिक मजिस्ट्रे से की गई शिकायत के संदर्भ में न्यायालय में आवेदन करने की शक्ति होगी।

बाल विवाह निषेध अधिकारी के सहायक-

प्रत्ये राज्य सरकार निम्नलिखित को नियुक्त कर सकती है। कोई भी सम्मानित व्यक्ति जिसको सामाजिक कार्य करने का अनुभव हो। ग्राम पंचायत या नगर पालिका का कोई अधिकारी। किसी सरकारी या गैर सरकारी संस्थ में अधिकारी।

विवाह बंधन में आने के बाद किसी भी बालक या बालिका की आनिच्छा होने पर उस बाल विवाह को न्यायालय द्वारा अवैध घोषित करवायाजा सकता है। बाल विवाह के बंधन में बालक बालिका वयस्क होने के दो साल के अंदर जिला न्यायालय में अर्जीदायर कर सकते हैं।

यदि विवाह के लिए बालकध्बालिकाको उसके कानूनी अभिरक्षक से दूर ले जाया जाए या उसे किसी दूसरे स्थान पर जाने के लिए मजबूर किया जाए। या विवाह के लिए बेचा जाए या विवाह के बंाद मानव तस्करी की जाए। या न्यायिक आदेश का उल्लंघन करके बाल विवाह आयोजित करवाया जाये।

जिला न्यायालय उसके पति को भरण पोषण देने का आदेश देगा, यदि वह वयस्क है। यदि विवाह बंधन में लडका नाबालिग है तो न्यायालय उसके मां बाप या अभिरक्षक को यह आदेश देगा। जिला न्यायालय दोनो पक्षों को विवाह में दिए गए गहने कीमती वस्तुऐं और धन लौटाने के आदेश देगा।यदि याचिकाध्आवेदन बालिका द्वारा दायर की गई है तो न्यायालय उसके पुनर्विवाह होने तक उसके निवास के लिए भी आदेश देगा।

बाल विवाह से संबंधित मामलो में याचिका-

बाल विवाह कानून के तहत किसी भी राहत के लिए संबधित निम्नलिखित जिला न्यायालय में अर्जी दी जा सकती है-

प्रतिवादी के निवास स्थान से संबंधित जिला न्यायालय। बाल विवाह के स्थान पर। जिस जगह पर दोनो पक्ष पहले एक साथ रह रहे थे। याचिकाकर्ता वर्तमान मे जहां रह रहा हो उससे संबंधित जिला न्यायालय।

बाल विवाह के कुप्रभाव-

कम उम्र में गर्भाधान के मामलो में वृद्धि।

समय से पहले प्रसव की अधिक घटनाये।

माताओ की मृत्यु दर में वृद्धि, गर्भपात और मृत प्रसव की उंची दर।

शिशु मृत्यु दर औरअस्वस्थता दर में वृद्धि।

घरेलू हिंसा औरलिंग आधारित हिंसा।

बच्चो के अवैध व्यापार और लडकियों की बिक्रीमें वृद्धि।

बच्चो द्वारापढाई छोडने की घटनाओ में वृद्धि।

बाल मजदूरी और कामकाजी बच्चो का शोषण।

लडकियों पर समय से पहले घरेलू कामकाज की जिम्मेदारी।

बाल विवाह को रोका जाना-

समय रहते शिकायत स्वयं करने या रिश्तेदार दोस्त आदि द्वारा मजिस्ट्रेट के पास दर्ज करने पर आदेश मिलने पर पुलिस ऐसे विवाह को रोकने की कार्यवाही करेगी और दोषी को सजा या जुर्माना हेतु केस दर्ज किया जाएगा।

बाल-विवाह अवरोध अधिनियम, 1872, 1923, 1954

ब्रिटिश काल में बाल विवाह अवरोध अधिनियम सबसे पहले पारित हुआ। राजा राममोहन राय और ईश्वरचन्द्र विद्यासागर प्रयत्नों से सन् 1807 में सबसे पहले बाल-विवाह को रोकने के लिये पहला अधिनियम पास हुआ जिसके अनुसार विवाह के समय कन्या की आयु कम से कम 10 वर्ष होनी चाहिए थी। इसके पश्चात् सन्

1891 में दूसरा अधिनियम पास किया गया जिसके अनुसार विवाह के समय लड़की की आयु कम से कम 12 वर्ष होनी चाहिए थी। पर इस सम्बन्ध में विशेष उल्लेखनीय अधिनियम राय हरविलास शारदा की सिफारिशों के फलस्वरूप सन् 1829 में पास हुआ। इसी को बाल विवाह अवरोधक अधिनियम या संक्षेप में शारदा ऐक्ट कहते हैं। यह कानून के रूप में 1 अप्रैल सन् 1930 से लागू किया गया। इसके अनुसार 1. बाल-विवाह को रोकने का प्रयत्न किया जायेगा, पर विवाह हो जाने के बाद कोई विवाह अवैध न होगा। 2. कोई भी विवाह, जिसमें वर की आयु 18 वर्ष से कम और कन्या की आयु 15 वर्ष से कम है, नहीं किया जा सकेगा। 3. इस अधिनियम के विरुद्ध करने वाले दूल्हे को अगर उसकी आयु 18 और 21 वर्ष के बीच की है, 15 दिन का कारावास या एक हजार जुर्माना अथवा दोनों की सजा भी दी जा सकेगी। 4. अगर दूल्हे की आयु 21 वर्ष से अधिक है तो जुर्माना के साथ ही तीन माह की जेल भी हो सकेगी। 5. उस विवाह संस्कार को कराने वाले या उसका निर्देश देने वाले व्यक्तियों को तीन माह का कारावास और जुर्माना हो सकेगा। संरक्षक या माता-पिता जो ऐसे विवाहों को करवायेंगे उन्हें तीन माह का कारावास और जुर्माना हो सकेगा। 6. ऐसे मुकदमें की सुनवाई केवल प्रथम श्रेणी के मजिस्ट्रेट की अदालत में हो सकेगी। 7. विवाह के बाद एक वर्ष बीत जाने पर इस सम्बन्ध में किसी प्रकार की शिकायत पर अदालत विचार नहीं करेगा। 8. अदालत को पूर्वसूचना मिल जाने पर वह उस विवाह को रोकने का आदेश दे सकती हैं। 9. अदालत द्वारा दिए गए आदेशों की अवहेलना करने वाले को तीन महीने का कारावास या एक हजार रूपया जुर्माना अथवा दोनों होगा। 10. इस अधिनियम के अन्तर्गत किसी भी अपराध के लिये महिला को जेल नहीं भेजा जायेगा।

यह कानून केन्द्र सरकार द्वारा बनाया गया था जिसमें बाद में संशोधन भी हुआ। बाल-विवाह अवरोध संशोधन अधिनियम 1978 विवाह की न्यूनतम आयु स्त्रियों के लिये 15 वर्ष से बढ़कर 18 वर्ष और पुरुषों के लिये 18 से बढ़कर 21 वर्ष करने के लिए बाल-विवाह अवरोध अधिनियम, 1929 भारतीय क्रिश्चियन विवाह अधिनियम, 1872 तथा हिन्दू विवाह अधिनियम 1955 में संशोधन करता है। देश में यह कानून 1 अक्टूबर, 1978 से लागू है।

बाल-विवाह अवरोध अधिनियम, 1929 का प्रभाव

बाल विवाह को रोकने में यह कानून शुरू में सफल नहीं हुआ लेकिन कानून रूप से बाल विवाह को यह अवैध ठहराता है। विवाह पर इसका प्रभाव यह है कि

इसके द्वारा बाल-विवाह रोकने का प्रयत्न किया गया है तथा यह कहा गया है, कि विवाह के समय वर की आयु 18 वर्ष से कम और वधू की आयु 15 वर्ष से कम की नहीं होनी चाहिए। इस प्रकार का विवाह करने वाले करवाने वालों को दण्ड देने का विधान इस अधिनियम में है। इस अधिनियम का परिवार पर यह प्रभाव पड़ा है कि इस अधिनियम के पास हो जाने पर विवाह की आयु अब ऊँची उठ गई है। इसका परिणाम यह हुआ है कि परिवार में वधू की स्थिति अब पहले से कुछ सुधर गई है और छोटी आयु वाली वधुओं पर पहले जो अत्याचार होते थे वह भी अब कुछ कम हो गये हैं। साथ ही विवाह की आयु बढ़ जाने से लड़कियों को शिक्षा प्राप्त करने का मौका, मिला और शिक्षित लड़कियां प्रायः संयुक्त परिवार के वातावरण से अपना अनुकूलन नहीं कर पाती हैं, और अपने पति के साथ मिलकर संयुक्त परिवार से अलग हो जाती हैं। भारत में इससे संयुक्त परिवार का विघटन हुआ है।

हिन्दू-विवाह तथा विवाह-विच्छेद अधिनियम, 1955, 1976

यह अधिनियम 18 मई, सन् 1955 से जम्मू एवं कश्मीर को छोड़कर शेष सारे भारत में लागू किया गया। इस अधिनियम द्वारा विवाह-सम्बन्धी सभी हिन्दू-विधान रद्द हो गये हैं। हिन्दुओं में हिन्दुओं के अतिरिक्त बौद्ध, जैन और सिक्ख भी सम्मिलित है। इस अधिनियम से अनुसूचित जातियों को बाहर रखा गया क्योंकि विवाह संबंधी उनकी परंपराएँ, रीति-रिवाज अलग हैं।

(1) हिन्दू-विवाह की शर्त—हिन्दुओं में विवाह निम्नलिखित शर्तों को पूरा करने से वैध होगा। विवाह के समय 1. किसी पक्ष का जीवन-साथी पति पत्नी जीवित न हो 2. कोई पक्ष पागल या मूढ़ न हो, 3. वर की आयु कम से कम 21 वर्ष की और वधू की आयु कम से कम 18 वर्ष हो, 4. दोनों पक्ष निषेधात्मक सम्बन्धों के अन्तर्गत न हों, बशर्ते कि कोई प्रथा जिससे वे नियन्त्रित होते हैं, इस प्रकार के विवाह की आज्ञा न देती हो 5. करने वाले आपस में सपिण्ड न हो, बशर्ते कि कोई प्रथा, जिसके द्वारा वे नियन्त्रित होते हैं, इस प्रकार के विवाह की आज्ञा न देती हो 6. यदि कन्या की आयु 18 वर्ष से कम है तो संरक्षक की अनुमति विवाह के लिए आवश्यक है।

(2) न्यायिक पृथक्करण—न्यायिक पृथक्करण की अवधारणा के अन्तर्गत पति-पत्नी का संबंध बरकरार रहता है लेकिन उन्हें एक दूसरे से अलग रहने का अधिकार मिलता है। पति या पत्नी निम्न आधारों पर न्यायिक पृथक्करण के लिए आवेदन-पत्र प्रस्तुत कर सकते हैं। 1. आवेदन पत्र देने के लगातार दो साल पहले

से दूसरे पक्ष ने प्रार्थी को छोड़ दिया हो। 2. प्रार्थी के साथ इतने अधिक अत्याचार का व्यवहार किया गया हो कि प्रार्थी के दिमाग में यह उचित भय कि दूसरे पक्ष के साथ रहना प्रार्थी के लिए हानिकारक है। 3. दूसरा पक्ष आवेदन पत्र देने के एक वर्ष पूर्व से विषाक्त कोढ़ से पीड़ित हो। 4. दूसरे पक्ष के विवाह के बाद किसी अन्य व्यक्ति से यौन सम्बन्ध कर लिया हो।

(3) विवाह-विच्छेद—इस अधिनियम की धारा 13 के अनुसार कोई भी विवाह, चाहे वह इस अधिनियम के लागू होने के पूर्व या बाद में किया गया हो, पति या पत्नी किसी के भी आवेदन पत्र देने पर निम्नलिखित किन्हीं आधारों पर विवाह-विच्छेद की आज्ञा के द्वारा समाप्त किया जा सकता है। 1. दूसरा पक्ष यदि परव्यक्तिमान का आदी हो। 2. दूसरा पक्ष यदि धर्म परिवर्तन के कारण हिन्दू न रह गया हो। 3. दूसरा पक्ष यदि आवेदन पत्र के तीन वर्ष पहले से ऐसा पागल हो कि वह इलाज के द्वारा ठीक न हो सके। 4. दूसरा पक्ष यदि तीन वर्ष से विषाक्त कोढ़ से पीड़ित हो। 5. दूसरा पक्ष यदि तीन वर्ष से गुप्त रोग से पीड़ित हो 6. दूसरे पक्ष ने यदि संन्यास ले लिया हो। 6. दूसरा पक्ष यदि सात वर्ष से जीवित न सुना गया हो। 8. दूसरे पक्ष ने यदि न्यायिक पृथक्करण की राजाज्ञा प्राप्त होने के बाद दो वर्ष या उससे अधिक समय से सहवास न शुरू किया हो। 9. दूसरे पक्ष ने यदि वैवाहिक अधिकारों के प्रत्यास्थापन की राजाज्ञा के बाद दो वर्ष या उससे अधिक समय से उस राजाज्ञा का पालन न किया हो।

पत्नी उपरोक्त 9 आधारों के अतिरिक्त निम्न दो आधारों पर भी विवाह-विच्छेद के लिये आवेदन पत्र दे सकती है इस अधिनियम के लागू होने के पहले पति ने दूसरा विवाह कर लिया हो या प्रार्थी के विवाह के समय उसकी दूसरी पत्नी जीवित हो। 2. यदि पति के पश्चात् बलात्कार, अप्राकृतिक व्यभिचार या पशुता का अपराधी हो।

(4) सामान्य धाराएँ—विवाह-विच्छेद-पत्र विवाह के कम से कम तीन वर्ष के बाद ही दिया जा सकती है। विशेष परिस्थितियों में अदालत तीन वर्ष के पहले भी आवेदन पत्र स्वीकार कर सकती हैं। 2. यदि अदालत से विवाह-विच्छेद की राजाज्ञा मिलने के एक वर्ष के अन्दर अपील नहीं की जाती जो दोनों पक्षों को पुनर्विवाह करने का अधिनियम करने का अधिनियम होगा। 3. अदालत विवाह-विच्छेद के बाद प्रार्थी तथा विपक्षी की आर्थिक दशाओं को देखते हुए प्रार्थी से विपक्षी को जीवन-भर के लिये या जब तक विपक्षी विवाह नहीं करता तब तक उसके जीवन-निर्वाह का खर्चा दिला सकती है। 4. अदालत बच्चों की पढ़ाई, देखभाल और रहने के सम्बन्ध में भी अन्तरिम आदेश दे सकती है।

विवाह कानून संशोधन अधिनियम 1976 द्वारा हिन्दू विवाह अधिनियम, 1955 तथा विशेष विवाह अधिनियम 1954 को संशोधित कर कन्या को यह अधिकार दिया गया है, वह बालिग होने से पहले, बचपन में की गई अपनी शादी को रद्द कर दे, चाहे वह शादी पूर्ण हुई हो या नहीं। निर्दय और परित्याग को भी विवाह-विच्छेद का कारण माना गया है। और आपसी सहमति से भी विवाह-विच्छेद लिया जा सकता है। इस प्रकार के विवाह-विच्छेद के लिए प्रार्थना-पत्र देने के बाद राहत पाने के लिए अब एक वर्ष के बजाय मात्र छः महीने प्रतीक्षा करनी होगी।

हिन्दू-विवाह एवं विवाह-विच्छेद अधिनियम का प्रभाव

हिन्दू विवाह एवं विवाह-विच्छेद अधिनियम जो मई 1955 से लागू हुआ इससे हिन्दू समाज में विवाह की प्रचलित परंपराओं, प्रथाओं में काफी बदलाव आया। इस अधिनियम का सबसे पहला प्रभाव परिवार पर यह पड़ा है कि इसके पास होने के बाद परिवार में पुरुष की प्रभुता कम हो गई है। इसके पहले परिवार में प्रति और पिता के रूप में पुरुष को असीमित अधिकार प्राप्त थे। पुरुष अपने मनमाने ढंग से स्त्रियों पर शासन करता था और साथ ही परिवार के मामले में स्त्रियों को कोई भी महत्त्व नहीं देता था। लेकिन इस अधिनियम के पास होने के बाद और पुरुष दोनों के लिए विवाह की कुछ शर्तों को मानना अनिवार्य हो गया है और साथ ही साथ स्त्रियों को भी विवाह-विच्छेद के सम्बन्ध में अधिकार मिल गए हैं। इस अधिकतर के फलस्वरूप पुरुष अब स्त्रियों पर उतना अत्याचार करने का साहस नही करता जैसाकि वह पहले करता था। इस अधिनियम का परिवार पर दूसरा प्रभाव यह पड़ा है कि इस अधिनियम के पास हो जाने के बाद हिन्दू परिवार का स्थायित्व प्रभावित हुआ है। इसके पहले विवाह-विच्छेद की आज्ञा नहीं थी। विवाह-बन्धन एक अटूट बन्धन माना जाता था इसलिए परिवार का स्थायित्व भी सम्पूर्ण जीवन काल के लिए बहुत-कुछ निश्चित होता था। किन्तु इस अधिनियम ने उस निश्चितता को प्रभावित किया है, क्योंकि इस अधिनियम का उपयोग करके अब विवाह विच्छेद के द्वारा परिवार के स्थायित्व को किसी भी समय चोट पहुंचाई जा सकती है।

इस अधिनियम के कई महत्त्वपूर्ण प्रभाव विवाह संस्था पर भी पड़े हैं जिन्हें जोकि इस प्रकार देखा जा सकता है–

(क) एक-विवाह–उपरोक्त अधिनियम के पास होने से पहले एक समय में एक से अधिक स्त्रियों से विवाह बहुपत्नी विवाह करने की प्रथा हिन्दू समाज में खूब प्रचलित थी। बंगाल और बिहार में एक-एक कुलीन पुरुष की सौ से भी अधिक पत्नियाँ होती

थीं और उन्हें अपनी पत्नियों के बारे में याद रखने के रजिस्टर रखना पड़ता था। परन्तु उपरोक्त कानून ने इस प्रथा को दूर कर दिया। इस अधिनियम में अब विवाह को पहली शर्त यह है कि विवाह तभी वैद्य होगा जब विवाह के समय दोनों पक्षों में से किसी का भी विवाह-साथी अर्थात् पति या पत्नी जीवित न हो। एक-विवाह होने से अब स्त्रियों को केवल संतान उत्पन्न करने तथा भोग विलास का साधन समझने की प्रवृत्ति पर रोक लग गई है और पारिवारिक जीवन भी सुखी हो गया है।

(ख) विधवा-पुनर्विवाह–परम्परागत रूप में विधवाओं को यह अधिकार नहीं दिया गया कि वे फिर से विवाह करें, क्योंकि यह हिन्दू-विवाह के तथाकथित आदर्श विपरीत है। उपरोक्त कानून के पास होने से पुनर्विवाह करने के सम्बन्ध में विधवाओं के अधिकारों को फिर से एक बार वैधानिक मान्यता प्राप्त हो गई है, यद्यपि हिन्दू विधवा पुनर्विवाह अधिनियम, 1956 ने ही पुनर्विवाह की समस्त निर्योग्यताओं को दूर कर दिया था। हिन्दू विवाह अधिनियम में हिन्दू विवाह की प्रथम शर्त यह है कि विवाह के समय किसी भी पक्ष का विवाह-साथी जीवित न हो। चूँकि विधवाएँ वे स्त्रियाँ हैं जिनके पति का देहान्त हो गया है अर्थात उनका विवाह-साथी जीवित नहीं होता है, अतः हिन्दू विवाह अधिनियम के अनुसार यदि विधवाएँ विवाह करती है तो उनका वह विवाह वैध होगा।

(ग) अन्तर्जातीय विवाह–हिन्दू समाज में विवाह जातियों में ही होते रहे हैं। परंपरागत रूप से इस विवाह के तौर-तरीके एवं मान्यताओं में इस अधिनियम से बदलाव आया। दूसरे शब्दों में हम कह सकते हैं कि हिन्दू-विवाह में अन्तर्जातीय विवाह करने की आज्ञा नही है। उपरोक्त का हिन्दू विवाह पर एक बहुत महत्त्वपूर्ण प्रभाव यह पड़ा है कि इस अधिनियम के अनुसार हिन्दू विवाह के अन्तर्विवाह से सम्बन्धित नियम को बाध्यतामूलक न रखकर ऐच्छिक बना दिया गया है। अर्थात् यह विवाह करने वाले पक्षों की इच्छा पर निर्भर करेगा कि वे अन्तर्विवाह करें या अन्तर्जातीय विवाह करें। संक्षेप में, इस अधिनियम ने अन्तर्जातीय विवाह सम्बन्धी समस्त वैधानिक व सामाजिक अड़चनों को दूर कर दिया है। हिन्दू विवाह अधिनियम के अन्तर्गत हिन्दू की परिभाषा में हिन्दुओं के अतिरिक्त बौद्ध जैन तथा सिक्ख भी सम्मिलित है। अतः जाहिर है कि हिन्दू विवाह के आधार क्षेत्र को व्यापक कर देना ही इस अधिनियम का एक प्रमुख कार्य रहा है। यह हिन्दू विवाह पर इस अधिनियम का एक उल्लेखनीय प्रभाव है।

(घ) जीवन-साथी का चुनाव–हिन्दू विवाह अधिनियम का एक और उल्लेखनीय प्रभाव यह है कि अब विवाह करने वाले दोनों पक्षों को अपने जीवन-साथी

का चुनाव करने के सम्बन्ध में आजादी मिल गई है। इसमें शर्त यह है कि विवाह करने वाले पक्षों की आयु 21 वर्ष कम से कम न हो। परम्परागत रूप में हिन्दू विवाह के अन्तर्गत विवाह-साथी का चुनाव और अन्तिम निर्णय माता-पिता या संरक्षकों के इस एकाधिकार को उपरोक्त अधिनियम ने कम कर दिया है। अब यदि युवक व युवती अपने विवाह-साथी का चुनाव स्वय कर लेते हैं और विवाह करना चाहते है, पर यदि माता-पिता ऐसे विवाह की आज्ञा नहीं भी देते हैं, तो भी वे दोनों युवक अपने माता-पिता या संरक्षकों की सहमति के बिना ही रजिस्ट्री करवाकर विवाह कर सकते हैं, बशर्ते कि वे 21 वर्ष से कम आयु के नही हैं। इस विवाह से अन्तर्जातीय प्रेम विवाह युवाओं में लोकप्रिय हुआ है।

(ड) बाल-विवाह पर प्रतिबन्ध–हिन्दू विवाह के अधीन परम्परागत धारणा यह है कि लड़के-लड़कियों का विवाह बाल्यकाल में ही कर देना उचित होगा। हिन्दू विवाह से सम्बन्धित इस धारणा को सन् 1955 के हिन्दू विवाह अधिनियम में बदलने का प्रयत्न किया गया है। इस अधिनियम के अनुसार विवाह के समय वर की आयु कम से कम 18 वर्ष और वधू की आयु कम से कम 15 वर्ष होनी चाहिए। सन् 1929 के शारदा ऐक्ट के बाद इस अधिनियम में इस न्यूनतम आयु को दोहराने का सबसे बड़ा तात्पर्य बाल-विवाह को रोकने का फिर से प्रयत्न करना है।

(च) विवाह-विच्छेद–परंपरागत रूप से विवाह विच्छेद का प्रचलन हिन्दुओं में नहीं था लेकिन अब इसका कानूनी प्रचलन हुआ है। पारसी तथा मुसलमानों में विवाह-विच्छेद मान्य है, परन्तु हिन्दू विवाह के परम्परागत विधान के ऐसी कोई सुविधा प्राप्त नहीं है, विशेषकर, ऊँची जातियों में विवाह-विच्छेद के प्रतिकूल धारणा अभी हाल तक बहुत दृढ़ थी। हिन्दू विवाह एक धार्मिक व पवित्र संस्कार माना जाता है, इसलिए यह अटूट है। अतः विवाह-विच्छेद मान्य नहीं था। विवाह-विच्छेद के इन निषेधों के साथ धार्मिक धारणाओं को भी जोड़ दिया गया जैसे विवाह-सम्बन्ध स्वर्ग में ही निश्चित होता है, इसलिए उसे जोड़ने का अधिकार केवल ईश्वर को ही है। साथ ही लड़कियों को बचपन से ही शिक्षा दी जाती थी कि पति देवता है और उसकी सेवा करना ही पत्नी का परम धर्म है। चाहे पति दुश्चरित्र हो, अत्याचारी हो, पत्नी के जीवन को नष्ट कर रहा हो या नपुंसक हो पत्नी को उसी के साथ ही समस्त जीवन बिताना होगा। किसी भी आधुनिक अर्थ में इसे उचित नहीं माना जा सकता है। अतः स्त्रियों की दशा को उन्नत करने के लिए पुरुषों के पक्ष में हिन्दू विवाह के एकतरफा नियमों को समाप्त करने के लिए, समानता और सामाजिक न्याय के सिद्धान्तों को मान्यता देने के लिए, दुखी वैवाहिक जीवन को सुखी बनाने के लिए और विवाह

संस्था का गतिशील समाज के साथ अनुकूलन करने में सहायता करने के लिए सन् 1955 का हिन्दू विवाह और विवाह विच्छेद अधिनियम पास किया गया है। यद्यपि इस अधिनियम में विवाह-विच्छेद सम्बन्धी शर्तें इतनी सरल नही हैं कि सरलता से मनचाहे तौर पर विवाह-विच्छेद किया जा सके फिर भी विवाह-विच्छेद की मान्यता देकर इस अधिनियम ने पुरुषों के निरंकुश अधिकार पर अंकुश लगाकर हिन्दू विवाह के परंपरागत आधार को बदल दिया है। विवाह विच्छेद की बातों के कानूनी प्रचलन से महिलाओं को आजादी मिली है लेकिन परिस्थितियों के अनुरूप अगर देखा जाए तो इसका संबंध वैवाहिक जीवन में भी कटुता या प्रतिकूल संबंधों की अनिर्वहनीयता में पति-पत्नी के अलगाव से है।

विशेष विवाह अधिनियम, 1872, 1923, 1954

सन् 1872 के विशेष विवाह अधिनियम के द्वारा विवाह के धार्मिक प्रतिबन्धों को दूर करके उन सब लोगों को आपस में विवाह करने का अधिकार दे दिया गया जो किसी धर्म को नहीं मानते हैं। सन् 1923 में यह अधिनियम संशोधित हुआ। इसके अनुसार अन्तर्जातीय विवाह की वैधानिक अड़चने दूर हो गईं। इसमें तलाक को भी छूट है।

इस कानून को यानी 1872 के विशेष विवाह अधिनियम को 1954 के नये कानून के द्वारा रद्द कर दिया गया। इस कानून का उद्देश्य हिन्दू, मुसलमान ईसाई आदि विभिन्न धर्मावलम्बियों के बीच विवाह की व्यवस्था करना है। अब प्रत्येक व्यक्ति किसी धर्म या जाति में विवाह कर सकेगा और विवाह करते समय पहले की भांति अब यह भी घोषणा नहीं करनी होगी कि विवाह करने वाले स्त्री-पुरुष किसी धर्म को नहीं मानते हैं। विवाह के समय किसी भी पक्ष का जीवित जीवन-साथी नहीं होना चाहिए, अर्थात् एक-विवाह आवश्यक होगा। 21 वर्ष से कम आयु होने पर माता-पिता या अन्य संरक्षक की अनुमति आवश्यक होगी। ऐसे विवाह की रजिस्ट्री करानी होगी।

इस कानून के अनुसार पति-पत्नी को विवाह-विच्छेद तलाक का भी अधिकार है। किसी पक्ष के व्यभिचारी होने, तीन वर्ष तक अकारण परित्याग करने तीन वर्ष या इससे अधिक अवधि का कारावास की सजा पा जाने, क्रूरता, कम से कम तीन वर्ष से असाध्य पागलपन, गुप्त रोग या विषाक्त कोढ़ से पीड़ित होने, सात वर्ष से जीवित न सुना जाने आदि की अवस्था में दूसरा पक्ष अदालत से विवाह-विच्छेद की आज्ञा प्राप्त कर सकता है। पारस्परिक सहमति द्वारा भी विवाह-विच्छेद किया जा

सकता है। लेकिन इसके लिये तीन शर्तों का पूरा होना आवश्यक है–(क) पति-पत्नी एक साल या इससे अधिक समय में एक-दूसरे से अलग रह रहे हैं। (ख) वे एकसाथ रहने में सर्वथा असमर्थ है। (ग) उन्होंने विवाह-विच्छेद के लिये आपस में समझौता कर लिया है। इस आवेदन-पत्र के देने के एक वर्ष बाद भी यदि दोनों पक्ष अपना विवाह-विच्छेद की आज्ञा चाहते हैं तो अदालत आवश्यक कार्यवाही के बाद विवाह-विच्छेद की आज्ञा दे सकती है। विवाह के बाद प्रथम तीन वर्ष तक विवाह-विच्छेद के लिये कोई आवेदन पत्र नहीं दिया जा सकेगा और विवाह-विच्छेद की आज्ञा प्राप्त हो जाने के एक वर्ष बाद ही पुनर्विवाह हो सकेगा। ये धारायें इन अधिनियमों के अध्ययन से और स्पष्ट हो जायेंगी।

विशेष विवाह अधिनियम, 1954 का प्रभाव

इस अधिनियम का विवाह संस्था पर प्रभाव पड़ा है। इसके अतिरिक्त अन्तर्जातीय विवाह की वैधानिक अड़चनें दूर हो गई हैं। अब हिन्दू मुसलमान, ईसाई आदि विभिन्न धर्म के मानने वाले आपस में विवाह कर सकते हैं। विवाह करते समय यह घोषणा करना भी जरूरी नहीं है कि विवाह करने वाले स्त्री-पुरुष धर्म को नहीं मानते हैं।

दहेज से सम्बंधित कानून

दहेज निषेध अधिनियम, 1961 के अनुसार दहेज लेने, देने या इसके लेन-देन में सहयोग करने पर 5 वर्ष की कैद और 15,000 रुपए के जुर्माने का प्रावधान है।

दहेज के लिए उत्पीड़न करने पर भारतीय दंड संहिता की धारा 498-ए जो कि पति और उसके रिश्तेदारों द्वारा सम्पत्ति अथवा कीमती वस्तुओं के लिए अवैधानिक मांग के मामले से संबंधित है, के अन्तर्गत 3 साल की कैद और जुर्माना हो सकता है।

धारा 406 के अन्तर्गत लड़की के पति और ससुराल वालों के लिए 3 साल की कैद अथवा जुर्माना या दोनों, यदि वे लड़की के स्त्रीधन को उसे सौंपने से मना करते हैं।

यदि किसी लड़की की विवाह के सात साल के भीतर असामान्य परिस्थितियों में मौत होती है और यह साबित कर दिया जाता है कि मौत से पहले उसे दहेज के लिए प्रताड़ित किया जाता था, तो भारतीय दंड संहिता की धारा 304-बी के अन्तर्गत लड़की के पति और रिश्तेदारों को कम से कम सात वर्ष से लेकर आजीवन

कारावास की सजा हो सकती है। क्या कसूर था रजनी का? 30 वर्षीया रजनी मिश्रा मुम्बई के एक कार्यालय में नौकरी करती थी। अपने हंसते-खेलते परिवार के साथ रहने वाली रजनी ने अपने आई.ए.एस. पति की हर मांग को अपने परिवार वालों से कहकर पूरा कराने की कोशिश की। लेकिन आखिर वह भी कहां तक सहती? अपने ससुराल वालों और पति के तानों और उनकी रोज-रोज की मांगों से तंग आकर रजनी ने एक दिन अपनी इह लीला समाप्त कर ली। रजनी की कहानी अपनी तरह की एकमात्र कहानी नहीं है। सौराष्ट्र की संजना मिश्रा, बरेली की विभा आर्या, भिवानी की कल्पना मित्तल और न जाने कितनी ही लड़कियों की कहानी रजनी जैसी ही है। ग्वालियर की 22 वर्षीया तारा वर्मा की विवाह के एक साल बाद ही मौत हो गई। कारण? तारा के पिता विवाह के समय किए गए कार देने के अपने वायदे को पूरा नहीं कर पाए थे। ससुराल वालों ने तीन दिन तक तारा को भूखा-प्यासा रखकर उसे मरने को मजबूर कर दिया।

कहा ज़ाता है कि आजादी के इन 55 सालों में भारत ने बहुत प्रगति की है, लेकिन क्या इस प्रगतिशील देश में महिला की स्थिति में कुछ बदलाव आया है? एक ओर तो नारी सेना, प्रशासनिक सेवाओं, राजनीति और न जाने कहां-कहां कदम रख रही है और दूसरी ओर, दहेज के लोभी महिषासुर उसी नारी को जिन्दा जला डालते हैं। उपभोक्तावाद के इस दौर ने क्या विवाह को एक मण्डी नहीं बना दिया है जहां हर कोई अपनी बोली लगवाने के लिए सजा-धजा खड़ा है? लड़की चाहे पढ़ी-लिखी क्यों न हो, दहेज न दे पाने की सूरत में उसे यातनाएं सहनी पड़ती हैं। दहेज प्रथा की जिस अग्नि में अब तक सैकड़ों लड़कियां जल चुकी हैं, उस अग्नि की ताप कभी न कभी हर व्यक्ति को महसूस होती है। लेकिन कब? शायद तब जब बात "अपनी बेटी' की हो।

दहेज की इस कुप्रथा को खत्म करने के लिए सरकार ने भी कई कानून बनाए। लेकिन क्या कानूनों से मानसिकता बदली है? और वैसे भी क्या ये कानून अपने आप में इतने सक्षम, इतने प्रभावी हैं कि वे वास्तव में उन दहेज लोलुप लड़के वालों के हाथों में हथकड़ियां लगवा सकें जो किसी की बेटी को नोटों की थैली से अधिक कुछ नहीं समझते?

1961 में संसद में दहेज निषेध अधिनियम पारित किया था। आज कहां है वह कानून और कहां हैं उसका पालन करने वाले? क्या वह सिर्फ पन्नों पर उकेरे कुछ शब्द मात्र बनकर नहीं रह गया? इस अधिनियम में दिए गए अधिकतर प्रावधान वर्तमान समय में अव्यावहारिक और एक दृष्टि से अनुचित हैं। दहेज विरोधी जितने

कानून अब तक बनाए गए हैं-उनमें मुख्य है दहेज निषेध अधिनियम, 1961। इस अधिनियम के आंकड़ों का सच नवीनतम आंकड़ों के अनुसार, इस शताब्दी में दहेज के कारण होने वाली मौतों की संख्या में 4.4 प्रतिशत की वृद्धि हुई है। इनमें से 31. 8 प्रतिशत मामले अकेले उत्तर प्रदेश के हैं।

कर्नाटक में रोजाना दहेज की मांग के कारण कम-से-कम तीन लड़कियां जिन्दा जला दी जाती हैं। दिसम्बर 2002 से मार्च 2003 तक बंगलौर में 80-100 प्रतिशत जली हुई अवस्था में 150 से अधिक लड़कियों को अस्पतालों में भर्ती कराया गया।

गैर अधिकारिक सूत्रों के अनुसार अब तक दहेज के लिए प्रताड़ना झेलते हुए लगभग 25,000 महिलाएं अपनी जान गवां चुकी हैं।

अन्तर्गत दहेज लेने, देने या इसके लेन-देन में सहयोग को कानूनी अपराध घोषित किया गया है। दहेज की परिभाषा स्पष्ट करते हुए इसमें लिखा गया कि विवाह के समय, उससे पहले अथवा उसके बाद प्रत्यक्ष अथवा परोक्ष रूप से विवाह के निमित्त दी गई अथवा देने की सहमति की गई ऐसी किसी भी सम्पत्ति या मूल्यवान प्रतिभूति को दहेज माना जाएगा जो विवाह में शामिल किसी भी एक पक्ष द्वारा दूसरे पक्ष को दी जाती है। सीधे शब्दों में कहा जाए तो विवाह के निमित्त एक पक्ष द्वारा दूसरे पक्ष को दिया गया नकद पैसा, जेवर, कपड़े और अन्य उपहार दहेज माना जाएगा। उल्लेखनीय है कि यहां पर किसी तरह की कोई मूल्य-सीमा निर्धारित नहीं की गई है। यानी वधु को 100 रुपए देने वाला भी कानूनी रूप से उतना ही दोषी है जितना 10,000 रुपए देने वाला। क्या यह व्यावहारिक है? हमारे यहां प्राचीन काल से ही माता-पिता अपने पुत्र-पुत्री को एक नया संसार बसाने में मदद करने के लिए अपनी ओर से सहायता देते आए हैं। यह एक स्वाभाविक मानव इच्छा होती है जिसके कारण लोग अपने बच्चों के प्रति स्नेह और अपनी आर्थिक क्षमता के अनुरूप उन्हें भेंट देते हैं।

इसी अधिनियम के खण्ड 3 के अन्तर्गत दहेज देने, लेने या उसमें सहयोग करने वालों को कम से कम 5 वर्ष की कैद और 15,000 रुपए का जुर्माना हो सकता है। हालांकि इसी अधिनियम में आगे यह भी उल्लेख किया गया है कि यह उपरोक्त सजा उन उपहारों के लेन-देन पर लागू नहीं होती जो कि वधु को बिना किसी मांग के दिए गए हैं, बशर्ते उन उपहारों को इस अधिनियम के नियमों के अनुसार बनाई गई उपहारों की एक सूची में दर्ज कर, उस सूची पर दोनों पक्षों व वर-वधु के हस्ताक्षर करवाए जाएं। साथ ही पारम्परिक रीति-रिवाजों के प्रतीक स्वरूप दिए जाने वाले

उपहार जैसे पलंग, बर्तन आदि भी इस नियम के अन्तर्गत नहीं आते बशर्ते इन उपहारों की कीमत उपहार देने वाले पक्ष की आर्थिक स्थिति के अनुरूप हो। प्रश्न उठता है कि क्या यह प्रमाणित करना संभव है कि दिया जाने वाला सामान वर पक्ष की मांग के दबाव में दिया जा रहा है अथवा स्वेच्छा से या फिर समाज में नाक ऊंची दिखाने के लिए एक दिखावे की तरह? दूसरा, सूची में दर्ज करने वाले उपहारों की क्या कोई मूल्य-सीमा है? उदाहरण के लिए यदि कोई व्यक्ति 8,000 रुपए नकद न देकर, इतनी ही कीमत की एक साड़ी उपहार में दे दे, तो क्या उस पर कोई प्रश्न चिन्ह नहीं लगना चाहिए?

अधिनियम के ही एक और खण्ड में विवाह से सम्बंधित विज्ञापन में विवाह के बदले में सम्पत्ति अथवा व्यवसाय में किसी तरह के अंशदान या पैसे का आऽश्वासन देना प्रतिबंधित है। ऐसे विज्ञापनदाता, प्रकाशक व मुद्रक के लिए 6 माह से पांच वर्ष तक की सजा और 15,000 रुपए तक के जुर्माने का प्रावधान है। लेकिन क्या कोई बताएगा कि "शालीनतापूर्ण विवाह का आश्वासन' (डीसेन्ट मैरिज इज प्रोमिस्ड) के वाक्य वाले वैवाहिक विज्ञापन क्या अपने आप में अच्छे-खासे दहेज की "गारंटी' नहीं देते?

हिमाचल प्रदेश, पंजाब आदि कुछ राज्यों ने सन् 1976 में इस अधिनियम में संशोधन के माध्यम से खण्ड 4 में कुछ बातें शामिल कीं। इसमें सगाई, मिलनी, विवाह आदि के उपलक्ष्य में शगुन के रूप में दी जाने वाली रकम को 11 रुपए तक सीमित किया गया। साथ ही बारात में 25 से अधिक लोगों को ले जाना भी कानूनी रूप से प्रतिबंधित घोषित किया गया (इसमें बाजे वाले और अव्यस्क शामिल नहीं हैं)। साथ ही इसका उल्लंघन करने वाले किसी भी व्यक्ति को 6 माह की कैद अथवा 5,000 रुपए तक जुर्माना अथवा दोनों ही से दण्डित किए जाने का प्रावधान रखा गया।

ये दोनों प्रावधान किस समाज को ध्यान में रखकर बनाए गए हैं, यह कहना कठिन लगता है। जहां तक 11 रुपए तक मूल्य सीमा निर्धारित करने की बात है, आज निम्न वर्ग में होने वाली शादियों में ही विवाह का खर्च 2-3 लाख रुपए के बीच आ जाता है। यहां एक प्रश्न यह भी है कि सीमा केवल उपहार खर्च पर लगाई गई है, जबकि ध्यान देने वाली बात यह है कि आज विवाह समारोहों में साज-सज्जा पर ही एक मोटी रकम खर्च कर दी जाती है। क्या कानून बनाने वाले यह मानकर चलते हैं कि जो पिता कुछ घंटों की सजावट पर लाखों रुपए खर्च करता है, वह अपनी बेटी के जीवनभर के दहेज के लिए ग्यारह रुपए देगा? महानगरों में "फार्म हाउसों' पर

होने वाले किसी भी विवाह समारोह में जाकर देखें तो वहां 500 तो गाड़ियां ही खड़ी मिल जाएंगी। जब कभी किसी "फार्म हाउस' में शादी होती है तो यह इस बात का स्पष्ट प्रमाण है कि वहां दहेज निषेध कानून का उल्लंघन हो रहा है।

दहेज की इस कुरीति का उपचार केवल कानून द्वारा नहीं हो सकता। मुख्य बात है समाज में जागृति उत्पन्न करना। इस सामाजिक बुराई के पीछे कई गहरे कारण होते हैं, जैसे- वर पक्ष और वधु पक्ष के बीच आर्थिक विषमता थ् लड़के और लड़की दोनों के अकेले जीवन चलाने की क्षमता में अन्तर थ् फैशनपरस्त वातावरण का प्रभाव थ् आधुनिक समाज की मूलभूत मान्यताओं में परिवर्तन।

आज जीवन विलासी होता जा रहा है। जो सामान लड़के पहले 15-20 साल काम करके इकट्ठा कर पाते थे, वही सामान आज लड़के विवाह के समय बटोर लेना चाहते हैं। यह उपभोक्तावादी प्रवृत्ति भारतीय सभ्यता और संस्कृति के नितान्त विरुद्ध है। आज इन पवित्र परम्पराओं के प्रति हमारा दृष्टिकोण दूषित होता जा रहा है। गत दिनों दिल्ली स्टडी ग्रुप द्वारा दहेज के विरोध में खुलकर सामने आने वाली सुश्री निशा शर्मा के सम्मान में एक कार्यक्रम आयोजित किया गया। इस कार्यक्रम में केन्द्रीय जहाजरानी मंत्री श्री शत्रुन सिन्हा ने कहा कि दहेज की प्रथा को बढ़ावा देने के लिए केवल पुरुष ही नहीं, महिलाएं भी समान रूप से दोषी होती हैं जो अपनी बहू को दहेज लाने के लिए उत्पीड़ित करती हैं। दहेज एक सामाजिक समस्या है जिसका उन्मूलन तभी हो सकता है जब हम संकल्पपूर्वक इसके विरुद्ध कदम उठाएं। श्री सिन्हा ने कहा कि जिन महिलाओं पर विवाह के बाद दहेज के लिए अत्याचार होते हैं, उनके लिए पति और परिवार से अलग होने का निर्णय बहुत कठिन होता है क्योंकि उनके बच्चों के भविष्य पर प्रश्नचिन्ह लग जाता है। मुकदमा दर्ज होते ही वैवाहिक जीवन का रास्ता भी बंद हो जाता है। इसलिए इस विषय में पहल केवल महिला नहीं कर सकती।

दहेज से सम्बंधित किसी भी कानून को प्रभावी बनाने के लिए सरकार को अपनी पहल पर कदम उठाने होंगे। विडम्बना है कि अब तक ऐसा एक भी मामला नहीं आया है जहां सरकार ने अपनी तरफ से किसी पर दहेज विरोधी कानून का उल्लंघन करने के लिए मुकदमा किया हो। क्या मंत्रियों, प्रतिष्ठित व्यवसायियों या समाज के उच्च तबके में बजने वाले विवाहों के ढोल सरकार के कानों को सुनाई नहीं देते? दहेज के विरुद्ध जितनी शिकायतें और जितने मुकदमे दायर होते हैं, उनमें से 5 प्रतिशत मामलों में भी अभियुक्तों को सजा नहीं हो पाती। अधिकतर मामले तो न्यायालय के बाहर ही आपसी समझौता करके निपटा लिए जाते हैं। चिंताजनक

विषय तो यह है कि इस कानून का दुरुपयोग भी बढ़ता जा रहा है। हाल ही में दिल्ली उच्च न्यायालय ने भारतीय दंड संहिता में दहेज से सम्बंधित दो अपराधों को जमानती और समझौता योग्य बनाने का सुझाव दिया है। न्यायालय ने कहा कि ये धाराएं (406 तथा 498 ए) विवाह की आधारशिला को हिला रही हैं, जो समाज के लिए लाभकारी नहीं है। महिलाएं तथा उनके माता-पिता आदतन पति के परिवार के सभी सदस्यों, यहां तक कि बच्चों को भी दहेज के मामले में लपेट लेते हैं। परिवार के एक सदस्य की गिरफ्तारी के साथ पति-पत्नी के बीच समझौते की सभी संभावनाएं समाप्त हो जाती हैं। न्यायालय ने राय दी कि यदि नाबालिग बच्चों का नाम अभियुक्त के रूप में दिया गया है, तो उन्हें गिरफ्तार न करके, उनका मामला अदालत भेज देना चाहिए।

दहेज की इस कुप्रथा का सबसे बड़ा शिकार लड़की ही होती है। लेकिन क्या इसमें कुछ दोष उन पिताओं का नहीं है जो अपनी पुत्रियों के विवाह में खर्च इसलिए करते हैं ताकि वे अपनी नाक ऊंची कर सकें? एक तरफ समाज में वह परिवार है जो बेटी के विवाह के कारण पूरी जिन्दगी कर्ज में डूबा रहता है और दूसरी तरफ वह परिवार है जो चमक-दमक के अंधे खेल में पानी की तरह पैसा बहाता है।

प्रश्न उठता है दिखावे और मजबूरी का। लक्ष्य एक ही है-दहेज। यह प्रश्न कितना गूढ़ और असमंजस पैदा करने वाला है और इसका निदान क्या हो, यह खोजना समाज का काम है।

7

महिलाएं और मानवाधिकार

महिलाएं किसी भी समाज का एक अभिन्न अंग हैं। उनकी शक्ति को आदिकाल से ही पहचाना जा चुका है। यही कारण है कि भारत के राष्ट्रपिता महात्मा गांधी ने उन्हें भारतीय स्वतंत्रता संग्राम में समान रूप से भाग लेने के लिए प्रेरित किया। भारत की लगभग आधी आबादी महिलाओं की है फिर भी उन्हें सामाजिक राजनीतिक एवं आर्थिक भेदभाव का सामना करना पड़ता है। स्वतंत्रता से पहले महिलाओं की स्थिति अत्यंत शोचनीय थी। किन्तु संविधान निर्माण के समय महिलाओं को स्वतंत्रता का समानता अधिकार प्रदान करने हेतु विशेष रूप से प्रावधान किये गये। भारतीय साहित्य में भी महिलाओं पर हुए अत्याचारों को कविताओं लेखों, नाटकों, आदि के माध्यम से उजागर किया गया है। हमारे साहित्य में कहा गया है कि नारी जगत की जननी है, जो विश्व का पालन-पोषण करती है, परंतु उसकी सदा निंदा की जाती रही है। उसका सदैव उत्पीड़न एवं शोषण होता रहा है। समाज में प्रत्येक स्थान पर उसके साथ अभद्र व्यवहार और छेड़छाड़ होता है। पुलिस भी महिलाओं पर आक्रमण होते हुए देखकर भी अनदेखा कर देती है। बलात्कार, दहेज, उत्पीड़न, हत्या आदि के जो मामले प्रकाश में आते हैं, उनमें से ज्यादातर दोषी व्यक्ति सबूतों के अभाव में छूट जाते हैं। देश के कई हिस्सों में बाल विवाह की त्रासदी कन्याएं भोग रही हैं। महिलाओं को जलाकर मारना, तरह-तरह की शारीरिक एवं मानसिक यातनाएं देना, अपहरण करके वेश्या बना देना आदि आज सामान्य बात हो गयी है।

महिला साक्षरता अभियान एवं सशक्तीकरण के द्वारा ही उनको मूलभूत अधिकार प्राप्त हो सकते हैं। महिलाओं की प्रगति का एक नया अध्याय संयुक्त राष्ट्र संघ की स्थापना से एवं भारत में भारतीयों द्वारा बनाए गये संविधान से शुरू होता है। संयुक्त राष्ट्र संघ के चार्टर की धारा 1(3) और 8 इसकी आधारशिला है। विश्व

में महिलाएँ बिना भेदभाव, अन्याय या हिंसा से बिना डरे अपनी प्रगति कर सकें एवं समाज के उत्थान एवं विश्व शांति में अपना सक्रिय योगदान दे सकें, इसी उद्देश्य की पूर्ति हेतु 18 दिसम्बर, 70 को असेंबली में "Convention on the Elimination of all forms of Discrimiriation a gainst Women" पारित किया गया इसे महिलाओं का Bill of Right भी कहा जाता है। इसे 3 सितंबर, 81 से लागू किया गया, तभी से महिलाओं के मूलभूत अधिकारों का संरक्षण करना संयुक्त राष्ट्रसंघ का धर्म बन गया।

महिलाओं को न केवल देश में अपितु सम्पूर्ण विश्व में एक सम्मानीय स्थान प्रदान करने हेतु वर्ष 1975 को 'विश्व महिला वर्ष' घोषित किया गया था। इसके पश्चात् अनेक राष्ट्रीय एवं अंतर्राष्ट्रीय सम्मेलन आयोजित किये गए, परंतु महिलाओं की दशा में विशेष सुधार नहीं हो पाया। महिलाएँ चाहे वे ग्रामीण हों या शहरी, हिंसा की शिकार होती रहती है जिस कारण न तो वे अपने मानव अधिकारों का उपयोग कर पा रही हैं और न ही देश की सामाजिक और आर्थिक प्रगति में अपना सहयोग दे पा रही हैं।

यह हमारा दुर्भाग्य है कि आज भी उन्हें अपने जीवन के प्रत्येक क्षेत्र में उपेक्षा, भेदभाव, प्रताड़ना एवं अत्याचारों आदि का सामना करना पड़ता है। हाल ही में पारित कानून महिलाओं के प्रति सभी प्रकार के भेदभाव को समाप्त करने से सम्बद्ध है। विश्व में केवल पाँच देशों में ही महिलाएँ संसद की 30 प्रतिशत सीटों पर आसीन है, जबकि 36 देशों में 5 प्रतिशत से भी कम संसदीय पद उनके पास है। संयुक्त राष्ट्र विकास कार्यक्रम द्वारा तैयार कराई गई 10वीं वार्षिक रिपोर्ट के अनुसार आज भी विश्व में सबसे बड़ा भेदभाव लिंगभेद है।

सम्पूर्ण विश्व में महिलाओं की स्थिति लगभग इसी प्रकार की है। विश्व में अधिकतर महिलाएँ अज्ञानवश, अशिक्षा, धार्मिक प्रतिबंध या पति या घर वालों की इच्छा के कारण 'जनन' पर नियंत्रण नहीं कर पातीं। इस कारण उनके स्वास्थ्य पर बुरा प्रभाव पड़ता है। किशोरियों का अपहरण तथा उनके साथ दैहिक शोषण की घटनाएँ बढ़ रही हैं। बांग्लादेश व नेपाल से लड़कियों की तस्करी एक बड़ा धंधा बना हुआ है। बाल वेश्यावृत्ति में निरंतर वृद्धि हो रही है, जिसका मुख्य कारण गरीबी है। पिछले 50 वर्षों में अंतर्राष्ट्रीय स्तर पर मानवाधिकारों का प्रसार अंतर्राष्ट्रीय कानून के विकास की दिशा में महत्वपूर्ण है।

महिलाओं के साथ किए जा रहे भेदभाव को दूर करने के लिए विभिन्न अंतर्राष्ट्रीय और क्षेत्रीय सम्मेलनों में कई महत्वपूर्ण प्रस्ताव पारित किए गए है।

महिलाओं की स्थिति से सम्बद्ध आयोग ने 1974 की अपनी रिपोर्ट में महिलाओं के साथ भेदभाव का अर्थ स्पष्ट करते हुए कहा है कि "लिंग के आधार पर विशिष्टता प्रदान करना, वंचित करना या प्रतिबंध लगाना जिसकी परिणति या प्रभाव मानव अधिकारों को नकारने या उनका उपभोग करने से रोकने में हो तथा राजनीतिक, आर्थिक, सामाजिक, सांस्कृतिक तथा सार्वजनिक जीवन के किसी अन्य क्षेत्र में मूलभूत स्वतंत्रताओं के हनन के रूप में हो।"

भारत में महिलाओं को संवैधानिक तथा कानूनी सुरक्षा प्रदान करने के लिए जनवरी, 1992 में राष्ट्रीय महिला आयोग की स्थापना की गई। साथ ही ग्रामीण महिलाओं के कल्याण के लिए भी हर राज्य में महिला आयोग की शाखा का गठन किया गया। यह आयोग संवैधानिक संस्था है एवं महिलाओं के अधिकारों के प्रति सजग है। यह आयोग मुख्य रूप से लड़कियों एवं महिलाओं की शिक्षा एवं स्वास्थ्य से संबंधित विषयों पर विशेष प्रकार के कार्यक्रमों का आयोजन करता है। यह कार्यक्रम मुख्य रूप से ग्रामीण एवं आदिवासी इलाकों की महिलाओं के जागरूक करने के उद्देश्य से बनाए जाते हैं।

महिलाओं की सुरक्षा हेतु बनाए जा रहे कानून, कठोरता से लागू न होने के कारण उन पर अपराधों की संख्या में बढ़ोत्तरी हुई। यह कहना गलत न होगा कि महिलाओं की सुरक्षा के लिये जैसे-जैसे नये-नये कानून बनाए जा रहे हैं तथा प्रशासनिक उपाय किये जा रहे हैं, वैसे-वैसे महिलाओं के प्रति अपराधों की संख्या बढ़ती जा रही है, लेकिन बलात्कार, छेड़खानी, शारीरिक, मानसिक यातनाएँ तथा दहेज हत्याएँ ऐसे अपराध हैं, जिनका सामना सिर्फ महिलाओं को ही करना पड़ता है।

21वीं सदी के प्रारंभ होते ही प्रत्येक क्षेत्र में परिवर्तन एवं विज्ञान तथा तकनीकी के क्षेत्र में अभूतपूर्व सफलता प्राप्त करने के साथ महिला अधिकारों को सुरक्षित रखने हेतु सरकार द्वारा भारतीय दंड संहिता 498 के अंतर्गत महिला को परेशान करने, उस पर जुल्म करने, उसे परेशान करने वाला वातावरण निर्मित करने तथा उस पर हिंसा के खिलाफ दण्ड का प्रावधान है। महिला अधिकारों का हनन रोकने, उन्हें समाजिक न्याय दिलाने के लिए अंतर्राष्ट्रीय मानव अधिकार आयोग, राष्ट्रीय मानव अधिकार आयोग, राज्य मानव अधिकार आयोग तथा राष्ट्रीय महिला आयोग जैसी संस्थाओं का गठन किया गया है, जो महिलाओं को शोषण से मुक्त कराकर अधिकारों के प्रति जागरूक कर रही है।

केंद्र द्वारा भी महिला सशक्तीकरण की दिशा में एक राष्ट्रीय नीति लागू की जा रही है। देश में महिलाओं के प्रति हो रही घरेलू हिंसा के प्रति भी केन्द्र सरकार

ने कानून बनाये हैं। हाल ही में घरेलू हिंसा तथा दहेज उत्पीड़न तथा भ्रूण हत्या के संबंध में जो कानून बनाए गए हैं। उनकी सार्थकता तभी संभव है जब उन्हें कठोरता से लागू किया जाए। भारत में महिलाओं के उत्थान एवं विकास के लिए बने कानून पर्याप्त है किन्तु यह अपराधिक गतिविधियों को रोकने में सक्षम नहीं है क्योंकि इन्हें कठोरता से लागू नहीं किया गया है। यदि महिलाओं के सशक्तिकरण एवं विकास पर यदि ठोस कदम नहीं उठाये गए तो देश एवं समाज की उन्नति संभव नहीं है।

मानवाधिकार संबंधी पूछताछ और शिकायत

भेदभाव और उत्पीड़न

मानवाधिकार आयोग भेदभाव तथा नस्लवादी और यौन-उत्पीड़न से संबंधित मुद्दों से निपटने के लिए एक निरूशुल्क, अनौपचारिक पूछताछ व शिकायत सेवा उपलब्ध कराता है।

भेदभाव की घटना तब मानी जाती है जब समान परिस्थितियों के तहत किसी व्यक्ति के साथ अन्य लोगों की तुलना में अन्यायपूर्ण या कम स्वीकारात्मक तरीके से व्यवहार किया जाता है।

अगर आपको ऐसा लगे कि आपके साथ भेदभाव-पूर्ण व्यवहार किया गया है, तो आप इसके बारे में मानवाधिकार आयोग से शिकायत कर सकते हैं। यह आयोग परामर्श और सूचना प्रदान कर, और यदि जरूरी हो तो आपकी शिकायत में मध्यस्थता प्रदान कर के सहायता उपलब्ध करा सकता है।

मानवाधिकार नियम के तहत निम्नलिखित कारणों के आधार पर भेदभाव करना गैर-कानूनी माना जाता है–

लिंग - जिसमें गर्भधारण और शिशु-जन्म शामिल हैय तथा यौनान्तरण-लिंगी और अन्तर्लिंगी (पदजमतेमक्र) व्यक्तियों के प्रति उनके लिंग या लैंगिक-पहचान के कारण भेदभाव शामिल है।

वैवाहिक स्थिति - जिसमें विच्छेदित विवाह और सिविल यूनियन शामिल है

धार्मिक विचारणा - परंपरागत या मुख्य-धारा धर्मों तक सीमित नहीं है

नैतिक विचारणा - किसी प्रकार का धार्मिक विश्वास न रखना

त्वचा का रंग, नस्ल, या प्रजातीय या राष्ट्रीय मूल - जिसमें राष्ट्रीयता या *नागरिकता शामिल है*

विकलाँगता - जिसमें शारीरिक, मानसिक, बौद्धिक या मनोवैज्ञानिक विकलाँगता या बीमारी शामिल है।

आयु - 16 वर्ष से अधिक आयु के व्यक्तियों को आयु के आधार पर भेदभाव से संरक्षण प्राप्त है।

राजनैतिक विचारणा - जिसमें कोई भी राजनैतिक विचारणा न रखना शामिल है।

रोजगार की स्थिति - बेरोजगार होना, कोई लाभ प्राप्त करना या ।ब्ब पर निर्भर होना। इसमें कार्यरत होना या राष्ट्रीय पेंशन प्राप्त करना शामिल नहीं है

परिवारिक स्थिति - जिसमें बच्चों या अन्य आश्रितों के लिए जिम्मेदार न होना शामिल है।

लैंगिक रुझान - विषमलिंगी, समलिंगी, स्त्री-समलिंगी (समेइपंद) या उभयलिंगी (इपेमक्रनंस) होना।

ये आधार किसी व्यक्ति के पहले के समय, वर्तमान समय या मान्य परिस्थितियों में लागू होते हैं। उदाहरण के लिए, किसी व्यक्ति के साथ वर्तमान में हुए, पहले कभी हुए या किसी अन्य के द्वारा अभिकल्पित मानसिक रोग के आधार पर भेदभाव-पूर्ण व्यवहार करना गैर-कानूनी होता है।

सभी प्रकार के भेदभाव-पूर्ण प्रकरण गैर-कानूनी नहीं होते हैं। मानवाधिकार नियम के तहत इन्हें गैर-कानूनी तब माना जा सकता है, जब वे निम्नलिखित क्षेत्रों में घटित हों–

सरकारी या सरकारी-क्षेत्र की गतिविधियाँ–

रोजगार

व्यावसायिक साझेदारी

शिक्षा

सार्वजनिक स्थानों, यातायात के साधनों व अन्य सुविधाओं की सुलब्धता

मालगुजारी व सेवाएँ

जमीन, आवास व रहने के लिए उपयुक्त सेवाएँ

औद्योगिक व व्यावसायिक संगठन, योग्यता निर्धारित करने वाली संस्थाएँ और व्यावसायिक प्रशिक्षण देने वाली संस्थाएं।

यौन या नस्लवादी उत्पीड़न

यौन और नस्लवादी उत्पीड़न विशेष प्रकार के भेदभाव होते हैं।

ऐसे किसी अवाँछित या आक्रामक यौन व्यवहार को यौन-उत्पीड़न कहा जाता है जोकि बार-बार दुहराया जाए या जो इतनी गंभीर प्रवृत्ति का हो कि किसी व्यक्ति पर

इसका बहुत खराब प्रभाव पड़े। ऐसे किसी नस्लवादी, मानसिक संताप पहुँचाने वाले या अवाँछित व्यवहार को नस्लवादी उत्पीड़न कहते हैं जोकि बार-बार दुहराया जाए या जो इतनी गंभीर प्रवृत्ति का हो कि किसी व्यक्ति पर इसका बहुत खराब प्रभाव पड़े।

अक्क्त्यक्ष भेदभाव

ऐसे किसी भेदभाव को अप्रत्यक्ष भेदभाव कहते हैं जबकि सभी के लिए समान रूप से लागू होने वाले कोई कार्य या नीति के तहत किसी व्यक्ति के प्रति वास्तव में भेदभाव का व्यवहार किया जाए। उदाहरण के लिए, अगर किसी दुकान में प्रवेश करने के लिए बस ऊपर चढ़ने वाली सीढ़ी ही उपलब्ध हो, तो यह व्हीलचेयर का प्रयोग करने वाले किसी व्यक्ति के प्रति अप्रत्यक्ष भेदभाव होगा।

मानवाधिकार की अन्य शिकायतें

अगर आपकी शिकायतें किन्हीं अन्य मानवाधिकार संबंधी मुद्दों के बारे में हो, तो आप मानवाधिकार आयोग से संपर्क कर सकतेध सकती हैं। पूछ-ताछ और शिकायत सेवा आपको परामर्श और सूचना उपलब्ध करा के और अपने मुद्दे का सबसे बेहतर तरीके से समाधान निकालने के बारे में सलाह दे कर आपको सहायता प्रदान कर सकती है।

अन्य एजेंसियाँ

इस नियम के तहत गैर-कानूनी व्यवहार बहुत बार अन्य नियमों के तहत भी गैर-कानूनी होता है। इसका मतलब यह है कि मानवाधिकार आयोग या अन्य किसी संस्थान के पास शिकायत कर के भी मुद्दों का समाधान किया जा सकता है।

आपको शुरु में इसके बीच कोई चुनाव नहीं करना होगा कि आप मानवाधिकार आयोग के पास जाएँ या अन्य किसी संस्थान के पास जाएँ।

कोर्ट और पुलिस

इस नियम के तहत कुछ गैर-कानूनी व्यवहार अपराध भी हो सकता है। उदाहरण के लिए कुछेक प्रकार का यौन-उत्पीड़न यौन-आक्रमण भी हो सकता है। नस्लवादी दंगे भड़काने के कुछ प्रकरण आपराधिक व्यवहार भी हो सकते हैं।

इस नियम के तहत लोग शिकायत कर सकते हैं और पुलिस के पास आपराधिक जुर्म दर्ज करा सकते हैं। इस मुद्दे के बारे में कोर्ट की कार्यवाही भी शुरु की जा सकती है। आपको इन विकल्पों के बीच चुनाव नहीं करना होता है।

बदला निकालना

अगर किसी ने आयोग से शिकायत करने के लिए संपर्क किया हो या किसी दूसरे व्यक्ति को शिकायत करने के लिए सहयोग दिया हो, तो मानवाधिकार आयोग किसी प्रकार का बदला लेने की स्थिति में उस व्यक्ति को संरक्षण भी प्रदान करता है।

क्या आप कोई मानवाधिकार शिकायत दर्ज कराना चाहतेध चाहती हैं?

हमें संपर्क करें

पहला कदम हमारे इंफोलाइन दल से संपर्क करना है। बस हमें केवल फोन या ईमेल करें या फैक्स भेजें या फिर हमारी वैबसाइट देखें।

अनौपचारिक मध्यस्थता

यह निरूशुल्क व गोपनीय है और आपको किसी वकील की जरूरत भी नहीं होगी। हमारा कर्मीदल आपकी शिकायत का समाधान करने के लिए आपको जानकारी उपलब्ध कराएगा। यह नियम ये निर्धारित करता है कि क्या मानवाधिकार आयोग आपकी शिकायत स्वीकार कर सकता है। अगर ऐसा लगे कि यह गैर-कानूनी भेदभाव का मुद्दा है, तो आपको हमारे मध्यवर्तक के पास निर्दिष्ट किया जाएगा।

मध्यस्थता

यह निरूशुल्क, गोपनीय और निष्पक्ष है। शिकायत में जो मुद्दे सामने आएँ, उनका निपटारा करने के लिए एक मध्यवर्तक दोनों पक्षों की सहायता करेगा। मध्यस्थता में मानवाधिकार आयोग के बारे में समझाना और संभावित समाधानों पर काम करना शामिल है।

समाधान

अधिकाँश शिकायतों का समाधान अनौपचारिक मध्यस्थता या मध्यवर्तन से किया जाता है। अंतिम समाधान में यह शामिल हो सकते हैंरू क्षमा-प्रार्थना, आगे भविष्य में ऐसा काम फिर से न करने का समझौता, शिक्षा या प्रशिक्षण कार्यक्रम में भाग लेना, या मुआवजा।

कानूनी कार्यवाही

अगर मध्यस्थता के दौरान भेदभाव के बारे में आपकी शिकायत का निपटारा न किया जा सके, तो आप कानूनी कार्यवाही कर सकतेध सकती हैं। इस स्थिति में

मानवाधिकार संबंधी शिकायतों की सुनवाई मानवाधिकार ट्राइब्यूनल के सामने की जाती है। यह एक कोर्ट की तरह है। आप निरूशुल्क कानूनी प्रतिनिधित्व के लिए आवेदन कर सकतेः सकती हैं।

पुलिस व्यवहार और महिलाएं

भारत में जिस गति से नारी उत्पीड़न में बढ़ोतरी हुई हैं, वह कानून व न्याय की कमजोरी व निष्क्रियता का परिणाम है। अपराध को नियंत्रित करने वाली इकाइयां निष्प्रभावी होने के कारण अपराधियों के हौसले बुलंद रहते हैं। पुलिस पर राजनीतिक तबकों का भी प्रभाव रहता है, जो उन्हें आंखें मूंदने पर मजबूर करता है। समाज में अपराधों को रोकने का जिम्मा कूेंवल पुलिस विभाग का ही नहीं होता, बल्कि उनका समाज में एक आचार संहिता के अंतर्गत व्यवहार करना अपेक्षित माना जाता है।

समाज में पुरुष ही नहीं, महिलाएं भी अपराध करती हैं। परिस्थितिवश या जानबूझकर वे अपराध जगत में कदम रखती हैं और अपराधी बन जाती है। यद्यपि समाज के लिए वे अपराधी ही होती है और उन्हें भी मात्र अपराधी मानकर व्यवहार करना चाहिए। किन्तु महिला जाति, विशेषकर महिला अपराधियों व कमजोर तबकों की महिलाओं के साथ पुलिस का व्यवहार अमानवीय ही रहता है।

समाज की रक्षक पुलिस आज भक्षक बनती जा रही है। कई बार पुलिस वाले ही महिलाओं के साथ छेड़छाड़, अश्लीलता, बलात्कार आदि के दोषी पाएं जाएं जाते हैं, किन्तु विभागीय लाज बचाने की खातिर महिलाओं की शिकायत दर्ज ही नहीं की जाती।

कई पुलिस थानों में महिला जेल ही नहीं होती और जहां होती भी है वहां प्रायः महिला पुलिसकर्मी ही नहीं होती, यदि हों तो भी पुलिसिया व्यवहार से ग्रस्त होकर पीड़िता को अपमानित करना या उनका शोषण करवाना उनके स्वैच्छिक कार्यों में शामिल हो जाता है। स्त्री सुधार गृह, नारी निकेतन, महिला कल्याणार्थ खोली गई कुछ तथाकथित स्वयंसेवी संस्थाएं आज नारी शोषण का केंद्र बन चुकी हैं, चाहे अपराधी महिला हो, किन्तु उसका महिला व्यक्तित्व उसे शेष अपराधियों से पृथक करता है और ऐसे में एक ऐसे पुलिस तंत्र की स्थापना आवश्यक हो जाती है, जो महिलाओं द्वारा, महिलाओं की और महिलाओं के लिए ही हो।

अभद्रता व पुलिसिया व्यवहार से बचाने के लिए महिलाओं को कुछ अधिकार प्रदान किए गए हैं, कुछ निर्देशों को स्पष्टस्न् किया गया है, जिनका पुलिस व न्यायतंत्र को सख्ती से पालन करना होता है।

एक वास्तविक परिदृश

सभी थानों में महिला लॉकअप नहीं होते, इसलिए औरतों को प्रायः पुरुष लॉकअप में बंद कर दिया जाता है या दिनभर अथवा रातभर थाने में बैठाकर रखा जाता है। पीड़ित महिला के साथ अभद्रता की जाती है, विशेषकर बलात्कार की शिकार महिला के साथ। महिला सिपाही भी इस उत्पीड़न में पुरुष सिपाहियों का साथ देने में सकोंच नहीं करती।

पुलिस वाले महिलाओं का सामाजिक स्तर जाने बिना गाली-गलौच पर उतरं आते हैं। कभी-कभी महिलाओं की गिरफ्तारी के संबंध में महिला सिपाही का नाम खानापूर्ति के लिए लिख दिया जाता है। उत्पीड़न की शिकायत करने पर महिला को ही चरित्रहीन साबित किया जाता है और उस पर दूसरे पक्ष से समझौता करने का दबाव डाला जाता है। प्रायः लॉकअप में बंद महिला कैदी से लॉकअप में ही या उनके परिवार के सामने ही क्रूरता, अभद्रता और बलात्कार तक किया जाता है।

क्या कहते हैं कानून और मानवाधिकार

पूछताछ के दौरान अधिकार

1. आपराधिक प्रक्रिया संहिता की धारा-160 के अंतर्गत किसी भी महिला को पूछताछ के लिए थाने या अन्य किसी स्थान पर नहीं बुलाया जाएगा।
2. उनके बयान उनके घर पर ही परिवार के जिम्मेदार सदस्यों के सामने ही लिए जाएंगे।
3. रात को किसी भी महिला को थाने में बुलाकर पूछताछ नहीं करनी चाहिए। बहुत जरुरी हो तो परिवार के सदस्यों या 5 पड़ोसियों के सामने उनसे पूछताछ की जानी चाहिए।
4. पूछताछ के दौरान शिष्ट शब्दों का प्रयोग किया जाए।

गिरफ्तारी के दौरान अधिकार

1. महिला अपनी गिरफ्तारी का कारण पूछ सकती है।
2. गिरफ्तारी के समय महिला को हथकड़ी नहीं लगाई जाएगी।
3. महिला की गिरफ्तारी महिला पुलिस द्वारा ही होनी चाहिए।
4. सी.आर.पी.सी. की धारा-47(2) के अंतर्गत यदि किसी व्यक्ति को ऐसे रिहायशी मकान से गिरफ्तार करना हो, जिसकी मालकिन कोई महिला हो तो

पुलिस को उस मकान में घुसने से पहले उस औरत को बाहर आने का आदेश देना होगा और बाहर आने में उसे हर संभव सहायता दी जाएगी।

5. दि रात में महिला अपराधी के भागने का खतरा हो तो सुबह तक उसे उसके घर में ही नजरबंद करके रखा जाना चाहिए। सूर्यास्त के बाद किसी महिला को गिरफ्तार नहीं किया जा सकता।
6. गिरफ्तारी के 24 घंटों के भीतर महिला को मजिस्ट्रेट के समक्ष पेश करना होगा।
7. गिरफ्तारी के समय महिला के किसी रिश्तेदार या मित्र को उसके साथ थाने आने दिया जाएगा।

थाने में महिला अधिकार

1. गिरफ्तारी के बाद महिला को केवल महिलाओं के लिए बने लॉकअप में ही रखा जाएगा या फिर महिला लॉकअप वाले थाने में भेज दिया जाएगा।
2. पुलिस द्वारा मारे-पीटे जाने या दुर्व्यवहार किए जाने पर महिला द्वारा मजिस्ट्रेट से डॉक्टरी जांच की मांग की जा सकती है।
3. सी.आर.पी.सी. की धारा-51 के अनुसार जब कभी किसी स्त्री को गिरफ्तार किया जाता है और उसे हवालात में बंद करने का मौका आता है तो उसकी तलाशी किसी अन्य स्त्री द्वारा शिष्टता का पालन करते हुए ली जाएगी।

तलाशी के दौरान अधिकार

धारा-47(2)के अनुसार महिला की तलाशी केवल दूसरी महिला द्वारा ही शालीन तरीके से ली जाएगी। यदि महिला चाहे तो तलाशी लेने वाली महिला पुलिसकर्मी की तलाशी पहले ले सकती है। महिला की तलाशी के दौरान स्त्री के सम्मान को बनाए रखा जाएगा। सी.आर.पी.सी. की धारा-1000 में भी ऐसा ही प्रावधान है।

जांच के दौरान अधिकार

1. सी.आर.पी.सी. की धारा-53(2) के अंतर्गत यदि महिला की डॉक्टरी जांच करानी पड़े तो वह जांच केवल महिला डॉक्टर द्वारा ही की जाएगी।
2. जांच रिपोर्ट के लिए अस्पताल ले जाते समय या अदालत में पेश करने के लिए ले जाते समय महिला सिपाही का महिला के साथ होना जरुरी है।

प्रथम सूचना रिपोर्ट (एफ.आई.आर.) दर्ज कराते समय अधिकार

1. पुलिस को निर्देश है कि वह किसी भी महिला की एफ.आई.दर्ज करे।
2. रिपोर्ट दर्ज कराते समय महिला किसी मित्र या रिश्तेदार को साथ ले जाए।
3. रिपोर्ट को स्वयं पढ़ने या किसी अन्य से पढ़वाने के बाद ही महिला उस पर हस्ताक्षर करें।
4. उस रिपोर्ट की एक प्रति उस महिला को दी जाए।
5. पुलिस द्वारा प्रथम सूचना रिपोर्ट दर्ज न किए जाने पर महिला वरिष्ठस्न् पुलिस अधिकारी या स्थानीय मजिस्ट्रेट से मदद की मांग कर सकती है।
6. धारा-437 के अंतर्गत किसी गैर जमानत मामले में साधारणयता जमानत नहीं ली जाती है, लेकिन महिलाओं के प्रति नरम रुख अपनाते हुए उन्हें इन मामलों में भी जमानत दिए जाने का प्रावधान है।
7. किसी महिला की विवाह के बाद सात वर्ष के भीतर संदिग्ध अवस्था में मृत्यु होने पर धारा-174(3) के अंतर्गत उसका पोस्टमार्टम प्राधिकूृत सर्जन द्वारा तथा जांच एस.डी.एम. द्वारा की जानी अनिवार्य है।
8. धारा-416 के अंतर्गत गर्भवती महिला को मृत्यु दंड से छूट दी गई है।

राष्ट्रीय महिला आयोग

राष्ट्रीय महिला आयोग अधिनियम 1990 के आधार पर सरकार की अधिसूचना संख्या एस.ओ. 100 (ई) का माध्यम राष्ट्रीय महिला आयोग की स्थापना 31 जनवरी सन् 1992 में की गयी। इस आयोग को कई दायित्व सौंपे गये हैं जैसे–महिलाओं के लिए उपलब्ध कराए गए संवैधानिक और वैधानिक सुरक्षा उपायों सम्बन्धी सभी मामलों का अध्ययन करना और प्रबोधन करना, महिलाओं सम्बन्धी मौजूदा कानूनों की समीक्षा करना और जहाँ आवश्यक हो, 'संशोधन के लिए सुझाव देन आदि। यह महिलाओं के अधिकारों की संरचना सम्बन्धी मामलों के सम्बन्ध में शिकायतों की जांच करता है और उन पर स्वप्रेरणा से ध्यान देता है ताकि असहाय महिलाओं को कानूनी अथवा अन्य किस्म की सहायता दी जा सके। आयोग महिलाओं के अधिकारों के संरक्षण के लिए बनाए गए सभी कानूनों के समुचित कार्यान्वयन का प्रबोधन करता है ताकि वे जीवन के सभी क्षेत्रों में समानता प्राप्त कर राष्ट्र के विकास में सहयोगात्मक भूमिका निभा सकें।

आयोग ने जिससे वह अपने कार्यों को प्रभावपूर्ण ढंग से कर सके एक विधायी एकक स्थापित किया है। आयोग के विधायी एकक ने उस सांविधानिक प्रावधानों

तथा अधिनियमों का पता लगाया है जिसका महिलाओं पर सीधा प्रभाव पड़ता है। महिलाओं को प्रभावित करने वाले सांविधानिक प्रावधानों तथा अन्य विधायी उपायों के जांच और समीक्षा करने के लिए विधायी एकक के अलावा तीन और विशेष समितियां गठित की गयी है। आयोग द्वारा जिन मामलों की जांच की जा रही है, उनमें दहेज निषेध अधिनियम, 1961, सती (निवारण) अधिनियम, 1987, अपराध प्रक्रिया अधिनियम, 1973, अवयस्क लड़कियों की बिक्री-भारतीय संहिता, अपराध प्रक्रिया संहिता तथा बाल विवाह (नियंत्रण) अधिनियम में संशोधन की आवश्यकता। हिन्दू विवाह अधिनियम में संशोधन तथा भारत में विवाह का अनिवार्य पंजीकरण आदि प्रमुख हैं।

आयोग के प्रयास

राष्ट्रीय महिला आयोग ने निम्न प्रकार के प्रयास किये हैं जिससे महिलाओं का विकास हो सके।

1. महिलाओं में अपने अधिकारों के प्रति जागरूकता का निर्माण करने हेतु महिला आयोग ने नेशनल लॉ स्कूल ऑफ इन्दिरा यूनिर्वसिटी बंगलौर के सहयोग से प्रशिक्षण कार्यक्रम आयोजित किए।
2. आयोग ने अब तक सम्पूर्ण भारत में 70 से अधिक अदालतें प्रायोजित की हैं, जिन्हें लगभग 35,000 मामले प्रेषित किये गये।
3. महिलाओं के लिए लोकसभा तथा राज्य सभाओं में आरक्षण के लिए संविधान के 81 वें संशोधन का समर्थन करने के लिए आयोग ने अनेक प्रयास किए ताकि विधेयक हेतु आवश्यक विशिष्ट समर्थन हासिल किया जा सके।
4. आयोग ने राज्य अधिकारियों से अनुरोध किया है कि उन कैदियों को रिहा कर दिया जाए जिन्होंने 10 वर्ष की सजा पूरी कर ली और जिनका आचरण संतोषजनक रहा है और जिनकी बीमारी, वृद्धावस्था अथवा अक्षमता से पुनः अपराध करने की उम्मीद नहीं है।

राष्ट्रीय महिला आयोग का संगठन

राष्ट्रीय महिला आयोग अधिनियम, 1990 में आयोग के गठन, कार्य एवं अधिकारों पर प्रकाश डाला गया है। इसके अनुसार राष्ट्रीय महिला आयोग को बहुसदस्यी बनाया गया है, जिसमें एक अध्यक्ष, पांच सदस्य एवं एक सदस्य सचिव होता है। आयोग में अध्यक्ष तथा सदस्यों के रूप में ऐसी महिलाओं को रखा जाता

है जो उच्च आयोग प्रतिष्ठा एवं विधि, प्रबन्ध महिला कल्याण तथा श्रमिक संगठनों के क्षेत्र से प्रभावी तालमेल रखती हैं। राष्ट्रीय महिला आयोग की प्रथम अध्यक्षा श्रीमती जयन्ती पटनायक को नियुक्त किया गया था। उसके बाद 1995 में श्रीमती मोहनी गिरी एवं 1998 में श्रीमती विभा पार्थसारथी को अध्यक्ष बनाया गया। सचिव के रूप में महिला एवं बाल विकास विभाग का अध्यक्ष कार्य करता है।

आज राष्ट्रीय महिला आयोग संगठन को निम्न प्रकार से स्पष्ट किया जा रहा है–राष्ट्रीय महिला आयोग-अध्यक्ष-सदस्य (5)-सदस्य सचिव।

राष्ट्रीय महिला आयोग के अधिकार

राष्ट्रीय महिला आयोग को देश के सभी वर्गों, जातियों, धर्मों तथा क्षेत्रों की महिलाओं से सम्बन्धित विकासोन्मुख कार्यक्रमों, नीति की रूपरेखा बनाने के साथ ही महिलाओं के लिए बने कानूनों के उल्लंघन के मामलों में शिकायतें सुनने एवं जांच करने की दीवानी न्यायालय के समकक्ष शक्तियां प्राप्त हैं। इसकी प्रमुख शक्तियों को निम्न प्रकार स्पष्ट किया गया है–

1. किसी भी न्यायालय या कार्यालय से कोई सार्वजनिक अभिलेख अथवा उसकी प्रति प्राप्त करने की।
2. शपथ-पत्रों पर साक्ष्य लेने की।
3. भारत के किसी भी भाग (क्षेत्र) से किसी व्यक्ति को बुलाने तथा उसकी उपस्थिति सुनिश्चित करने तथा शपथ पर परीक्षण करने की।
4. किसी दस्तावेज की तलाश करवाने और पैदा करवाने की।
5. अन्य कोई मामला जिसे राष्ट्रपति नियम द्वारा निर्धारित करे, के सम्बन्ध में आवश्यक पहल करने की शक्ति आयोग को प्राप्त है।
6. साक्षियों (गवाहों) और प्रलेखों के परीक्षण के लिए आदेश जारी करने की।

राष्ट्रीय महिला आयोग के प्रमुख कार्य

राष्ट्रीय महिला आयोग अधिनियम 1990 की धारा-10 के अन्तर्गत आयोग को सौंपे गये विभिन्न कार्यों को निम्न प्रकार स्पष्ट किया गया है–

1. महिलाओं को प्रदत्त कानूनी सुरक्षा उपायों की जांच पड़ताल और समीक्षा करना तथा उनके प्रभावी क्रियान्वयन के लिए सरकार को सुझाव देना।
2. महिलाओं के समायोजन-आर्थिक विकास हेतु नियोजन प्रक्रिया में सहयोग देना तथा प्रगति का मूल्यांकन करना।

3. अन्य कोई कार्य जो आयोग को सौंपे जाये उन्हें करना।
4. महिलाओं से सम्बद्ध सुरक्षा उपायों के उल्लंघन वाले मामलों को सम्बन्धित अधिकारियों तक पहुंचाना।
5. महिलाओं के अधिकारों के हनन से सम्बन्धित परिवारों पर ध्यान देना तथा स्वतः प्राप्त सूचना के आधार पर इन मामलों को उठाना।
6. महिलाओं से सम्बद्ध वर्तमान कानूनों के प्रावधानों की समय-समय पर समीक्षा करना तथा उनमें किसी प्रकार की गलती होने पर सरकार को इसमें संशोधन के लिए सुझाव देना।
7. सुधार-गृहों, कारागृहों आदि स्थानों पर जहाँ महिलाओं को हिरासत में रखा जाता है, का निरीक्षण करना तथा उनके पुनर्वास एवं सुधार हेतु सिफारिश करना।
8. केन्द्र सरकार को वार्षिक रिपोर्ट प्रस्तुत करना। यदि किसी मामले में आवश्यकता हो तो सम्बन्धित राज्य सरकार को भी प्रतिवेदन भेजना।
9. महिलाओं के समग्र विकास प्रोन्नति तथा शैक्षणिक अभिवृद्धि हेतु शोध कार्य करवाना।
10. महिलाओं की किसी विशिष्ट समस्या, भेदभाव, छुआछूत आदि पर खोजबीन करना तथा निवारण हेतु उपाय बतलाना।
11. अधिसंख्य महिलाओं को प्रभावित करने वाले किसी मुकदमें को वित्तिय सहायता देना।

नारी उत्थान में आयोग की भूमिका

राष्ट्रीय महिला आयोग सन् 1992 से भारत में नारियों के अधिकार एवं सुरक्षा के प्रति विशिष्ट योगदान कर रही है। आयोग द्वारा देश में ऐच्छिक एवं गैर सरकारी संगठनों के साथ अनेक योजनाएं तथा कार्यक्रम संचालित किये गये हैं। आयोग ने महिला विकास के क्षेत्र में सामाजिक चेतना, तलाक तथा क्षतिपूर्ति, महिला श्रमिक, न्यायिक निर्णयों, पारिवारिक न्यायालयों, पंचायती राज की व्यावहारिकता, महिला अधिकार शिक्षा आदि के क्षेत्र में शोध तथा व्यावहारिक कार्य किया है। आयोग ने देश में दहेज निरोधक कानून, सती निरोधक, भारतीय दण्ड संहिता की धारा 498-ए के तहत महिलाओं से हिसंक व्यवहार में सजा, हिन्दू विवाह अधिनियम, बाल विवाह निरोधक कानून, तथा तलाक सम्बन्धी कानून, अनिवार्य विवाह तथा तलाक पंजीकरण कानून, द्वि-विवाह कानून, विवाह कानून, बच्चे को गोद लेने सम्बन्धी

कानून, बच्चों एवं महिलाओं के यौन-शोषण सम्बन्धी प्रस्तावित अधिनियमों से सम्बन्धित मामलों में सरकार को सकारात्मक सुझाव दिये हैं तथा इन्हें विधेयक के रूप में पेश करने का अनुरोध किया है।

आयोग लगातार इस दिशा में प्रयासरत है कि देश में महिलाओं की स्थिति अच्छी बन सके। अपने इस प्रयास में वह संसद सदस्यों, राजनीतिक दलों एवं अन्य सम्बन्धित अभिकरणों एवं व्यक्तियों से भी सहायता ले रही है। आयोग की पहल पर ही देश के नौ राज्यों (राजस्थान सहित) में राज्य महिला आयोग का गठन हो चुका है। आयोग ने राज्यपालों तथा मुख्यमंत्रियों से आग्रह करके 10 वर्ष अथवा इससे अधिक समय में सजा काट रही महिलाओं की मुक्ति तथा उनके बच्चों को समुचित सुविधा दिलवाने में सफलता प्राप्त की है। पारिवारिक न्यायालयों एवं लोक अदालतों के माध्यम से भी आयोग नारियों को राहत पहुंचा रही है। वर्तमान में महिलाओं से सम्बन्धित शायद ही कोई ऐसा पक्ष हो जब सरकार इस आयोग से परामर्श न करती हो। वर्तमान दौर में राष्ट्रीय महिला आयोग अपने अनेक सम्मेलनों, गोष्ठियों तथा अन्य कार्यक्रमों के द्वारा नारियों को अपने सम्मान के प्रति जागृत करती है।

8

यौन शोषण के लिए कानून

समाज में चारों ओर गुंडा-गर्दी, दहशत का माहौल है। बलात्कार व हिंसा की घटनाएँ बढ़ रही हैं। विशेषकर महिलाएँ इन घटनाओं का अधिक शिकार होती हैं। गुंडे दफ्तर में, सड़क पर यहाँ तक की मंदिर में भी छिछोरी हरकत करने से बाज नहीं आते, आए दिन बलात्कार की घटनाएँ बढ़ती जा रही हैं। गुंडातत्व से तो जैसे-तैसे निपटा जा सकता है लेकिन वासना के पुजारी पुरुष सगे संबंधियों से कैसे निपटे बेचारी नारी। घरेलू-यौन शौषण के अधिकांश मामले लज्जावश दबा दिए जाते हैं। नारी घर की चारदिवारी में भी सुरक्षित नहीं है।

नए कानून में महिलाओं को हिम्मत मिलने की उम्मीद जताई गई है, इस कानून के अनुसार महिलाओं के साथ बलात्कार के मुकद्दमों की सुनवाई सिर्फ महिला जजों से कराने का प्रावधान है। इससे एक अच्छी, असरदार और मानवीय न्याय प्रणाली चलाने में मदद मिलेगी।

सुप्रीम कोर्ट ने कहा था कि बलात्कार के मामलों में चिकित्सा सबूत अपर्याप्त भी हैं, तो भी महिला का ब्यान ही काफी समझा जाना चाहिए। देश में बलात्कार के लगभग 80 प्रतिशत मामलों में सबूतों के अभाव, धीमी पुलिस जाँच में अभियुक्तों को सजा नहीं मिल पाती है। बहुत-सी महिलाएँ ऐसी घटनाओं की रिपोर्ट भी कराने से कतराती हैं। भारतीय महिलाओं में इस तरह की घटनाओं को छुपाने की प्रवृति होती है क्योंकि इससे उनका और उनके परिवार का सम्मान जुड़ा होता है।

अभी तक ऐसा होता था कि पुरुष वकील बलात्कार की शिकार किसी महिला को डराने और धमकाने में कामयाब हो जाते थे, अब महिला जज सहानुभूति वाला माहौल बनाने में मदद करेंगी।जाता है।

बलात्कार की शिकार कोई महिला अदालत में जिरह के दौरान अपने वकील को अपने साथ रख सकेगी। अभी तक ऐसा कैमरे के सामने होता था जिसमें असहजता होती थी।

बलात्कार की शिकार महिला को महिला वकील देने का प्रावधान किया जा रहा है क्योंकि सिर्फ महिला ही एक महिला को सही तरह से समझ सकती है।

अगर कोई महिला चाहे तो अपनी पसंद का वकील चुन सकती है। अभी तक सिर्फ सरकारी वकील ही ऐसे मामलों में जिरह करते थे।

साथ ही ऐसे मामलों में गवाहों के ब्यान पुलिस के सामने देने की प्रथा भी बंद करने का प्रस्ताव किया गया है।

बलात्कार पर कानून

(धारा 375, 376, 376क, 376ख, 376ग, 376घ भारतीय दंड संहिता)

धारा 375 भारतीय दंड संहिता–

जब कोई पुरुष किसी स्त्री के साथ उसकी इच्छा के विरुद्ध सम्भोग करता है तो उसे बलात्कार कहते हैं। सम्भोग का अर्थ - पुरुष के लिंग का स्त्री की योनि में प्रवेश होना ही सम्भोग है। किसी भी कारण से सम्भोग क्रिया पूरी हुई हो या नहीं वह बलात्कार ही कहलायेगा। बलात्कार तब माना जाता है यदि कोई पुरुष किसी स्त्री साथ निम्नलिखित परिस्थितियों में से किसी भी परिस्थिति में मैथुन करता है वह पुरुष बलात्कार करता है, यह कहा जाता है–

1. उसकी इच्छा के विरुद्ध
2. उसकी सहमति के बिना
3. उसकी सहमति डरा धमकाकर ली गई हो
4. उसकी सहमति नकली पति बनकर ली गई हो जबकि वह उसका पति नहीं है
5. उसकी सहमति तब ली गई हो जब वह दिमागी रूप से कमजोर या पागल हो
6. उसकी सहमति तब ली गई हो जब वह शराब या अन्य नशीले पदार्थ के कारण होश में नहीं हो
7. यदि वह 16 वर्ष से कम उम्र की है, चाहे उसकी सहमति से हो या बिना सहमति के
8. 15 वर्ष से कम उम्र की पत्नी के साथ पति द्वारा किया गया सम्भोग भी बलात्कार है।

धारा 376 भारतीय दंड संहिता

धारा 376 बलात्संग के लिए दण्ड का प्रावधान बताती है। इसके अन्तर्गत बताया गया है कि (1) द्वारा उपबन्धित मामलों के सिवाय बलात्संग करेगा, वह दोनों में से किसी भांति के कारावास से, जिनकी अवधि सात वर्ष से कम नहीं होगी, किन्तु जो आजीवन के लिए दस वर्ष के लिए हो सकेगी, दण्डित किया जाएगा और जुर्माने से भी दण्डनीय होगा, किंतु यदि वह स्त्री जिससे बलात्संग किया गया है, उसकी पत्नी है और बारह वर्ष से कम आयु की नहीं है तो वह दोनों में से किसी भांति के कारावास से जिसकी अवधि दो वर्ष तक की हो सकेगी अथवा वह जुर्माने से या दोनों से दण्डित किया जाएगा। परंतु न्यायालय ऐसे पर्याप्त और विशेष कारणों से जो निर्णय में उल्लिखित किए जाएंगे, सात वर्ष से कम की अवधि के कारावास का दण्ड दे सकेगा।

बलात्कार केस जिनमें अपराध साबित करने की जिम्मेदारी दोषी पर हो न कि पीड़ित स्त्री पर। यानि वे केस जिनमें दोषी व्यक्ति होने को अपने निर्दोष होने का सबूत देना हो।

उपधारा (2) के अन्तर्गत बताया गया है कि जो कोई

पुलिस अधिकारी होते हुए- उस पुलिस थाने की सीमाओं के भीतर जिसमें वह नियक्त है, बलात्संग करेगा, या किसी थाने के परिसर में चाहे वह ऐसे पुलिस थाने में, जिसमें वह नियुक्त है, स्थित है या नहीं, बलात्संग करेगा या अपनी अभिरक्षा में या अपने अधीनस्थ किसी पुलिस अधिकारी की अभिरक्षा में किसी स्त्री से बलात्संग करेगा।

लोक सेवक होते हुए, अपनी शासकीय स्थिति का फायदा उठाकर किसी ऐसी स्त्री से, जो ऐसे लोक सेवक के रूप में उसकी अभिरक्षा में या उसकी अधीनस्थ किसी लोक सेवक की अभिरक्षा में है, बलात्संग करेगा,

तत्समय प्रवृत्त किसी विधि द्वारा यह उसके अधी स्थापित किसी जेल, प्रतिप्रेषण गृह या अभिरक्षा के अन्य स्थान के या स्त्रियों या बालकों की किसी संस्था के प्रबंध या कर्मचारीवृंद में होते हुए अपनी शासकीय स्थिति का फायदा उठाकर ऐसी जेल, प्रतिप्रेषण गृह स्थान या संस्था के किसी निवासी से बलात्संग करेगा,

किसी अस्पताल के प्रबंध या कर्मचारीवृंद में होते हुए अपनी शासकीय स्थिति का लाभ उठाकर उस अस्पताल में किसी स्त्री से बलात्संग करेगा,या(ड.)किसी स्त्री से, यह जानते हुए कि वह गर्भवती है, बलात्संग करेगा।

किसी स्त्री से, जो बारह वर्ष से कम आयु की है, बलात्संग करेगा।

सामूहिक बलात्संग करेगा।

जब गर्भवती महिला के साथ बलात्संग किया गया हो। वह कठोर कारावास से जिसकी अवधि दस वर्ष से कम नहीं होगी, किन्तु जो आजीवन हो सकेगी दण्डित किया जाएगा और जुर्माने से भी दण्डनीय होगा। परंतु न्यायालय ऐसे पर्याप्त और विशेष कारणों से, जो निर्णय में उल्लिखित किये जाऐंगे, दोनों में से किसी भांति के कारावास को, जिसकी अवधि दस वर्ष से कम की हो सकूेंगी दण्ड दे सकेगा।

इस धारा में तीन स्पष्टीकरण दिये गए है, प्रथम स्पष्टीकरण के अंतर्गत बताया गया है कि जिन व्यक्तियों के समूह में से एक या अधिक व्यक्तियों द्वारा सबके सामान्य आशय को अग्रसर करने में किसी स्त्री से बलात्संग किया जाता है, वहां ऐसे व्यक्तियों में से हर व्यक्ति के बारे में यह समझा जाएगा कि उसने उस उपधारा के अर्थ में सामूहिक बलात्संग किया है।

द्वितीय स्पष्टीकरण के अंतर्गत बताया गया है कि स्त्रियों या बालकों को किसी संस्था से स्त्रियों और बालकों को ग्रहण करने और उनकी देखभाल करने के लिए स्थापित या अनुरक्षित कोई संस्था अभिप्रेत है, चाहे वह उसका नाम अनाथालय हो या उपेक्षित स्त्रियों या बालकों के लिए गृह हो या विधवाओं के लिए गृह या कोई भी अन्य नाम हों।

तृतीय स्पष्टीकरण के अन्तर्गत बताया गया है कि अस्पताल से अस्पताल का अहाता अभिप्रेत है और इसके अन्तर्गत ऐसी किसी संस्था का आहता है जो उल्लंघन(आरोग्य स्थापना) के दौरान व्यक्तियों को या चिकित्सीय ध्यान या पुर्नवास की अपेक्षा रखने वाले व्यक्तियों का ग्रहण करने और उनका आचार करने के लिए है।

धारा 376 (क) भारतीय दंड संहिता

पृथक रहने के दौरान किसी पुरुष द्वारा अपनी पत्नी के साथ सम्भोग करने की दशा में वह दोनों में से किसी भांति के कारावास से, जिसकी अवधि दो वर्ष तक की हो सकेगी, दण्डित किया जाएगा और जुर्माने से भी दण्डनीय होगा ।

धारा 376 (ख) भारतीय दंड संहिता

लोक सेवक द्वारा अपनी अभिरक्षा में किसी स्त्री के साथ सम्भोग करने की दशा में जिसकी अवधि पांच वर्ष तक की ही हो सकेगी, दण्डित किया जाएगा और जुर्माने से भी दण्डनीय होगा।

धारा 376 ग भारतीय दंड संहिता

जेल, प्रतिप्रेषण गृह आदि के अधीक्षक द्वारा सम्भोग की स्थिति में वह दोनों में से किसी भांति के कारावास से जिसकी अवधि पांच वर्ष तक की हो सकेगी, दण्डित किया जाएगा और जुर्माने से भी दण्डनीय होगा।

धारा 376 घ भारतीय दंड संहिता

अस्पताल के प्रबंधक या कर्मचारीवृन्द आदि के किसी सदस्य द्वारा उस अस्पताल में किसी स्त्री के साथ सम्भोग करेगा तो वह दोनों में किसी भांति के कारावास से जिसकी अवधि पांच वर्ष तक की हो सकेगी, दण्डित किया जाएगा और जुर्माने से भी दण्डनीय होगा।

धारा 377 भारतीय दंड संहिता

प्रकृति विरुद्ध अपराध के बारे में है जो यह बताती है कि जो कोई किसी पुरुष, स्त्री या जीव वस्तु के साथ प्रकृति की व्यवस्था के विरुद्ध स्वेच्छया इन्द्रिय-भोग करेगा, वह आजीवन कारावास से या दोनों में से किसी भांति के कारावास से जिसकी अवधि दस वर्ष तक की हो सकेगी, दण्डित किया जाएगा और जुर्माने से भी दण्डनीय होगा।

बलात्कार से पीड़ित स्त्री को कौन सी सावधानियां बरतनी चाहिए ताकि वो न्याय प्राप्त कर सकें रू–

1. अपने परिवार वालों या दोस्तों को बतायें
2. नहाए नहीं
3. वह कपड़े जिनमें बलात्कार हुआ है, उन्हें धोए नहीं। यह सब करने से शरीर या कपड़ों पर होने वाले महत्वपूर्ण सबूत मिट जाएँगे।
4. बलात्कारी का हुलिया याद रखने की कोशिश करें।
5. तुरंत पुलिस में प्रथम सूचना रिपोर्ट (एफ.आई.आर.) लिखवाएं। एफ.आई. आर. लिखवाते वक्त परिवार वालों को साथ ले जाएँ। घटना की जानकारी विस्तार से रिपोर्ट में लिखवाएँ।
6. एफ.आई.आर. में यह बात जरुर लिखवाएँ कि जबरदस्ती(बलात्कार) सम्भोग हुआ है।
7. यदि बलात्कारी का नाम जानती है, तो पुलिस को अवश्य बताएं।
8. यह उस स्त्री का अधिकार है कि एफ.आई.आर. की एक कापी उसे मुफ्त दी जाए।

9. यह पुलिस का कर्तव्य है कि वह स्त्री की डॉक्टरी जांच कराए।
10. डॉक्टरी जांच की रिपोर्ट की कापी जरुर लें।
11. पुलिस जांच के लिए स्त्री के कपड़े लेगी, जिस पर बलात्कारी पुरुष के वीर्य, खून, बाल इत्यादि हो सकते हैं। पुलिस स्त्री के सामने उन कपड़ों को सील-बंद करेगी। उन सील बंद कपड़ों की रसीद जरुर लें।
12. कोर्ट में बलात्कार का केस बंद कमरे में चलता है यानि कोर्ट में केवल केस से संबंधित व्यक्ति ही उपस्थित रह सकते हैं।
13. पीड़ित स्त्री की पहचान को प्रकाश में लाना अपराध है।
14. पीड़ित स्त्री का पूर्व व्यवहार नहीं देखा जाना चाहिए।

अगर पुलिस एफ.आई.आर. लिखने से मना कर दे, तो आप निम्न जगहों पर शिकायत कर सकते हैं–

1. कलेक्टर
2. स्थानीय या राष्ट्रीय समाचार पत्र
3. राष्ट्रीय महिला आयोग

कानून बलात्कार से पीड़ित महिला को क्रिमिनल इज्यूरीस कंपेन्सेशन बोर्ड के द्वारा आर्थिक मुआवजा भी दिलवाता है।

अन्य यौन अपराध से सम्बंधित कानून

धारा 354 भारतीय दंड संहिता

स्त्री की मर्यादा को क्षति पहुंचाने के लिए हमले या जबरदस्ती का इस्तेमाल

यदि कोई व्यक्ति किसी महिला की मर्यादा को भंग करने के लिए उस पर हमला या जबरदस्ती करता है, तो उसे दो साल तक की कैद या जुर्माना या दोनों की सजा होगी।

अपहरण पर कानून (धारा 363 क भारतीय दंड संहिता)

किसी नाबालिग लड़के, जिसकी उम्र सोलह साल से कम है या नाबालिग लड़की, जिसकी उम्र अट्ठारह साल से कम है, को उसके सरंक्षक की आज्ञा के बिना कहीं ले जाना अपहरण का अपराध है तथा इसके लिए अपराधी को सात साल की कैद और जुर्माना हो सकता है।

अगर कोई बहला फुसला कर भी बच्चों को ले जाए तो कहने को तो बच्चा अपनी मर्जी से गया, लेकिन कानून में वह अपराध होगा।

व्यपहरण पर कानून

(धारा 362, 364, 364क, 365, 366, 367, 369 भारतीय दंड संहिता)

व्यपहरण–किसी बालिग व्यक्ति को जोर जबरदस्ती से या बहला फुसला कर किसी कारण से कहीं ले जाया जाए तो यह व्यपहरण का अपराध है। यह कारण निम्नलिखित हो सकते है। जैसेः- फिरौती की रकम के लिए, उसे गलत तरीके से कैद रखने के लिए, उसे गंभीर चोट पहुँचाने के लिए, उसे गुलाम बनाने के लिए इत्यादि।

धारा 366 भारतीय दंड संहिता

धारा के अन्तर्गत विवाह आदि के करने को विवश करने के लिए किसी स्त्री को अपहत करना या उत्प्रेरक करने के बारे में बताया गया है। इसमें बताया गया है कि जो कोई किसी स्त्री का अपहरण या व्यपहरण उसकी इच्छा के विरुद्ध किसी व्यक्ति से विवाह करने के लिए उस स्त्री को विवश करने के आशय से या यह विवश की जायेगी, यह सम्भाव्य जानते हुए अथवा आयुक्त सम्भोग करने के लिए उस स्त्री को विवश, यह विलुब्ध करने के लिए, यह सम्भाव्य जानते हुए करेगा, वह दोनों में से किसी भांति के कारावास से, जिनकी अवधि दस वर्ष तक से भी दण्डनीय होगी

अनैतिक व्यापार पर कानून

(धारा 366 क, 366ख, 372, 373 भारतीय दंड संहिता)

अनैतिक व्यापार–यदि कोई व्यक्ति किसी भी लड़की को वेश्यावृति के लिए खरीदता या बेचता है तो उसे दस साल तक की कैद और जुर्माना की सजा होगी।

अनैतिक व्यापार निवारण अधिनियम, 1956

यदि कोई व्यक्ति वेश्यावृति के लिए किसी व्यक्ति को खरीदता बेचता, बहलाता फुसलाता या उपलब्ध करवाता है तो उसे तीन से चौदह साल तक की कैद और जुर्माने की सजा होगी।

धारा 366 क भारतीय दंड संहिता

धारा 366 क के अन्तर्गत अप्राप्त लड़की को उपादान के बारे में बताया गया है। इसके अन्तर्गत कहा गया है कि जो कोई अठारह वर्ष से कम आयु की अप्राप्तवय

लड़की को, अन्य व्यक्ति से आयुक्त संभोग करने के लिए विवश या विलुब्ध करने के आशय से या तद्द्वारा विवश या विलब्ध किया जाएगा, यह सम्भाव्य जानते हुए ऐसी लड़की को किसी स्थान से जाने को कोई कार्य करने को, किसी भी साधन द्वारा उत्प्रेरित करेगा, वह कारावास से जिसकी अवधि दस वर्ष तक की हो सकेंगी दण्डित किया जाएगा और जुर्माना से भी दण्डनीय होगा।

धारा 366 ख भारतीय दंड संहिता

धारा 366 (ख) के अन्तर्गत विदेश से लड़की को आयात करने के बारे में बताया गया है कम आयु की किसी लड़की का भारत के बाहर उसके किसी देश से या जम्मू-कश्मीर से आयात उसे किसी अन्य व्यक्ति से आयुक्त संभोग करने के लिए विवश या विलुब्ध करने के आशय से या तद्द्वारा विवश या विलुब्ध की जाएगी, यह सम्भाव्य जानते हुए करेगा, वह कारवास से जिसकी अवधि दस वर्ष तक की हो सकेगी, दण्डित किया जाएगा और जुर्माने से भी दण्डनीय होगा।

धारा 372 भारतीय दंड संहिता

वेश्यावृत्ति आदि के प्रयोजन के लिए अप्राप्तवय को बेचने के बारे में प्रावधान करती है। इसके अंतर्गत बताया गया है कि जो कोई 18 वर्ष से कम आयु के किसी व्यक्ति को इस आशय से कि ऐसा व्यक्ति से आयुक्त संभोग करने के लिए या किसी विधि विरुद्ध या दुराचारिक प्रयोजन के लिए कम में लाया या उपयोग किया जाए या यह सम्भाव्य जानते हुए कि ऐसा व्यक्ति किसी आयु में भी ऐसे किसी प्रयोजन के लिए काम में लाया जाएगा, या उपभोग किया जाएगा, बेचेगा, भाड़े पर देगा या अन्यथा व्ययनित करेगा, वह दोनों में से किसी भांति के कारावास से, जिसकी अवधि दस वर्ष तक की हो सकेगी, दण्डित किया जाएगा और जुर्माने से भी दण्डनीय होगा।

(6 धारा के अन्तर्गत 2 स्पष्टीकरण दिये गये हैं।स्पष्टीकरण 1 के अन्तर्गत बताया गया है कि जबकि अठारह वर्ष से कम आयु की नारी किसी वेश्या को, या किसी अन्य व्यक्ति को, जो वेश्यागृह चलाता हो या उसका प्रबंध करता हो, बेची जाए, भाड़े पर दी जाए या अन्यथा व्ययनित की जाए, तब इस प्रकार ऐसी नारी को व्ययनित करने वाले व्यक्ति के बारे में,जब तक कि तत्प्रतिकूल साबित न कर दिया जाए, यह उपधारणा की जाएगी कि उसने उसको इस आशय से व्ययनित किया है कि वह वेश्यावृत्ति के उपभोग में लाई जाएगी। स्पष्टीकरण -2 के अन्तर्गत आयुक्त सम्भोग से इस धारा के प्रयोजनों के लिए ऐसे व्यक्तियों में मैथुन अभिप्रेत है जो विवाह

से संयुक्त नहीं है, या ऐसे किसी सम्भोग या बंधन से संयुक्त नहीं कि जो यद्यपि विवाह की कोटि में तो नहीं आता तथापि इस समुदाय की, जिसके वे हैं या यदि वे भिन्न समुदायों के हैं, जो ऐसे दोनों समुदायों की स्वीय विधि या रूढ़िध द्वारा उनके बीच में विवाह सदृश्य सम्बन्ध अभिसात किया जाता है।

धारा 373 भारतीय दंड संहिता

वेश्यावृत्ति के प्रयोजन के लिए अप्राप्वय का खरीदना आदि के बारे में हैं जो कोई अठारह वर्ष में कम आयु के किसी व्यक्ति को इस आशय के बारे में है कि ऐसा व्यक्ति किसी आयु में भी वेश्यावृत्ति या किसी व्यक्ति से आयुक्त सम्भोग करने के लिए या किसी विधि विरुद्ध दुराचारिक प्रयोजन के लिए काम में लाया या उपयोग किया जाए या यह सम्भाव्य जानते हुए कि ऐसा व्यक्ति किसी आयु में भी ऐसे किसी प्रयोजन के लिए काम में लाया जाएगा या उपभोग किया जाएगा, खरीदेगा, भाड़े पर लेगा या अन्यथा उसका कब्जा अभिप्रेत करेगा, वह दोनों में से किसी भांति के कारावास से जिसकी अवधि दस वर्ष तक की हो सकेगी, दण्डित किया जाएगा और जुर्माने से भी दण्डनीय होगा। इस धारा के स्पष्टीकरण के अन्तर्गत बताया गया है कि अठारह वर्ष से कम आयु की नारी को खरीदने वाला, भाड़े पर लेने वाला या अन्यथा उसका कब्जा करने वाले तत्प्रतिकूल साबित न कर दिया जाए, यह उपधारणा की जाएगी कि ऐसी नारी का कब्जा उसने इस आशय से अभिप्रेत किया है कि वह वेश्यावृत्ति के प्रयोजनों के लिए उपभोग में लायी जाएगी।

छेड़खानी पर कानून

(धारा 509,294, भारतीय दंड संहिता)शब्द, इशारा या मुद्रा जिससे महिला की मर्यादा का अपमान हो यदि कोई व्यक्ति किसी स्त्री की मर्यादा का अपमान करने की नीयत से किसी शब्द का उच्चारण करता है या कोई ध्वनि निकालता है या कोई इशारा करता है या किसी वस्तु का प्रदर्शन करता है, तो उसे एक साल तक की कैद या जुर्माना या दोनों की सजा होगी।

अश्लील मुद्रा, इशारे या गाने

यदि कोई व्यक्ति दूसरों को परेशान करते हुए सार्वजनिक स्थान पर या उसके आस-पास कोई अश्लील हरकत करता है या अश्लील गाने गाता, पढ़ता या बोलता है, तो उसे तीन महीने कैद या जुर्माना या दोनों की सजा होगी।

स्त्री के अभद्र रूप से प्रदर्शन पर कानून

(स्त्री अशिष्ट् रूप (प्रतिशेध) अधिनियम 1986)

स्त्री का अभद्र रूप या चित्रांकन

यदि कोई व्यक्ति विज्ञापनों, प्रकाशनों, लेखों, तस्वीरों, आकृतियों द्वारा या किसी अन्य तरीके से स्त्री का अभद्र रूपण या प्रदर्शन करता है तो उसे दो से सात साल की कैद और जुर्माने की सजा होगी।

कार्यस्थल पर यौन शोषण पर कानून

(उच्चतम न्यायालय का विशाखा निर्णय, 1997)

-कार्यस्थल पर किसी भी तरह के यौन शोषण जैसे शारीरिक छेड़छाड़, यौन संबंध की माँग या अनुरोध, यौन उत्तेजक कथनों का प्रयोग, अश्लील तस्वीर का प्रदर्शन या किसी भी अन्य प्रकार का अनचाहा शारीरिक, शाब्दिक, अमौखिक आचरण जो अश्लील प्रकृति का हो, की मनाही है।

-यह कानून उन सभी औरतों पर लागू होता है, जो सरकारी, गैर सरकारी, पब्लिक, सार्वजनिक या निजी क्षेत्र में कार्य करती हैं।

-पीड़ित महिला को न्याय दिलाने के लिए हर संस्थाध्दफ्तर में एक यौन शोषण शिकायत समिति का गठन होना आवश्यक है। इस समिति की अध्यक्ष एक महिला होनी चाहिए। इसकी पचास प्रतिशत सदस्य महिलाएं होनी चाहिए तथा इसमें कम से कम एक बाहरी व्यक्ति को सदस्य होना चाहिए।

सरकार को तभी कानून बनाना पड़ता है, जब सामजिक बंधन ढीले पड़ जाते हैं। कानूनी डंडे से सजा का भय दिखाया जाता है। इधर ऐसे कई कानून बने हैं जिनका उद्देश्य परिवार में सुख-चौन लाना है। ऐसा सोचा गया कि घरेलू हिंसा निषेधात्मक कानून बनने पर घरेलू हिंसा समप्त होगी? पर सच तो यह है कि इन कानूनों से सामजिक समस्याएं कम नहीं होतीं। फिर भी कानून बनने आवश्यक हैं। पारिवारिक परेशानियों के लिए कितनी बार कोई कचहरी जाए। कोर्ट का काम परिवार चलाना नहीं है। हर परिवार में पुलिस भी नहीं बैठाई जा सकती। कानून का डंडा भय उत्पन्न करने के लिए है।

भारत की प्रथम महिला आईपीएस अधिकारी किरण बेदी मानती हैं कि महिलाएँ ही महिलाओं पर अत्याचार का पहला कारण होती हैं ,यदि महिलाएँ तय कर लें कि जिस घर में महिलाएँ हैं वहां महिलाओं पर अत्याचार नहीं होगा, तो सब

कुछ बदल सकता है। उनका मानना है कि समाज में महिला की स्थिति बदल रही है और आगे भी बदलेगी, लेकिन पाँच हजार साल की मानसिकता बदलने में वक्त लगेगा। हमें घरेलू हिंसा के ग्राफ में बढ़ोतरी दिख रही है, अभी तो महिलाओं पर अत्याचार के मामले और बढ़ते हुए दिखेंगे, लेकिन इसका कारण यह है कि महिलाओं में जागरुकता आ रही है और ज़्यादा महिलाएँ शिकायत करने पहुँच रही हैं। लेकिन शिकायत दर्ज करवाने के बाद भी सजा मिलने की दर बहुत कम है और सिर्फ सौ में से दो लोगों को सजा मिल पाती है।

सेंटर फॉर सोशल रिसर्च के आंकड़ों के अनुसार तीन साल प्रताड़ित होने के बाद एक हजार में से एक महिला ही शिकायत दर्ज करवाने पहुँचती है।

भारत में घरेलू हिंसा के खिलाफ कानून अमल में आ गया है जिसमें महिलाओं को दुर्व्यवहार से सुरक्षा प्रदान करने का प्रावधान है। यह कानून महिलाओं को घरेलू हिंसा से बचाएगा क्योंकि केवल भारत में ही लगभग 70 प्रतिशत महिलाएँ किसी न किसी रूप में इसकी शिकार हैं।

घरेलू हिंसा विरोधी कानून से बड़ी उम्मीदें हैं। इसके तहत पत्नी या फिर बिना विवाह किसी पुरुष के साथ रह रही महिला मारपीट, यौन शोषण, आर्थिक शोषण या फिर अपमानजनक भाषा के इस्तेमाल की परिस्थिति में कार्रवाई कर सकेगी।

1. अब बात-बात पर महिलाओं पर अपना गुस्सा उतारने वाले पुरुष घरेलू हिंसा कानून के फंदे में फंस सकते हैं।
2. इतना ही नहीं, लडका न पैदा होने के लिए महिला को ताने देना,
3. उसकी मर्जी के बिना उससे शारीरिक संबंध बनाना या
4. लडकी के न चाहने के बावजूद उसे शादी के लिए बाध्य करने वाले पुरुष भी इस कानून के दायरे में आ जाएंगे।

इसके तहत दहेज की मांग की परिस्थिति में महिला या उसके रिश्तेदार भी कार्रवाई कर पाएँगे।

महवपूर्ण है कि इस कानून के तहत मारपीट के अलावा यौन दुर्व्यवहार और अश्लील चित्रों, फिल्मों कों देखने पर मजबूर करना या फिर गाली देना या अपमान करना शामिल है।

पत्नी को नौकरी छोडने पर मजबूर करना या फिर नौकरी करने से रोकना भी इस कानून के दायरे में आता है।

इसके अंतर्गत पत्नी को पति के मकान या फ्लैट में रहने का हक होगा भले ही ये मकान या फ्लैट उनके नाम पर हो या नहीं।

इस कानून का उल्लंघन होने की स्थिति में जेल के साथ-साथ जुर्माना भी हो सकता है।

लोगों में आम धारणा है कि मामला अदालत में जाने के बाद महीनों लटका रहता है, लेकिन अब नए कानून में मामला निपटाने की समय सीमा तय कर दी गई है। अब मामले का फैसला मैजिस्ट्रेट को साठ दिन के भीतर करना होगा।

भारत में कार्यस्थल पर महिलाओं का यौन उत्पीड़न

भारत का संविधान महिलाओं और पुरुषों दोनों के लिये समान अधिकार प्रदान करता है। महिलाओं को कार्य करने के लिये किसी भी क्षेत्र या व्यवसाय को चुनने का अधिकार प्राप्त है। लेकिन व्यवहार में महिलाओं के साथ घर और घर के बाहर दोनों जगह भेदभाव होता है।

भेदभाव, अधिकतर, महिलाओं के खिलाफ उत्पीड़न और हिंसा का रुप ले लेता है। इसके अलावा, ये उत्पीड़न मानसिक और शारीरिक दोनों प्रकार का हो सकता है। बार-बार शारीरिक उत्पीड़न यौन उत्पीड़न या यौन हिंसा का रुप ले लेता है। सामान्य स्थलों पर यौन उत्पीड़न और कार्यस्थलों पर यौन उत्पीड़न बहुत कड़वी वास्तविकता है जिसका कार्यशील लड़कियों और महिलाओं द्वारा दिन प्रति दिन सामना किया जाता है।

यद्यपि आर्थिक उदारीकरण ने पढ़ी-लिखी महिलाओं के लिये और इसके समान ही महिलाओं को घर से निकलकर अपनी पसंद की बहुत सी नौकरी के अवसर और विकल्प प्रदान किये हैं। और वर्तमान में, महिलाएं पहले से कहीं अधिक कैरियर उन्मुख है। समाज में उपर्युक्त परिवर्तन इस अर्थ में सकारात्मक बदलाव लाया है कि कामकाजी महिलाएं आर्थिक रुप से स्वतंत्र और मुक्त महसूस करती है। लेकिन साथ ही इसने महिलाओं की असुरक्षा को बढ़ा दिया है जैसे कार्यस्थल पर यौन शोषण।

कार्यस्थल पर यौन उत्पीड़न क्या है

सरल शब्दों में, इसे कार्यस्थल पर महिला सहयोगियों के खिलाफ पुरुष सहयोगियों की ओर से अवांछित प्रत्यक्ष या अप्रत्यक्ष रुप से यौन सम्पर्क, टिप्पणी या आचरण के रुप में समझा जा सकता है।

इस प्रकार, कार्यस्थल पर यौन उत्पीड़न शारीरिक के साथ ही मानसिक पहलुओं को भी शामिल करता है। यद्यपि ये परिभाषित करना कठिन है कि कार्यस्थल पर यौन हिंसा गठित करने वाले तत्व क्या है, लेकिन भारत के सुप्रीम कोर्ट ने राजस्थान बनाम विशाखा केस 1997 में इसे इस प्रकार परिभाषित किया है–

"कोई भी अस्वीकृत यौन निर्धारित व्यवहार (प्रत्यक्ष या दबाब में) शारीरिक सम्पर्क या प्रस्ताव, यौन अनुग्रह के लिये मांग या प्रार्थना, अश्लील टिप्पणी, अश्लील साहित्य या यौन प्रकृति के अन्य अप्रिय शारीरिक, मौखिक या गैर-मौखिक आचरण को शामिल किया जाता है।"

इस प्रकार, उपर्युक्त परिभाषा ने ये बहुत स्पष्ट कर दिया कि पुरुष द्वारा एक महिला कर्मचारी के खिलाफ किसी भी प्रकार का अप्रिय यौन अश्लीलता वाला व्यवहार कार्यस्थल पर यौन उत्पीड़न की तरह की समझा जायेगा।

कार्यस्थल पर यौन उत्पीड़न के कारण

कार्यस्थल पर महिलाओं के साथ यौन उत्पीड़न के बहुत सारे कारण हैय कुछ कारण आम तौर पर एक पूरे के रूप में समाज में प्रचलित है लेकिन कुछ विशेष रुप से कार्यस्थल पर किये जाते हैं। उनमें से कुछ की नीचे व्याख्या की जा रही है।

पितृसत्तात्मक्क संरचना

महिलाओं के खिलाफ सभी तरह के उत्पीड़न या हिंसा के पीछे का सामान्य कारण हमारे समाज में प्रचलित पितृसत्तात्मक संरचना है जहां एक पुरुष सदैव अपने आप को जीवन के हरेक पहलू में महिलाओं से अधिक स्वंय को सर्वशक्तिमान समझता है। ये श्रेष्ठता अपने आप में महिलाओं और कार्यशील महिलाओं के खिलाफ विभिन्न प्रकार के जटिल भेदभावों को व्यवहार में प्रकट करती है। इस प्रकार, एक पुरुष कर्मचारी ये कभी नहीं चाहता कि उसके साथ कोई महिला सहयोगी बराबरी के साथ काम करे या वो कार्यालय में उससे ऊँचे स्तर पर पहुँचे, और उसे असहज बनाने, नीचा दिखाने के लिये उसका उत्पीड़न करते है, पुरुष सहयोगी द्वारा विभिन्न प्रकार की तकनीकों का प्रयोग किया जाता है और उनमें से कुछ प्रमुख यौन अभद्रता की तकनीक है जैसेरू अभद्र टिप्पणी, अप्रिय व्यवहार, गंदी फोटो या विडियो या ऐसा ही कोई अभद्रता पूर्ण व्यवहार आदि।

यौन विकृति

इसके अलावा, कुछ निश्चित लोगों की विकृत यौन मानसिक प्रवृति भी कार्यस्थल पर यौन उत्पीड़न के प्रमुख कारणों में से एक है। सार्वजनिक और निजी दोनों क्षेत्रों में अधिक से अधिक महिला कर्मचारियों को भर्ती किया जा रहा है, वहीं

से कुछ इस तरह के यौन विकृत व्यवहार में लिप्त पुरुषों की पहुंच को आसान बना दिया है।

कार्यस्थल पर ईर्ष्या

कार्यस्थल पर ईर्ष्या भी महिलाओं के खिलाफ इस तरह के अपराधों का कारण है, एक पुरुष कर्मचारी अपने नियोक्ता द्वारा अपनी महिला सहयोगी को सफलता, प्रमोशन या प्रोत्साहन प्राप्त करते हुये नहीं देखना चाहता। और ईर्ष्या के कारण, वो उसे विकृत यौन व्यवहार से उत्पीड़ित करता है। ये भी पुरुष की कथित श्रेष्ठता के साथ जुड़ा हुआ है कि महिलाएं कभी भी पुरुषों से बेहतर नहीं हो सकती।

अवमानना और अपमान की भावना

इन कारणों के अलावा, पुरुषों के बीच में महिलाओं के लिये एक सामान्य अवमानना और अपमान की भावना भी एक प्रमुख कारण है जहां महिलाएं केवल पुरुषों द्वारा अपनी यौन इच्छाओं को पूरा करने का माध्यम होती है। हम अपने घरों में महिलाओं का सम्मान करते हैं लेकिन समाज में अन्य महिलाओं के साथ इस तरह का व्यवहार नहीं करना चाहिये। कार्यस्थल पर महिलाएं अलग नहीं होती है, पुरुष सहयोगी उन्हें केवल खेलने का एक माध्यम समझते हैं, अभद्र टिप्पणी और जोक्स, अश्लील हरकत, यौन प्रकृति की गपशप आदि कार्यस्थल पर महिलाओं के साथ किये जाने वाले कार्य है। यद्यपि हमारे समाज में हम महिलाओं का सम्मान और पूजा करने का दावा करते है लेकिन वास्तविकता में महिलाओं के खिलाफ किये जाने वाले विभिन्न प्रकार के अपराध दिखाते हैं कि हमारे दावे सिर्फ एक झूठ से अलग कुछ नहीं है।

पुरुष श्रेष्ठता

इस प्रकार, कार्यस्थल पर महिलाओं के साथ यौन उत्पीड़न के कई और विभिन्न कारण है लेकिन उन सब कारणों में से सबसे महत्वपूर्ण कारण आमतौर पर पुरुषों में पुरुषों के श्रेष्ठ होने की भावना का गहराई तक होना है। पितृसत्तात्मक व्यवस्था की सामाजिक स्थितियाँ अगली पीढियों में इस तरह की भावनाओं को प्रेषित करती है जो कार्यस्थल पर महिलाओं के साथ यौन उत्पीड़न जैसे अपराधों को जन्म देती है।

कार्यस्थल पर यौन उत्पीड़न से निपटने के लिए कानूनी प्रावधान

कानून की किताबों में, 2013 तक, कार्यस्थल पर यौन उत्पीड़न, एक विशेष अपराध की तरह नहीं था। यहां तक कि, भारतीय दंड संहिता, 1860 कार्यस्थल पर महिलाओं के साथ यौन उत्पीड़न के मामले को एक अलग अपराध के रुप में सुलझाने के लिये कोई अलग धारा नहीं थी। केवल यौन उत्पीड़न को परिभाषित किया गया था और आई.पी.सी. की धारा 354 के अन्तर्गत इसे दंडनीय अपराध बनाया गया था। इस प्रकार, कार्यस्थल पर यौन उत्पीड़न के मामलों में आज तक इसी धारा के अन्तर्गत फैसला लिया जाता है।

विशाखा दिशा-निर्देश

1997 में, राजस्थान बनाम विशाखा केस के समय, भारत के सुप्रीम कोर्ट ने, आईपीसी के इस दोष और बचाव के रास्तों को पहचाना और एक ऐतिहासिक निर्णय दिया जहां कुछ निश्चित दिशा निर्देश दिये गये थे जिन्हें सार्वजनिक और निजी दोनों क्षेत्रों के संगठनों को महिला कर्मचारियों को सुरक्षा देने और यौन उत्पीड़न से बचाने के लिये अनुसरण करने का आदेश दिया था। ये दिशा निर्देश नियोक्ता के लिये अपनी महिला कर्मचारियों को यौन उत्पीड़न से रक्षा करने के लिये अनिवार्य किये गए, इस प्रकार के केस की किसी भी शिकायत पर उचित कार्यवाही को अनिवार्य बनाया जाये, इस बात का निर्देश दिया गया कि प्रत्येक संगठन के पास इस तरह के दुर्वूयवहार पर कार्यवाही करने के लिये शिकायत समिति हो जिसकी अध्यक्षता एक महिला करे, यौन उत्पीड़न को निषेध करने वाले नियमों को अधिसूचित और प्रसारित किया जाये, कहे गये नियमों के उल्लंघन के मामलों में अर्थदंड भी लगाया जाये, नियोक्ताओं को तीसरे पक्ष द्वारा उत्पीड़न से उनकी महिलाओं के कर्मचारियों की रक्षा करने के लिए निर्देशित किया गया।

केवल यही दिशा निर्देश, पिछले 19 सालों, से कार्यस्थल पर महिलाओं के साथ यौन उत्पीड़न को निषेध करने के सन्दर्भ में किये गये प्रावधान है, और केवल वर्ष 2013 में, भारत की संसद ने महिलाओं के साथ इस प्रकार के उत्पीड़न के लिये एक विशेष अधिनियम लागू किया जिसे कार्यस्थल पर महिलाओं के साथ यौन उत्पीड़न (रोकथाम, निषेध और निवारण) का नाम दिया।

कार्यस्थल पर महिलाओं के साथ यौन उत्पीड़न (रोकथाम, निषेध और निवारण) अधिनियम, 2013

ये अधिनियम, 9 दिसम्बर, 2013, में प्रभाव में आया था। जैसा कि इसका नाम ही इसके उद्देश्य रोकथाम, निषेध और निवारण को स्पष्ट करता है और उल्लंघन के मामले में, पीड़ित को निवारण प्रदान करने के लिये भी ये कार्य करता है।

ये अधिनियम विशाखा केस में दिये गये लगभग सभी दिशा-निर्देशों को धारण करता है और ये बहुत से अन्य प्रावधानों को भी निहित करता है जैसेरू शिकायत समितियों को सबूत जुटाने में सिविल कोर्ट वाली शक्तियाँ प्रदान की हैय यदि नियोक्ता अधिनियम के प्रावधानों को पूरा करने में असफल होता है तो उसे 50,000 रुपये से अधिक अर्थदंड भरना पड़ेगा, ये अधिनियम अपने क्षेत्र में गैर-संगठित क्षेत्रों जैसे ठेके के व्यवसाय में दैनिक मजदूरी वाले श्रमिक या घरों में काम करने वाली नौकरानियाँ या आयाएं आदि को भी शामिल करता है।

इस प्रकार, ये अधिनियम कार्यशील महिलाओं को कार्यस्थल पर होने वाले यौन उत्पीड़न के खतरे का मुकाबला करने के लिये युक्ति है। ये विशाखा फैसले में दिये गये दिशा निर्देशों को सुव्यवस्थित करता है और इसके प्रावधानों का पालन करने के लिये नियोक्ताओं पर एक सांविधिक दायित्व अनिवार्य कर देता है।

हांलाकि, इस अधिनियम में कुछ कमियां भी है जैसे कि ये यौन उत्पीड़न को अपराध की श्रेणी में नहीं रखता बस केवल नागरिक दोष माना जाता है जो सबसे मुख्य कमी है, जब पीड़ित इस कृत्य को अपराध के रुप में दर्ज करने की इच्छा रखती है तब ही केवल इसे एक अपराध के रुप में शिकायत दर्ज की जाती है, इसके साथ ही पीड़ित पर अपने वरिष्ठ पुरुष कर्मचारी द्वारा शिकायत वापस लेने के लिये दबाव डालने की भी संभावनाएं अधिक रहती है।

इस प्रकार, अधिनियम को एक सही कदम कहा जा सकता है लेकिन ये पूरी तरह से दोषरहित नहीं है और इसमें अभी भी सुधार की आवश्यकता है। यहां तक कि अब, पीड़ित को भारतीय दंड संहिता के अन्तर्गत पूरी तरह से न्याय पाने के लिये अपराधिक उपायों को तलाशना पड़ता है। और फिर, अपराधिक शिकायत धारा 354 के अन्तर्गत दर्ज की जाती है जो कार्यस्थल पर यौन उत्पीड़न की विशेष धारा नहीं बल्कि एक सामान्य प्रावधान है।

इसलिये, कानून के अनुसार निजी और सार्वजनिक दोनों क्षेत्रों को महिला कर्मचारियों की कार्यस्थल पर यौन उत्पीड़न से सुरक्षा के लिये कानूनी अनिवार्यता के अन्तर्गत लिया गया है लेकिन समस्या इसके लागू करने और इसकी जटिलताओं में है। ये अभी अपने शुरुआती दिनों में है और अधिकांश संगठन, कुछ बड़े संगठनों को छोड़कर, प्रावधान के साथ जुड़े हुये नहीं है, यहां तक कि वो कार्यस्थल पर यौन

उत्पीड़न के लिये बनाये गये कानून क्या है और इसके लिये क्या अर्थदंड है और क्या इसका निवारक तंत्र है, इन सब नियमों और कानूनों को सार्वजनिक करने वाले नियमों को सूत्रबद्ध भी नहीं करता। यहां तक कि वहां आन्तरिक शिकायत समिति भी नहीं है।

हाल ही का उदाहरण, तहलका पत्रिका के मुख्य संपादक पर इस तरह के दुर्व्यवहार में शामिल होने का शक किया गया था और इस खबर के प्रकाश में आने के बाद पता चला कि इसके कार्यालय में विशाखा दिशा-निर्देशन के तहत कोई भी शिकायत या कार्यस्थल पर यौन उत्पीड़न की शिकायत के लिये समिति नहीं थी।

इस प्रकार, केवल आने वाला समय ही बता सकता है कि अभी हाल ही में पारित हुआ अधिनियम, कार्यस्थल पर महिलाओं के साथ यौन उत्पीड़न (रोकथाम, निषेध और निवारण) अधिनियम, 2013, उस अपराध को जो केवल महिलाओं के साथ किया जाता है, उसे रोकने और निषेध करने में सफल हो पायेगा या नहीं।